Alexander Mitscherlich

Der Kampf um die Erinnerung

Alexander Mitscherlich

# Der Kampf um die Erinnerung

*Psychoanalyse für*
*fortgeschrittene Anfänger*

R. Piper & Co. Verlag
München Zürich

ISBN 3-492-02153-0
© R. Piper & Co. Verlag, München 1975
Gesamtherstellung: Clausen & Bosse, Leck
Gesetzt aus der Garamond-Antiqua
Printed in Germany

# Inhalt

# Vorwort

Der scherzhaft verklausulierte Untertitel dieses Buches sagt, daß es kein Lehrbuch im herkömmlichen Sinn sein will. Seine Informationen vermitteln in erster Linie Reflexionen über analytisches Grundwissen, nicht eine geschlossene Ansicht der psychoanalytischen Theorie und Metapsychologie. Zu solchen Betrachtungen scheint guter Grund gegeben. In den letzten Jahrzehnten haben sich zwei zunächst weit voneinander entfernte Wissenszweige mit der Psychoanalyse beschäftigt: einmal, in Fortsetzung der Tradition, die Psychiatrie und dann, in neuer Begegnung, jener zeitgenössische Forschungsverbund aus einer Reihe von Geistes- und Humanwissenschaften (Sozialpsychologie, Verhaltenspsychologie, Soziologie, Philosophie, Pädagogik, Politologie, um die hauptsächlichsten zu nennen). Auf der medizinischen Seite setzte sich die Beschäftigung mit der Lehre vom Unbewußten, überhaupt mit dem theoretischen Gebäude der Analyse und den therapeutischen Techniken fort. Für Freud, den Neurologen, lag die Verbindung mit der Psychiatrie und anderen medizinischen Fachbereichen nahe und war insofern problemlos. Freilich ist die Psychoanalyse von dieser Psychiatrie siebzig Jahre aufs feindseligste behandelt worden.

Es kommt aber im Rahmen der Absichten dieses Buches weder auf Klagen noch Anklagen an. Zumal in der allerletzten Zeit doch endlich ein Durchbruch gelungen zu sein scheint. In der dritten Generation nach Freud reden Psychiater und Psychoanalytiker erstmals ernstlich miteinander.

Seit Freuds frühen Arbeiten zur Hysterie hat sich bis zur Gegenwart natürlich im Inneren der Psychoanalyse viel Veränderndes zugetragen. Zum Beispiel zentriert sich gegenwärtig das Interesse der Forscher nicht mehr wie anfänglich auf die Lehre vom Unbewußten, vom Traum, oder auf die großen Falldarstellungen, sondern es sind die Probleme des Ich, seiner Abwehrmechanismen, der Übertragung und Gegenübertragung und neuer Typologien wie dem narzißtischen Charakter oder den Grenzfällen zwischen Psychose und Neurose. Es werden zudem Modifikationen der Behandlungstechnik erprobt: »Legierungen«, wie Freud es voraussah. Er träumte zwar von der Analyse als einer massenhaft angewandten Therapie, blieb aber, wie bei ihm gewohnt, Realist. »Wir werden auch sehr wahrscheinlich genötigt sein, in der Massenanwendung unserer Therapie das reine Gold der Analyse reichlich mit dem Kupfer der direkten Suggestion zu legieren.«*

An dieser Stelle folgt dann ein Satz, der für den Autor dieses Buches mehrmals wegleitend war: »Aber wie immer sich auch diese Psychotherapie fürs Volk gestalten, aus welchen Elementen sie sich zusammensetzen mag, ihre wirksamsten und wichtigsten Bestandteile werden gewiß die bleiben, die von der strengen, der tendenzlosen Psychoanalyse entlehnt worden sind.«** Das Wort »tendenzlos« bleibt in etwa

---

* S. Freud, G. W. X, S. 193.
** ib., S. 193 f.

dunkel und mißverständlich. Es ist anzunehmen, daß Freud hier an jene seiner Entdeckungen dachte, die aus Erkenntnisleidenschaft herrührten, nicht aus der Not des Alltags. »Tendenzlos« meint dann, daß der Forscher nach allen Seiten möglichst unbehindert an den offenen Fragen der Psychoanalyse weiterdenken kann. Daraus ergibt sich, wie und in welcher Richtung und welcher Tiefe sich die Psychoanalyse fortsetzen wird. Die durch Notlagen erzwungenen Kompromisse der Praxis lassen sich als eine Art von Auftragsforschung ansehen. Von ihr ist nicht jene spekulative Leidenschaft zu erwarten, die Freud und die ersten Analytiker in Atem hielt.

Welcher Art ist der zweite Wissenbereich, der sich neuerlich der Analyse zugewendet hat? Es sind Nachbarwissenschaften. Auch für die Forscher, die dort tätig sind, gilt, daß sie – nach anfänglicher Unsicherheit, wes Geistes Kind die Analyse sei – jetzt reichlich zu zitieren begonnen haben. Dabei spielen wissenschaftsmodische Rücksichten eine beachtliche Rolle. Der Psychoanalyse widerfährt dabei immer wieder, daß ihr fremde Maßsysteme übergestülpt werden. Von Einfühlung in ihre Erkenntnisabsicht ist dann keine Rede. Vielmehr dient Kritik den narzißtischen Bedürfnissen der jeweiligen Kritiker.

Berechtigt ist die Klage, daß die Analyse bei ihrer therapeutischen Arbeit auf einen kleinen Wirkungskreis beschränkt bleibe. Ist es möglich, dagegen etwas zu unternehmen – ohne gleichzeitig analytische Substanz aufzugeben? Das war in einem Satz die zentrale Frage, die der Autor bei seinen Überlegungen beantworten wollte. Eine definitive Meinung konnte er jedoch nicht in sich errichten. Klar war lediglich, daß es galt, zweierlei möglichst nahe aneinander zu bringen: die tendenzlose Arbeit an den Grundpositionen der Analyse (ohne in rigide Wiederholung des Gleichen zu verfallen) und die möglichste Tendenzlosigkeit bei der Anwendung psychoanalytischen Wissens auf Bereiche, die bisher noch in keinem näheren Arbeitskontakt mit der Psychoanalyse gestanden sind.

Statt sich politisch abzuschirmen, was in der Pionierzeit der Psychoanalyse für ein ungestörtes Erarbeiten ihrer Konzepte unerläßlich war, mußte sie jetzt die Herausforderung annehmen, den Menschen auch als vielfach in weitausgedehnte soziale Konflikte einbezogenes Wesen zu verstehen. Singuläres und kollektives Schicksal verklammern sich wechselweise.

Betrachtet man die Lage ohne Beschönigung, so wird in der Gegenwart die Gleichzeitigkeit von zwei einander entgegengesetzten gesellschaftlichen Prozessen überdeutlich. Einerseits sind die Bestrebungen der Psychoanalyse – und natürlich auch anderer Humanwissenschaften, gesellschaftlicher Gruppen und Institutionen – auf eine Weiterentwicklung und verstärkte Humanisierung der zwischenmenschlichen Beziehungen gerichtet. Andererseits gibt es zutiefst beunruhigende Entwicklungen, die sich durch eine rasch sich ausbreitende blutige wie nicht-blutige Brutalisierung der menschlichen Verhältnisse auszeichnen. Womit lassen sich diese widersprüchlichen Tendenzen erklären? Ein Thema der Anwendung von Psychoanalyse auf Sozialpsychologie.

Diese Menschheit besitzt keinen Ort und kein rechtens anzuschuldigendes Objekt, auf das sie ihre verfehlten Verantwortungen projizieren könnte. Worunter wir leiden, sind allein die Verhältnisse, die wir als Glieder der gegenwärtig lebenden und handelnden Gesellschaften geschaffen haben – insbesondere im Zuge unserer nationalistischen oder konsumegoistischen Besessenheit.

Während also an der bewußten sozialen Vorderfront unzweifelhaft ehrlich und opferbereit um eine humanistische Zukunft gerungen wird, entwickelt sich im Verborgenen – zunächst lange ignoriert – ein Lebensstil brutaler Selbstsucht, überschattet von Terror, staatlichem wie privatem, kapitalistischem wie kommunistischem. Schon kaum noch verborgen breiten sich die elaboriertesten Foltermethoden aus. In dieser Ungeniertheit sind sie ein Novum. Benützen wir die Regression ins Mittelalter – also die Folter –, als Beispiel, um einen neuen Stil, eine neue Methodik angewandter Psychoanalyse zu entwickeln? Unter welchen Voraussetzungen konnte sich dieses »unmenschliche« antisoziale Verhalten in unserer Zeit, vor unseren Augen entwickeln? Dabei ist die Folter natürlich nur als die Spitze eines Eisbergs aufzufassen. Er kündigt uns eine tiefreichende aggressive Durchdringung der sozialen Beziehungen an.

Wie Foltern aber aktuell und aus welchen psychischen Vorbedingungen möglich wird, das ist uns keineswegs ausreichend bekannt. Die Psychoanalyse möchte das Ihre beitragen, um diese psychische Entstellung in ihrer kollektiven Genese zu verstehen. Im Prinzip soll das Entstehen von unerwünschtem Gruppenverhalten aufgeklärt werden. Bisherige Beobachtungen haben gezeigt, daß das dissoziale Foltern durch abgespaltene Persönlichkeitsanteile vollzogen wird. Diese Ichspaltung vollzieht sich sowohl auf der individuellen wie auf der Gruppenebene. Der Analytiker muß sich in einem neuen Beobachtungsgebiet – dem Verhältnis von individuellem zu kollektivem Verhalten – zurechtfinden.

Zudem spiegelt die gesellschaftliche Umwelt nicht mehr ein selbstverständliches Übereinstimmen in den gesellschaftlichen Normen zwischen dem Analytiker und den meisten seiner Patienten wider. Die Sozialordnung selbst, in der wir leben, ist inzwischen für viele Zeitgenossen zum offenen

Problem geworden. Der Psychoanalytiker kann an den vielfältigen Wandlungen des Selbstverständnisses und seinen Erweiterungen nicht länger vorbeigehen, als sei er selbst nicht angesprochen. Und doch ist es seine Pflicht geblieben, die in individueller Analyse erworbenen Einsichten festzuhalten und weiter auszubauen.

Wer gegen diese Ausweitung psychoanalytischer Kompetenz argumentieren will, der sei daran erinnert, daß die Psychoanalyse schon einmal unsere Vorstellungen von psychosozialen Entwicklungsschritten, und zwar in der Kindheit, tief beeinflußt hat. Am Beginn solcher Forschung ließ sich das keineswegs sicher voraussagen. Heute ist es nicht mehr denkbar, daß der Kinderanalytiker die Schlußfolgerung vertreten würde, ihm sei nur die therapeutische Aufgabe gestellt, nach Möglichkeit entwicklungsgestörte Kinder zu heilen, nicht aber daran mitzuwirken, daß sich etwas an den krankmachenden Verhältnissen ändert.

Ähnlich steht es mit der Aufgabe, das Foltern zu einem unmöglichen Verhalten werden zu lassen. Zunächst sind wir, wie angedeutet, ziemlich einflußlos, da wir noch keine ausreichende Kenntnis von den psychopathologischen Entwicklungsschritten haben, welche Folterung innerlich zulassen. Offensichtlich ist dazu ein unter günstigen Bedingungen leicht sich vergrößernder Kreis von Individuen bereit. Unsere vorläufige Ohnmacht entbindet uns jedoch nicht von der Pflicht, in immer neuen Beobachtungen nach den konkreten Einzelheiten zu suchen, die sich im Charakter aktiv an der Folterung von Mitmenschen Beteiligter vorfinden. Das wird nur unter Anwendung der psychoanalytischen Behandlungstechnik gelingen, denn keine andere psychologische Technik gibt uns vergleichbare Auskünfte über verborgene Motivationen unseres Verhaltens.

Das Beispiel der Folter zeigt, wie schwierig es sein wird, adäquate Techniken der angewandten Psychoanalyse zu entwickeln und fortzusetzen. Dabei ist jetzt schon klar: die ehrlichste Moral, die das Töten, geschweige das Töten durch Folter verbietet, war nicht in der Lage, dieses Selbstverständnis gegen starke Emotionen des Hasses, der Rachsucht und ähnliche Affekte durchzuhalten. Die Bindung an Verbote hat versagt. Wer hätte geglaubt, daß die »mittelalterliche Folter« noch einmal als eine der großen Schrecken der Menschheit wiederkommen würde? Solange es nicht gelingt, das Phänomen Folter nicht nur mit Schuldbewußtsein zu verbinden, sondern mit tieferliegenden psycho-biologischen Abwehrmechanismen wie Ekel, werden wir wahrscheinlich umsonst Friedfertigkeit predigen.

Die Menschheit hat in ihrer Geschichte gelernt, mannigfache Abwehrtechniken gegen Schuldgefühle zu entwickeln. Freud forderte vom Patienten, er solle nicht agieren, sondern das, was ihn sich schuldig fühlen lasse oder worüber er sich schäme, erinnern, genauer: erinnernd nochmals erleben. Dieser Kampf um die Erinnerung ging wieder und wieder verloren. Der Ekel jedoch ist tiefer, ja biologischer verwurzelt. So könnte man die Arbeitshypothese wagen, es sei wahrscheinlich, daß die Verknüpfung von Folterung mit der Erfahrung eines unabweisbaren geistigen und körperlichen Ekels der erste Schritt sei, mit Hilfe dieser heftigen Unlust die Folter unvollziehbar zu machen. Das ist immer noch kein aufgeklärtes Überwinden einer Fixierung an frühe aggressive Triebbedürfnisse, aber der Beginn eines Weges, der vielleicht sich als gangbar erweist.

Genug dieses einleitenden Hinweises. Er mag dem Leser die Richtung weisen, in welcher sich der Autor, die Lage der

Psychoanalyse bedenkend, bewegt hat. Es ging ihm um das Schicksal der orthodoxen Psychoanalyse, also um möglichst genaue Kenntnis der theoretischen Grundlagen. Mit ihnen im Kopf hat er versucht, sich auszudenken, welche politischen Wirkungen der Psychoanalyse im Lauf der Zeit noch zuwachsen könnten, welche theoretischen, auf Gruppen und Massen gerichteten Fortentwicklungen zu erwarten sind. Daß diese echten Fortentwicklungen in der Technik der Anwendung der Psychoanalyse auf ebenso genuine psychoanalytische Fortentwicklungen der Metapsychologie angewiesen sein werden, sollte in keinem Augenblick in Vergessenheit geraten.

Der vorliegende Text hat als Vorgänger eine Reihe von Entwürfen und Probeformulierungen, eine Arbeit, die sich durch Jahre hinzog und gewiß noch zu keinem befriedigenden Ende geführt hat. Ich möchte meiner Frau, Dr. Margarete Mitscherlich-Nielsen, für die Geduld und die vielfältigen Anregungen danken, die sie bei der Durchsicht der einzelnen Kapitel bewiesen hat. Frau Jutta Gaussmann danke ich für die formidable Ausdauer bei der Aufrichtung eines Manuskriptberges bis hin zur letzten Reinschrift. Dankbar bin ich wie immer meinen Mitarbeitern für das angenehme Klima der Verständigung.

A. M.

Frankfurt a. M., August 1975

# I

# Der Standort der Psychoanalyse

*(Annäherung an ein psychoanalytisches Problembewußtsein.)*

Wer sich für Psychoanalyse interessiert und ein paar Lebensjahrzehnte überschaut, kann nicht anders als baß erstaunt sein
über den Wandel in der öffentlichen Einschätzung der
Psychoanalyse während dieser Zeit. Es gibt nur noch wenige
Verlage, die keine psychoanalytischen Titel anbieten, und
auch auf akademischem Pflaster ist die Psychoanalyse kein
»unmögliches« Thema mehr. Wie immer, wenn eine Sache in
Mode kommt, beginnen eine Menge Leute, sich vom Auf-
wind tragen zu lassen, und erwecken den Eindruck, als seien
sie kompetente Vertreter des bis dahin vielgeschmähten Fa-
ches. Mancher Anspruch ist jedoch fragwürdig. Es ist aber
keineswegs so, als ob nur eine Inflation von der Psychoanalyse freundlich gesonnenen Veröffentlichungen und sonstigen
Aktivitäten eingesetzt hätte, die alle für eine Information auf
breiter Front sorgen würden. Die akademische Psychologie
ist größtenteils nach wie vor voller heftiger Affekte gegen sie,
vor allem den Vertretern der jüngeren Zweige der akademischen Psychologie, z. B. den Lerntheoretikern, ist ihre Fort-
existenz ein Dorn im Auge. Das Urteil über die Psychoanalyse kommt noch nicht zur Ruhe.

In Wirklichkeit gibt es zwei Psychologien, eine, die mit

innerseelischen Prozessen, großartig ausgedrückt: der Dynamik der menschlichen Existenz, sich beschäftigt und das Verstehen der Sinnzusammenhänge, der kreativen Prozesse, auf keinen Fall aufgeben will, und eine feindliche Schwester, die sich psychischer Phänomene zu bemächtigen trachtet, indem sie sie zu zählen, zu messen und experimentell wiederholbar zu machen versucht. Diese will der Psychoanalyse ziemlich unverändert durchaus und zuweilen auf recht rauhbeinige Weise die Daseinsberechtigung absprechen. Der Streit läuft seit siebzig Jahren immer wieder auf die Frage hinaus, was Wissenschaft sei. Es ist nicht die Absicht, die Leser mit dieser wissenschaftstheoretischen Preisfrage zu behelligen: es sei nur kurz festgehalten, daß es für das eine Lager – die Positivisten – nur einen alternativelosen Wissenschaftsbegriff gibt; Wissenschaft ist, was mit denselben Methoden kontrolliert werden kann, mit denen Physik und Mathematik ihre Ergebnisse prüfen. Wir haben es hier mit einem Monismus der Naturwissenschaften zu tun. Das andere Lager – die Hermeneutiker – bezweifelt nicht die innere Konsequenz, mit der die Naturwissenschaften ihre Ergebnisse kontrollieren. Es stellt nur fest, daß es Erscheinungen und Wirklichkeiten gibt, die einen bedeutenden Einfluß in unserem Leben haben und die sich dieser Form wissenschaftlicher Prüfung nicht unterwerfen lassen. Für diese Seinsbereiche – die menschliche Selbstwahrnehmung ist ein solcher – müssen andere Formen verbindlichen Wissens gesucht und weiterentwickelt werden. Die Psychoanalyse ist eine Antwort auf Fragen, die aus dem Bereich der Psychologie kommen, aber mit der herkömmlichen Naturwissenschaftlichen Methodik nicht zu beantworten sind.

Nehmen wir dies als Arbeitshypothese. Ob Karl Popper oder Hans-Jügen Eysenck die Psychoanalyse für eine Scheinwissenschaft halten, braucht uns im Augenblick nicht weiter zu beschäftigen. Ich will auch gar nicht die Gegenrechnung aufmachen und den Dilettantismus der Aussagen erörtern, der sich zeigt, sobald diese Wissenschaftler den Anwendungsbereich ihrer naturwissenschaftlichen Methoden überschreiten. Nach wie vor handelt es sich um *zwei Welten* und zwei Realitäten; wir gehen von diesem Tatbestand aus.

Nun aber, was ist die Absicht dieses Buches? Der Untertitel »Psychoanalyse für fortgeschrittene Anfänger« verrät, es geht in erster Linie nicht um eine Lehrunternehmung, sondern um eine Erprobung der Psychoanalyse als Instrument in der Verständigung mit Mitmenschen und vor allem in der Verständigung über die eigene Innenwelt. Vielleicht deute ich am besten eingangs an, was der Leser alles *nicht* erwarten darf. Zunächst keine systematische, sei es den Inhalt repetierende, sei es kritisch ansetzende Darstellung der analytischen Theorie. Wir werden keinen Kurs über die psychoanalytische Behandlungstechnik abhalten und uns auch nicht auf die Diskussion der sogenannten Abweichungen von der Lehre, also auf die Kritik an revisionistischen psychoanalytischen Positionen einlassen. Auch Moden sollen uns nicht beunruhigen, z. B. die augenblicklich in Gang befindliche, die Psychoanalyse mit soziologischen Techniken aufzubereiten und dann ihr den Star in bezug auf ihr »szientistisches Selbstmißverständnis« zu stechen. Solche Themen werfen freilich im Augenblick guten akademischen Lohn ab.

Wovon, wird man fragen, wird dann überhaupt die Rede sein? Ich will kurz andeuten, was meine Hoffnung ist. Seit weit mehr als einem Vierteljahrhundert beschäftige ich mich mit dem Erlernen der Psychoanalyse. Man sieht, ich schätze das als ein ziemlich schwieriges Unterfangen ein. In dieser, man kann sagen, permanenten Lehrzeit ist natürlich dutzendemale die Frage nach der Wissenschaftlichkeit der Psychoanalyse gestellt worden. Ich habe nicht wenigen Ärzten versucht, einen Begriff dessen zu vermitteln, was Psychoanalyse in der Essenz und was sie als therapeutisches Instrument ist. Der Lehrerfolg war nicht überwältigend, das Lehrziel offenbar für Tatmenschen, die Ärzte nun einmal sind, zu hoch. In einer so langen Zeitstrecke wächst die Sehnsucht, einmal nicht zu lehren, keine Mißverständnisse im eigenen Lager zu diskutieren, keine Verunglimpfungen zurückweisen zu müssen. Satt dessen stelle ich mir einen freundlich gesonnenen Leser vor, der mir zubilligt, daß Freuds Entdeckungen in toto eine epochale Herausforderung an unser Selbstverständnis darstellen, an unsere moralischen Gewißheiten, an unsere Vorstellungen von menschlicher Krankheit, an unsere Erziehungsmethoden und vieles mehr, was uns als ungelöste Problematik belastet. Als Partner stelle ich mir einen Leser vor, dem ich diese Fakten nicht unterbreiten und den Nachweis ihrer Brauchbarkeit liefern muß. Er erlaubt es mir vielmehr, daß ich mich interessanteren Fragen zuwende, etwa probiere, ob es gelingt, von verschiedenen Einstiegen aus Themen durch meditative Behandlung zur Entfaltung zu bringen.

Da ist z. B. die Frage, welche Konsequenzen die ungleichförmige Entwicklung unseres Wissens auf den Fortgang unserer Kultur haben muß. Der technische Fortschritt hat – jedermann weiß es bis zum Überdruß – eine lawinenartige Entwicklung genommen. Der Mensch, der diesen Fortschritt in Gang gesetzt hat, ist eines der hervorragenden Objekte dieses Forschungsfurors geworden. Der Mensch, sage ich, gemeint ist der menschliche Organismus, seine Physiologie, Biochemie, jedenfalls seine materielle Existenz. Nicht so bravourös wurde unsere Selbsterkenntnis unter der Fortschrittsdevise vorangetrieben. Wir sind zur Bescheidenheit genötigt, denn in der Beherrschung unserer Triebwünsche, unseres Egoismus, in der Fähigkeit, den Hang zur entsetzlichen Mißhandlung von unseresgleichen zu überwinden, sind wir alle unzweifelhaft sehr viel langsamer vorangekommen. Technische Triumphe en masse: Triumphe der Selbstüberwindung selten, wie es durch die Jahrhunderte immer war.

In diesem Zusammenhang ist Herbert Marcuses Bemerkung, die Psychoanalyse veralte[1], sehr beachtenswert. Marcuse meint dabei nicht, wie man glauben könnte, die Analyse sei vom Fortschritt überholt, bleibe veraltet in der Geschichte zurück. Des Glaubens sind freilich viele, er will vielmehr genau das Gegenteil sagen: daß seit Freuds Lebenszeit antiindividuell wirksame, auf psycho-soziale Nivellierung hinauslaufende Entwicklungen eingetreten sind. Der materiell sich immer mehr komplizierenden Umwelt entspricht kein ebenso facettiertes Selbst- und Fremdverständnis als einer integrierenden kollektiven Leistung. Das hat tiefe Veränderungen im Selbstverständnis der Menschen bewirkt.

Die narzißtische Isolierung hat sich entsprechend verstärkt. Die Psychoanalyse setzt aber eine kulturelle Tradition fort, in welcher das Prinzip psychischer Differenzierung hoch geachtet ist. Freilich verschiebt sich dieses Bild, denn sie hat es nunmehr mit anderen Idealen im Sinne von Leitvorstellungen zu tun. Wir begegnen in den Machtpositionen mehr und mehr Repräsentanten, die, in ihrem Über-Ich korrumpiert, nur noch die Verwaltung der Welt zur Befriedigung eigener Machtbedürfnisse besorgen. Die ungewöhnliche Absetzung eines amerikanischen Präsidenten ist wohl kaum ein Zufall auf individueller Basis, sondern wahrscheinlicher ein Signal für einen Über-Ich-Zerfall als Krisenzeichen einer Kultur.

---

1 Herbert Marcuse, Kultur und Gesellschaft II. Frankfurt 1965.

Es geht also nicht einseitig darum, daß die Psychoanalyse den Anschluß an moderne Wissenschaftsentwicklungen verliert – darum geht es selbstverständlich auch –, sondern umgekehrt müssen die positivistisch betriebenen Wissenschaften vom Menschen ihrerseits Anschluß an die Psychoanalyse suchen, um nicht für deren Modernität blind zu werden bzw. zu bleiben. Diese Modernität der Psychoanalyse ist eine keineswegs ungefährdete Alternative zu dem sonst herrschenden intoleranten positivistischen Methodenmonismus in der Forschung.

Es ist die Absicht dieses Buches, thematische Erprobungen vorzunehmen: Was kann man mit Hilfe analytischen Denkens, analytischer Erfahrungen zum Verständnis der seelischen Verfassung aussagen, an der wir alle teilhaben?

Leo Rangell, ein amerikanischer Psychoanalytiker, hat als Präsident des 28. Internationalen Psychoanalytischen Kongresses in Paris 1973 in seiner Eröffnungsrede die jeweiligen zeitbezogenen Reaktionen aufgezählt, mit denen die Psychoanalyse auf historische Ereignisse geantwortet hat. »Die Psychoanalyse hat mit den Problemen ihrer Zeit immer in wechselseitiger Beziehung gestanden, hat sich mit ihnen auseinandergesetzt und sich von ihnen anregen lassen. In Freuds repressivem Wien entstand seine Theorie der Sexualität, im Ersten Weltkrieg kam das Thema der Aggression zur Sprache, in Chicago und im New York der Zeit Franz Alexanders wurde die Theorie der psychosomatischen Krankheiten erstmals formuliert. Heute glaube ich, daß es an der Zeit ist, uns des Problems der Integrität anzunehmen. Ich meine das nicht in moralischer, sondern in der uns vertrauten psychoanalytischen Hinsicht.«[2] Integrität verweist also auf ein besseres

2 Leo Rangell, Perspektiven der Psychoanalyse. In: Psyche XXVIII, 1974, S. 940.

Wissen um die opportunistischen Anfechtungen unserer Gesellschaft. Integrität ist demnach kein schlechtes Forschungsthema für eine Zeit, die durch Skandale von weltpolitischer Dimension gekennzeichnet ist.

Wenden wir uns jetzt Einzelproblemen zu, deren Klärung zu Anfang unseres Unternehmens nützlich sein dürfte. Wir fragen uns also, ob es unter den Lebensbedingungen der »rationalisiert« verwalteten Massengesellschaften Möglichkeiten gibt, sinnvollerweise das Streben nach individueller Freiheit und einem differenzierten Selbstverständnis fortzusetzen. Das ist eine Frage, die gewiß nicht im Handumdrehen zu beantworten ist. Einzelne der folgenden Kapitel werden deshalb das Thema wieder aufgreifen und versuchen, das Problembewußtsein zu schärfen.

Unbedroht waren kritische Selbsterfahrungen und Einschätzung der sozialen Realität für das Individuum nie. Bei Bedrohung denkt man zunächst an Ketzerverfolgung und Ideologieverrat. Der Psychoanalytiker weiß aber auch von den spezifischen Gefahren der Selbsttäuschung. In hermeneutisch, also deutend arbeitenden Wissenschaften ist sie oft noch schwerer zu entdecken als in naturwissenschaftlichen Forschungsansätzen. Denn es kann sein, daß solche Selbsttäuschung aus emotionellen Vorurteilen des Forschers herrührt und deshalb für ihn nur schwer zur Reflexion und Einsicht zu bringen ist. Für den Analytiker gilt diese Gefährdung ganz besonders, da er abgeschlossen von der Außenwelt mit seinem Patienten allein arbeitet. Selbstkontrolle ist für ihn deshalb um so notwendiger, zugleich aber auch schwer zu bewerkstelligen.

Ob Freiheitserlebnisse ein erreichbares Ziel bleiben, hängt davon ab, ob das Individuum in dieser Hinsicht durch seine Gesellschaft unterstützt wird, ob der Konsens der Gesellschaft Freiheit zu unbeschränktem Fragen einschließt. Unbeschränktes Fragen ist natürlich das Korrelat der freien Assoziation, also jener selbstkritischen Einstellung, die sich im Prozeß der Analyse um ein zensurfreies Bild der inneren Realität bemüht. Trotz des ökonomischen Elends, trotz Einschüchterung des Individuums in unterschiedlichen Despotien waren die nichtkonformen, die ketzerischen Strebungen nach Freiheit in der europäischen Geschichte bisher nicht mehr auszumerzen. Das garantiert aber nicht ein Gleiches für die Zukunft in der »brave new world«. Freiheit wird dort zum ungewollten Luxus, zum »Sand in der Maschine«.

Der Hunger wachsender Massen wird zunehmend seine eigenen politischen Ziele durchsetzen. Damit ist aber gleichzeitig die Weiterexistenz der Psychoanalyse an die außeranalytische Frage geknüpft, ob es gelingt, die Vermehrung der Menschheit zum Halten zu bringen und damit mittelbar den Hunger zu besiegen.

Es ist natürlich töricht, die Psychoanalyse simpel als ein Phänomen des Bürgertums im Zeitalter imperialer Expansion und industrieller Revolution hinzustellen und sie in Bausch und Bogen als Inventarstück jener Zeiten abzuschreiben. Wollte man diese Auffassung ernstlich vertreten, so wäre nur der Gegenaufklärung gedient, die gerade daran ist, hörbar tief Atem zu holen. Die Psychoanalyse gehört vielmehr zum Grunderwerb des europäischen Humanismus, wie die Abschaffung der Sklaverei, die Trennung von Staat und Kirche, die Habeas-corpus-Akte und ähnliche Phänomene. Wir sollten uns aber stets darüber im klaren bleiben, daß der Erwerb dieser humanen Grundstruktur kein ein für allemal gesichertes Fundament darstellt. Vielmehr kann man aus der schleppenden Rezeption der Psychoanalyse durch unsere Gesellschaft, aus den vielen Mißverständnissen, denen sie ausgesetzt ist, erkennen, wie schwer es ist, kritische Selbstbesinnung in neu auftauchenden Konfliktlagen aufrecht zu erhalten und Verführungssituationen – individuellen wie kollektiven – zu widerstehen.

In einer Zukunftsbetrachtung der Psychologie durch einen Psychologen (von einer ernsthaften englischen Zeitschrift[3] publiziert) befindet sich um das Jahr 2040 die Psychoanalyse bereits im »psychologischen Museum«. Denn bis dahin wird die von Aldous Huxley prophezeite »schöne neue Welt« in der Lage sein, Gedächtnisinhalte selektiv auszulöschen, was nach Ansicht eines befragten Psychologengremiums die Psychoanalyse überflüssig macht. Nach endlosen »Verdrängungen« nun der Mensch, der sein Gedächtnis selbst manipulieren kann. Eine erhebende Aussicht. Wir spotten noch, aber diese Prophezeiung hat meines Erachtens durchaus die Chance, verwirklicht zu werden. Bis dahin mag auch eine innere Anpassung an die Direktiven der Computerwelt, an ein geschlossenes Verwaltungssystem so weit fortgeschritten sein, daß mit dem Begriff Freiheit überhaupt keine emotionellen Erfahrungen mehr – also auch kein Ideal, keine Zielvorstellungen – verbunden sind. Die Nachricht vom bevorstehenden Abschieben der Psychoanalyse ins Museum wird durch die zweite Prophezeiung ergänzt, daß B. F. Skinners sehr in diesen Rahmen passende Lerntheorie eine sichere Zukunft habe. Es dürfte sich kaum als Fehlurteil erweisen, wenn man voraussieht, daß die Sache der menschlichen Autonomie, für die schon so viele Opfer gebracht wurden, noch nicht alle Anschläge gegen sie überstanden und bestanden hätte.

Wir sprechen im übrigen fortwährend von »*der* Psycho-

---

3 Mike Smith, University of Wales, Cardiff, New Scientist, 64, 1974, S. 90. Zitiert nach FAZ, 13. 11. 1974.

analyse«. Es gibt aber keine generelle Definition, die der Psychoanalyse nach allen Seiten gerecht würde. Begnügen wir uns deshalb für unsere pragmatische Unternehmung, einige ihrer wesentlichen Merkmale hervorzuheben. Zunächst ist Psychoanalyse ein Prozeß der Wahrnehmungserweiterung und Wahrnehmungskorrektur. Damit verknüpft sind neue Erfahrungen der Kommunikation, insbesondere der Kommunikation zwischen Arzt und Patient. Einen für unsere Zwecke nützlichen Definitionsversuch hat Stavros Mentzos[4] gegeben: »Das Spezifische der Psychoanalyse wäre . . . 1. daß sie eine Selbstreflexion, eine Selbsterforschung des Forschungsobjekts ermöglicht, und 2. daß dies nur innerhalb eines kommunikativen Prozesses, in dem die verborgenen traumatischen Zusammenhänge noch einmal erlebt werden, möglich wird. Dabei gerät der Beobachter selbst in das Beobachtungsfeld.« Hinzuzufügen wäre, daß die Psychoanalyse eine systematische Methode der Introspektion ist. Die Beobachtungen, die sie macht, entstammen einem – wie Freud es einmal genannt hat – »unvorstellbaren Substrat«, nämlich dem von uns »Psyche« genannten Teil unseres lebendig organisierten Lebens. Durch Introspektion wollen wir versuchen, Motivationen, Begründungen zu erfahren, und zwar auf einer anderen Ebene als nur der bewußt rationalen. Die psychoanalytische Methode will dazu beitragen, Handlungs- und Erinnerungszusammenhänge zu rekonstruieren, Triebschicksale zu verfolgen, Phantasien in ihrer Herkunft zu begreifen, nicht zuletzt seelische Fixierungen, die die Entwicklung der Persönlichkeit blockieren, abzubauen.

Das Ziel ist die Überwindung der Widerstände gegen sol-

---

4 Stavros Mentzos, Psychoanalyse – Hermeneutik oder Erfahrungswissenschaft? In: Psyche XVII, 1973, S. 841.

che tieferreichenden Einsichten und Absichten. Es ist eigentlich überraschend zu sehen, daß unser »psychischer Apparat« so geartet ist, daß die Erweiterung der Einsicht in uns selbst kein ähnliches positives Echo in uns weckt, wie uns die Entdeckung bisher verborgener Naturzusammenhänge begeistert. Einsicht in uns selbst erweckt zunächst meist Unlust, da sie unweigerlich mit der Aufdeckung von Unzulänglichkeiten verknüpft ist. Der unbewußt wirksame Selbstschutz gegen solche peinlichen Einsichten (z. B. Verdrängung und Verleugnung) ist zwar verständlich, aber nur erklärlich, wenn man Feindschaft zwischen Menschen als eine stets bereite Reaktion in Rechnung setzt. Einsicht in meine Unvollkommenheiten irritiert mich zunächst, macht mir Schuldgefühle oder weckt Scham, aber ich muß damit rechnen, daß gerade diese innere Unsicherheit von meinen Mitmenschen für ihre egoistischen Ziele bedenkenlos ausgenutzt werden kann. In dieser Schutzlosigkeit wird ein Preis der Freiheit fühlbar, der einer möglichst weitreichenden Offenheit zu wechselseitiger Kommunikation mit Kraft entgegenwirkt. Kein Wunder, daß der Patient von Anfang an mißtrauisch ist, das hat ihn seine Gesellschaft von Tag zu Tag gelehrt. Die »Zensur«, die Rücksichtnahme, wie sie ihm sonst das soziale Leben abverlangt, soll im analytischen Prozeß außer Kraft gesetzt werden, Triebbedürfnisse, Affekte sollen ungezähmt in Erscheinung treten dürfen. Wenn man dann im Fall des Gelingens des analytischen Vorgehens die Heftigkeit der Gefühle zu spüren bekommt, weiß man die Milderungstechniken, sogar die Unterdrückungsverfahren zu würdigen, mit denen die Kulturen ein Zusammenleben der Menschen wenigstens in ihren Grundbedürfnissen erst möglich machen. Anders eben in der Analyse. Das Mildern, das Unterdrücken, das Urbanisieren, das Gehorchen und Verzichten kann über die Kräfte des

Individuums gehen, vor allem, wo sadistische und masochistische Perversionen sich in die Beziehungen eingeschlichen haben. Hier hilft nur das sorgfältige Durcharbeiten der aus dem Unbewußten auftauchenden Motivationen weiter; es hat wenigstens den Vorzug, im Sinne therapeutischer Entlastung zu wirken.

Die Verständigung zwischen Analytiker und Patient ist ein langwieriger Prozeß. Es steht nicht zur Frage, mehr oder weniger verdeckt das in der Gesellschaft wirkende Freund-Feind-Verhältnis zwischen Behandler und Behandeltem fortzusetzen – so sehr der Patient den Verdacht hegen mag, der Analytiker wolle ihn ausspähen, um schwache Stellen in seinem »Charakterpanzer« zu entdecken. Vielmehr geht es um den Versuch, ein Vertrauensverhältnis zwischen Analytiker und Analysand herzustellen, das dem letzteren zeitweisen Schutz bietet für eine zensurlose, für eine unkorrigierte Selbstwahrnehmung durch die Deckung, die ihm der Analytiker gibt. Am Ende kann dieser Erkenntnisweg nur wieder zur freilich sinnvolleren, reflektierten Anerkennung der Notwendigkeit gesellschaftlicher Ordnungen – einschließlich verlangter Verzichte – führen. Wo Schuld- und Schamgefühle in unangemessener Stärke geweckt werden, ist das immer ein Anzeichen dafür, daß privilegierte Mitglieder der Gesellschaft, die herrschende Schicht, ihre Vorzugsposition ausnutzen und die Verinnerlichung von ihnen erfundener grausamer Richterinstanzen erzwingen. Man kann von einer Perversion des Über-Ich sprechen. An dieser Herrschaftstechnik ist das soeben erwähnte Freund-Feind-Verhältnis unbeschönigt sichtbar.

Die Bemühung des Analytikers geht also dahin, eine Kommunikation herzustellen, die seinen Patienten aus der sklavischen Abhängigkeit eines vorgegebenen Rollenspiels Zug um

Zug befreit, aber nicht damit er zur Vergeltung ausholen kann, sondern um sich aufgeklärteren Idealen wie dem der Rücksichtnahme, der Einfühlung, des Verstehens zu verpflichten.

Auf diesem beschwerlichen Weg wird vom Analytiker erwartet, daß er in der Fähigkeit, seine Gefühle kontrollieren zu können, seinem Patienten gegenüber im Vorsprung ist. Denn der Analytiker muß sich darum bemühen, seinem Analysanden nicht die eigenen Wertmaßstäbe, das eigene Rollenverständnis, die eigene Moral aufzudrängen.

Es ist nicht verwunderlich, wie sich bald in der Analyse zeigt, daß dieses Verhältnis Analytiker – Analysand von ständig wechselnden Spannungen und Schwankungen überschattet ist. Deshalb dient auch das »Durcharbeiten« des vom Patienten gelieferten Materials – seine Erinnerungen, Träume, Wahrnehmungen – nicht nur ihm, um sich selbst verstehbarer zu werden, sondern auch dem Analytiker, um immer wieder zu prüfen, ob es ihm gelungen ist, seine Position der »wohlwollenden Neutralität« zu behalten. Es gehört zu den erstaunlichen Selbstwahrnehmungen des Analytikers, zu bemerken, wie Stunde um Stunde diese Unvoreingenommenheit und, soweit es irgend geht, Vorurteilslosigkeit dem Patienten gegenüber neu errungen werden muß. Das bedeutet gewiß nicht, daß der Analytiker ohne Konzept der neurotischen Störung seiner Patienten ist. Dieses Konzept – wie die eigenen Gefühle des Analytikers – wird einer dauernden Prüfung unterzogen. Übrigens wird man dem Patienten meist noch eher gerecht, wenn man dessen Schwierigkeiten und Konflikte einmal nachdrücklich offenlegt, als wenn man ihn idealisiert oder sich von ihm verführen läßt; dies würde mehr den Bedürfnissen des Analytikers entgegenkommen als denen des Analysanden. Denn für dessen wirkliche Nöte bliebe der Analytiker dann blind.

Eine der unverzichtbaren therapeutischen Voraussetzungen der Analyse liegt darin, daß der Analytiker nicht als Person in das Leben des Patienten verwickelt ist und wird. Da er nicht unmittelbar von den Konflikten seines Patienten betroffen ist, kann er sich leichter von ihnen distanzieren, als es diesem bisher gelungen ist. Mit seiner exzentrischen Position hilft der Analytiker dem Patienten, neue Einstellungen zu probieren, Vorurteile zu korrigieren, die ihm bis dahin selbstverständliche und deshalb unbefragte Wirklichkeit waren. Der Patient überträgt seine konflikthaften Beziehungsschwierigkeiten auf den Analytiker, der nicht persönlich reagiert und dadurch langsam dem Patienten klar machen kann, was er zu diesen Schwierigkeiten beiträgt, aus welchen für ihn bisher unbewußten Konflikten sie gespeist werden.

Diese wenigen Hinweise auf die Vorgänge in der Analyse lassen aber schon erkennen, daß es sich hier nicht um eine konstruierte Experimentalsituation handelt, sondern um unwiederholbare Lebenswirklichkeit. In der Wiederholung kindlicher Ängste und Konflikte während der analytischen Behandlungssituation werden diese doch gleichzeitig einer Veränderung unterworfen. Der Patient, der an seinen irrationalen Ängsten leidet, entdeckt deren Ursache in bisher verdrängten, also unbewußt gewordenen kindlichen Konflikten, aber indem er diese Entdeckung macht, haben sich seine Ich-Fähigkeiten erweitert und gestärkt. Die Wiederholung der Vergangenheit in der Psychoanalyse bedeutet also zu gleicher Zeit eine Veränderung der Person. Wenn der Patient in seinen tieferen Gefühlsschichten wahrzunehmen vermag, daß er erwachsen ist, d. h. sich selber besser helfen kann als das kleine, hilflos-abhängige Kind, ist er schon ein anderer geworden. Die Psychoanalyse, so sehr sie es mit der Wiederholung kindlicher Erlebnisse zu tun hat, kann aus diesen Gründen trotzdem niemals Situationen herstellen, die den naturwissenschaftlichen Bedingungen einer experimentellen Wiederholbarkeit entsprechen.

Noch ein Zusatz: Zwar wird der Patient in der klassischen Psychoanalyse als Einzelner behandelt, aber unsichtbar sind mit ihm all die Personen, die Art ihrer soziokulturell geprägten Erziehung anwesend, mit denen er, im guten wie im schlechten, während seines ganzen Lebens mit der Ambivalenz seiner Gefühle, in Liebe und Haß, mit Bewunderung oder Verachtung verbunden war. Noch einmal erweitert sich der Horizont für den Analytiker, wenn er sich fragt, zum Beispiel angesichts kollektiver Wahnhaltung ganzer Nationen, wie es zur Ausbreitung solchen seelischen Verhaltens kommen kann. Bei den Deutungshypothesen ist da wohl große Zurückhaltung nötig, um nicht in luftige Spekulationen zu geraten. Hier ist noch viel zu ergründen, denn man kann natürlich eine Masse nicht qua Masse zur Reflexion ihrer eigenen Position bringen und dabei beobachten, welche Assoziationswege sie geht. Wir werden darauf in dem Kapitel zum Thema der Massenpsychologie noch ausführlich zu sprechen kommen.

Der Weg von der Analyse des Einzelfalles zum Verständnis kollektiven Verhaltens enthält immer einen Sprung, oft Sprünge. Eine Wahnkrankheit als Einzelfall, als Privatwahn, wird nicht dadurch allein zum Massenwahn, daß sie statt einmal millionenfach auftritt. Wir wollen wissen, wie dieses plötzliche Entgegenkommen, Wahn als Wirklichkeit anzusehen, entsteht. Unsere Bemühungen um Verständnis greifen da immer wieder auf der geistigen Seite auf Herrschaftsformen wie Gottesgnadentum, religiöse Wunder, militante

Ideologien zurück und auf der körperlichen Seite auf die Infektionskrankheiten mit ihren epidemischen Ausbrüchen. Es muß etwas einer Ansteckungsbereitschaft Vergleichbares auch im Psychischen möglich sein, ein Verlust der Immunität gegen ansteckende Wahninhalte. Dieses Thema hat schon Le Bon[5] ausführlich behandelt. Seine Beobachtungen stimulierten Freud und sind nach wie vor gültig und rätselhaft genug. Das Vergleichsmoment liegt in der Einheitlichkeit der Verläufe bei Infektionskrankheiten und krankhaftem seelischen Verhalten einer Vielzahl von Menschen. Gegen diese kompakte Öffentlichkeit mit ihrem Zwang zum Wahnglauben bietet in sogenannten »normalen« Zeiten unsere Fähigkeit zur kritischen Realitätsprüfung hinlänglichen Schutz. In Zeiten explosiver massenhafter Wahnbildung ist einer, der kritisch distanziert zu fragen versucht, eine »verräterische« Erscheinung – im konkreten Sinn des Wortes. Die Geschichte zeigt, wie leicht das lebensgefährlich werden kann.

Was ist die Quelle, wo ist die Quelle zu diesen Entwicklungen? Rätselhafte Unbeugsamkeit in Vorurteilen treibt die Gegner zum Äußersten, zur wechselseitigen Massenvernichtung. Eroberungs- und Handelskriege haben wahrscheinlich nicht die gleiche Aggressionsquelle zur Voraussetzung, wie wir sie bei den Religions-, Bruder- und Bürgerkriegen oder Revolutionen finden, in denen die unterdrückten Massen oft den einzigen Ausweg sahen, sich zur Wehr zu setzen. Freud sprach bei ideologischen Auseinandersetzungen, also z. B. bei Religionskriegen, vom »Narzißmus der kleinen Differenzen«, der dieses destruktive Verhalten ausklinken und für Jahre, oft für Jahrzehnte stabilisieren kann. Wenn man die

---

5  Gustave Le Bon, Die Psychologie der Massen. Leipzig 1932.

Geschichte sich in einem Längsschnitt vorstellt, auf den all diese Kriege – Generation um Generation – aufgetragen sind, dann fällt es schwer, für so mächtig hervorbrechende Zerstörungsenergie sich neben den materiellen Notständen, dem Elend der institutionalisierten Ungerechtigkeit, nicht auch etwas einem Triebgeschehen Vergleichbares am Werk vorzustellen. Aber eine Entschuldigung ist diese Hypothese für das bisherige Versagen der Menschheit in der Geschichte – eine auch nur einigermaßen gerechte Ordnung ihres Zusammenlebens herzustellen – gewiß nicht. Auch verführt eine solche Annahme gelegentlich zu einer fatalistischen Haltung und bringt uns kaum weiter in dem Versuch, das Miteinanderleben der Menschen besser zu bewältigen.

Schließen wir ab: In der Psychoanalyse laufen drei Anstrengungen parallel, die uns zu einem erweiterten Selbstverständnis helfen wollen. Wir verstehen unter Psychoanalyse: 1. eine systematische Methode der Introspektion, d. h. der Wahrnehmung der inneren Realität; 2. eine Methode der Herstellung einer besonderen Kommunikationsform, nämlich der therapeutischen Situation zwischen Behandler und Behandeltem (davon wird im übernächsten Kapitel die Rede sein); und schließlich 3. den Versuch, durch Rekonstruktion und mit Hilfe der Übertragung kindlicher Ängste, Konflikte, Erwartungshaltungen, die amnestischen Lücken – Lücken des Vergessens – auszufüllen, d. h. unzugänglich gewordene Erinnerungen an die eigene Lebensgeschichte wieder erfahrbar zu machen. Das ist sozusagen die analytische Hauptsache: der Kampf um die Erinnerung.

Die Gedächtnislücke, die aufgehellt werden muß, ist nicht durch ein einfaches Vergessen entstanden. Ihre Inhalte sind nicht rasch zurückzurufen, sondern es lastet auf diesem Vergessenen gleichsam der Druck einer Gegenkraft, die sich der

Erinnerung widersetzt. Und das ist einer der Gründe für die lange Dauer des analytischen Prozesses. Es ist die Gegenkraft, die sich im Widerstand, in den »Abwehrmechanismen« z. B., organisiert, in dem Mechanismus der »Verdrängung«, der »Projektion« etc. und auch anderer, etwa der »Übertragung«, die wir noch kennenlernen werden. Ziel ist die Rückgewinnung der inneren Balance, die Aufhebung der Selbstentfremdung und, wenn das erreicht ist, auch die Herstellung der Liebes- und Leidensfähigkeit. Im Fall neurotischer Erkrankung konnte das innere Gleichgewicht bis dahin nur mit Einbußen der Aktionsfreiheit – zu teuer – erreicht werden, die Selbstentfremdung war so sehr zur »zweiten Natur« geworden, daß sie gar nicht mehr wahrgenommen wurde; die Liebesfähigkeit war in egozentrischen Klagen untergegangen und die Leidensfähigkeit an falschen Inhalten fixiert.

Die Aufgabe einer konsequenten Introspektion verdient noch einige Aufmerksamkeit. Nach experimentierenden Ansätzen mit Hypnose und Suggestion hat Freud sich zu diesem Zweck des »freien Einfalls« bedient und dabei entdeckt, daß bei aller scheinbaren Zufälligkeit hier Methode herrscht. Die Erfahrung bestätigt sich uns bis zur Gegenwart, daß die Bahnung freier Einfälle zu den schwersten Aufgaben gehört, die in der Psychoanalyse zu leisten sind.

Interessanterweise ist diese Fähigkeit, sich seinen Einfällen überlassen zu können, nicht nur eine Schwierigkeit für den Neurotiker, auch die »Gesunden«, z. B. die Psychoanalytiker, die sich selbst in Ausbildung befinden, können in ihrer eigenen, der sogenannten Lehranalyse, große Schwierigkeiten damit haben.

Solche Einfälle wie auch unsere Träume stehen unter dem Einfluß von Motiven, ja werden von ihnen bewirkt, die sekundär, d. h. durch Verdrängung unbewußt geworden sind.

Freud hat die »Wiederkehr des Verdrängten« im Symptom durchschaut. Im Spätwerk »Der Mann Moses und die monotheistische Religion« heißt es: »Das Vergessene ist nicht ausgelöscht, sondern nur ›verdrängt‹, seine Erinnerungsspuren sind in aller Frische vorhanden, aber durch ›Gegenbesetzungen‹ isoliert. Sie können nicht in den Verkehr mit den anderen intellektuellen Vorgängen eintreten, sind unbewußt, dem Bewußtsein unzugänglich ... Dies Verdrängte behält seinen Auftrieb, sein Streben, zum Bewußtsein vorzudringen. Es erreicht sein Ziel unter drei Bedingungen, 1. wenn die Stärke der Gegenbesetzung herabgesetzt wird durch Krankheitsprozesse, die das andere, das sogenannte Ich, befallen, oder durch eine andere Verteilung der Besetzungsenergien in diesem Ich, wie es regelmäßig im Schlafzustand geschieht; 2. wenn die am Verdrängten haftenden Triebanteile eine besondere Verstärkung erfahren, wofür die Vorgänge während der Pubertät das beste Beispiel geben; 3. wenn im rezenten Erleben zu irgend einer Zeit Eindrücke, Erlebnisse auftreten, die dem Verdrängten so ähnlich sind, daß sie es zu erwecken vermögen.«[6]

Unser an der äußeren Realität sich orientierendes Bewußtsein andererseits hat die Tendenz, kontinuierliche, logische, konsequente Erfahrungszusammenhänge herzustellen, sei es zeitlicher, sei es örtlicher, sei es historischer Art. Das Ich ist unser seelisches Integrationsorgan. Einer seiner großen Zwecke ist die Herstellung und Beibehaltung eines kontinuierlichen Selbstverständnisses. Es wird sich deshalb dieser zunächst noch flüchtig auftauchenden, aber das innere Selbstbildnis schon störenden Gedanken zu erwehren trachten. Die entdeckerische Leistung Freuds bestand in der Erkenntnis,

---

6 S. Freud, Studienausgabe, Bd. IX, S. 542.

daß diese plötzlich in Erscheinung tretenden Impulse und Gedanken, denen man vom Bewußtsein her nicht ansieht, daß sie zur Sache, zum geltenden Motivationszusammenhang gehören, in der Psychodynamik – in den Auseinandersetzungen zwischen bewußten und unbewußten Inhalten, die unsere Realität bestimmen – eine außerordentlich wichtige Rolle als Repräsentanten der unbewußten Seelentätigkeit spielen.

Streng genommen gibt es also im psychoanalytischen Prozeß keine unwichtigen Gedanken, die man mit dem Gefühl, sie seien unnötig und störend, wegschieben könnte. Sie stören freilich im Bewußtsein, während sie unbewußt im Dienst des Verdrängten stehen, ihm zur lustvollen Entspannung verhelfen wollen. Alle diese Gedanken und Gefühle müssen in die Beobachtung so unbefangen wie möglich mit hereingenommen werden. Das gelingt freilich nur unvollständig, weil bei diesem Entzifferungsprozeß der Mitteilungen aus dem Unbewußten stets Angst freigemacht wird. Es gibt Patienten, die eine so heftige unbewußte Angst vor ihren eigenen unbewußt gehaltenen Vorstellungen haben, die sich in Einfällen zu melden beginnen, daß sie es nicht wagen, sich der freien Assoziation zu überlassen. Es kann in der Analyse einer sehr langen Anstrengung bedürfen, diese Angst abzubauen, es kann aber auch sein, daß darin eine Analyse ihre Grenze findet.

Je mehr man sich mit dem Zustand vertraut gemacht hat, in dem es gelingt, diese freien Einfälle zu produzieren, je besser die Übertragungssicherung zwischen Analysand und Analytiker funktioniert, desto deutlicher erkennt man, daß unbewußte Einflüsse unser ganzes Leben hinter den rationalen Steuerungen, denen wir gehorchen, mit beeinflussen. Im Zustand des Dösens, der Tagträumerei, machen sich unerwartete Gedanken und Affekte bemerkbar und mischen sich in unser bewußtes Denken und Handeln ein. Konzentrieren wir uns in entspannter Weise, so beobachten wir, wie sich Gedankenketten einstellen und plötzlich wieder abreißen und durch andere ersetzt werden. Wir verfolgen alle diese Gedanken und Gefühle nicht, wie man bewußt eine Absicht verfolgt; vielmehr drängen sie sich uns auf.

Hier bietet sich eine passende Gelegenheit, auf eine Art Gegeneinfall, nämlich keinen freien, sondern einen Zwangsgedanken, aufmerksam zu machen. Bei diesem Typus von Gedanken ist es gerade das Moment der Flüchtigkeit, des Verschwindens unter der Beobachtung, was sich ins offenbare Gegenteil verkehrt. Es können sich Gedanken von großer zwanghafter Hartnäckigkeit einstellen, z. B. ein Tötungsimpuls oder ein Impuls, Lästerungen auszustoßen, sich soeben infiziert zu haben, deshalb sich sofort waschen zu müssen und vieles ähnliche. Z. B. kann eine Mutter unter dem Impuls leiden, ihr Kind zu töten, ein Impuls, der sich ganz widersinnig einstellt und der sie vielleicht veranlaßt, alle Messer aus ihrem Haushalt zu verbannen. Wie der eine Patient durch seinen leeren Kopf sich daran gehindert sieht, frei zu assoziieren, kann der andere nicht von den zwanghaft sich aufdrängenden Gedanken loskommen. Hier hat sich, in psychoanalytischer Sprache ausgedrückt, eine andere Form des Widerstandes eingenistet. Um erinnerungsfähig zu werden, ist der ursprüngliche Gedanke, der ursprüngliche Impuls auf ein anderes Objekt oder einen anderen Inhalt verschoben. Es gelingt dem verdrängten Inhalt dadurch tatsächlich, ins Bewußtsein zurückzukommen, aber eben erst, nachdem der ursprüngliche Gedankenzusammenhang transportiert wurde. Hinter dem Impuls der Mutter, ihr Kind zu töten, kann sich ihr verdrängter infantiler Wunsch verstecken (der seinerzeit ungleich gefährlicher erlebt wurde), nämlich ihr Wunsch, die Mutter möge getötet werden. Weil z. B. die strafende

Übermacht der Mutter erlebt wurde, ist dieser Gedanke, sie möge durch die Magie der Gedanken getötet werden, im Erlebnis des Kindes in hohem Maße angstbesetzt. Sie bleibt unbewußt an diese Angst fixiert – nur in der Inversion und jetzt ist sie es, die dem Kind etwas zu leid tun will. Dazu kommt natürlich noch das Schuldgefühl, aus der Ambivalenz der Gefühle herrührend, der doch gleichzeitig geliebten Mutter den Tod gewünscht zu haben. Es ist die Wiederkehr des schrecklichen Angsterlebnisses, der schrecklichen Ratlosigkeit, der Unfähigkeit, Ambivalenz bewußt wahrzunehmen, geschweige denn, ertragen zu können, das sich im Zwangsdenken, sein Kind töten zu müssen, anmeldet. Da die Tötungshemmung zwischen Mutter und Kind besonders tief verankert ist, ist dieser Gedanke ungefährlicher als der ursprüngliche alte. Indem man sich seiner erwehrt, erreicht man doch so etwas wie einen »Krankheitsgewinn«.

Mit neurotischer Angst ist immer Regression, d. h. Rückgriff auf infantile Erfahrungen, verbunden. So ragt ein Stück in der Verdrängung unzugänglich gewordenen Kinderschreckens in solch einem Zwangsgedanken bis ins späte Erwachsenenleben hinein.

Träume, tagträumerisches Gedankenspiel, Gedanken als neurotische Symptome sind also psychische Inhalte, an denen die Psychoanalyse anknüpft. In ihnen ist unsere unbewußte Seelentätigkeit weniger vollständig abgedeckt als bei einer Unzahl anderer seelischer Prozesse, die uns nie zum Bewußtsein kommen. Es ist kaum zu bezweifeln, daß sie in der Dynamik unseres Seelenlebens den weitaus größten Teil ausmachen. In wechselnder Stärke beunruhigen sie unser bewußtes Ich, indem sie seine Absichten durchkreuzen, um selbst ans Ziel zu gelangen. Das Ich als psychische Instanz muß seinerseits also einen permanenten Aufwand betreiben, um diese Inhalte aus dem Bewußtsein fernzuhalten und damit auch vom Zugang zur Handlung. Die Abwehrmechanismen, welche das Ich gegen das Es, d. h. die unbewußt arbeitenden Triebenergien, einsetzt, versagen nicht selten. Es kommt dann zu Triebdurchbrüchen, in denen die so aufwendig unterdrückten archaischen Impulse die Herrschaft an sich reißen, die Kontrollinstanz des Ich überrumpeln und zur Tat, oft zur Gewalttat und Untat motivieren.

In einem späteren Kapitel werden wir feststellen, daß diese Durchbrüche durch *kollektiven* Vollzug dadurch, daß man sie mit vielen anderen gleichzeitig erlebt, wesentlich erleichtert werden. Die Bedenkenlosigkeit steigt, das Gewissen schweigt, je konformer wir uns mit unserer Umwelt wissen.

Unser Ich muß sich janusköpfig nach zwei Richtungen hin orientieren: nach der Außenwelt und nach der triebhaften Innenwelt. Es wird um so stärker strapaziert, je gefahrdrohender die abgewehrten Inhalte unserem Ich bzw. unserem Über-Ich erscheinen. Der Patient, der bewußt gerne berichten möchte, dem aber alle Gedächtnisinhalte wie entzogen sind, wird gleichsam zum Opfer seines eigenen psychischen »Widerstandes«. Nicht selten stellen sich in dieser inneren Notlage des leeren Kopfes nicht gerade freundliche Gedanken über den Analytiker ein. Er hat den Patienten ja schließlich in diese peinliche Lage gebracht. Wie wir bereits vermerkt haben, sind wir nach den Regeln der Höflichkeit angewiesen, solcherlei Gefühle nicht in Worte zu fassen, sondern sie bewußt zu unterdrücken. Das Zusammenleben in der Gesellschaft wäre unerträglich, wenn es nicht diese Höflichkeitsregulative, keine Autorität und keinen Schutz der Schwachen gäbe. In der psychoanalytischen Behandlung freilich müssen wir langsam lernen, uns mit den in Höflichkeit und Angst abgewehrten Gefühlen und Gedanken ausdrücklich auseinanderzusetzen. Sozialer Gehorsam wird uns auf die verschiedensten Inhalte hin von frühester Jugend an abverlangt. Erst wenn man dies bedenkt, wird einem die Mutleistung der Nonkonformisten – im vorliegenden Falle Freuds Mut – ganz klar. Sozialer Ungehorsam, wenn er noch so edlen Zielen sich verpflichtet weiß, bedeutet immer auch Verlust des Konformitätsschutzes. Die durch Introspektion ermöglichten Entdeckungen Freuds waren seinen eigenen inneren Ängsten abgerungen. Niemand kann auf das Einverständnis seiner Mitwelt ganz verzichten, es sei denn, er gäbe im Wahn die kontrollierte Realitätsbeziehung auf. So konnte Freud auch nicht alle Beziehungen zu den herrschenden wissenschaftlichen Auffassungen seiner Zeit aufgeben. Im Gegenteil, er war, bevor die Psychoanalyse seine gesamte Aufmerksamkeit beanspruchte, ein sehr erfolgreicher Forscher auf dem Gebiete der Neurologie und Hirnphysiologie. Zeitlebens hielt er jedoch an den biologischen Grundauffassungen seiner Zeit als theoretischen Voraussetzungen auch der Psychoanalyse fest. Dieses naturwissenschaftliche, wie Jürgen Habermas[7] es nannte: »szientistische Selbstmißverständnis«, der Metapsychologie ist der Tribut Freuds an die Aufrechterhaltung der unerläßlichen Kommunikationsbrücken zu den Zeitgenossen. Die Voreingenommenheit durch gesellschaftskritische oder durch strukturalistische Themen bietet sich uns als zeitgemäßer Vergleich mit der Voreingenommenheit Freuds an.

Freud nutzte seinen sozialen Ungehorsam methodisch, indem er ihn konstruktiv verwandte, z. B. in der Arbeit mit dem freien Einfall und dem Widerstand. Das hat reiche Frucht getragen. Die Traumanalyse war der nächste große

---

7 Jürgen Habermas, Erkenntnis und Interesse. Frankfurt 1968, S. 300 ff.

Schritt zum Verständnis der unbewußten seelischen Dynamik. Das großartigste literarische Zeugnis seiner Selbstanalyse hat uns Freud in dem 1900 erschienenen Buch »Die Traumdeutung« und im Briefwechsel mit Wilhelm Fliess aus den Jahren 1887 bis 1902[8] hinterlassen. In einer von Schülern und Nachkommen nie wieder erreichten subtilen und ingeniösen Analyse hat er gezeigt, welche Veränderungen der Traum durchlaufen muß im Chiffrierungsprozeß seines unbewußten Inhalts und des unbewußten Auftrags, der hier zum Zuge kommt, bis er so unkenntlich gemacht ist, daß er erinnert werden darf. Nunmehr scheint, vom manifesten Trauminhalt her betrachtet, keine Gefahr mehr von ihm auszugehen. Wir müssen annehmen, daß mit dieser Methode der »Zensur« die meisten Träume tatsächlich gewissermaßen spurlos abgewehrt werden. Ihnen gelingt die Rückkehr ins Bewußtsein nicht.

In seltenen Fällen erinnern wir Träume, die eine relativ geringe Bearbeitung erfuhren und in denen ein großes tabuiertes Thema fast unverhüllt auftaucht. Ein Beispiel dafür ist der häufige Traum junger Männer, mit der Mutter Verkehr zu haben. Gerade dort aber, wo es den Anschein hat, daß der manifeste Trauminhalt den »latenten Traumgedanken«, d. h. das ursprüngliche konflikterzeugende Motiv, mit nur wenig Bearbeitung widerspiegle – gerade dort muß man deutend besonders vorsichtig sein. Zum Wesen des Traumes gehört es nämlich, daß er überdeterminiert ist. Es bündeln sich in ihm mehrere ungelöste Konflikte, mehrere libidinöse oder aggressive Triebwünsche. Nur in dieser wechselseitigen Verstärkung kann der Traum den Durchgang ins Bewußtsein er-

---

8 S. Freud, Aus den Anfängen der Psychoanalyse. London/Frankfurt 1950.

zwingen. Wenn es dem Ich gelingt, durch Entstellung des latenten Traumgedankens die Motivationszusammenhänge unkenntlich zu machen, erlischt unser Interesse, was die Gefahr der Wiederkehr von gefährlichen unbewußten Inhalten verringert. Das alte Traumbuch sah wohl die symbolische Gleichsetzung, die hier am Werke war. Was es nicht zu entschlüsseln vermochte, war die individuelle Kombination von intrapsychischen Konflikten. Erst das Wissen um diese Vorgänge brachte die Traumforschung über magische Interpretationen hinaus. Mit der Beschreibung der Unkenntlichmachung der latenten Motivationen durch die unbewußten Kräfte im Individuum hat Freud eine Anatomie der Traumarbeit geleistet und gezeigt, in welcher Vielfalt und Interdependenz seelische Prozesse sich vollziehen.

Erinnern wir uns noch einmal der systematisierten Introspektion. Sie ist ein Vorgang, der nicht leicht konsequent durchzuhalten ist. Fortwährend werden wir durch Nachrichten von außen oder durch Körpergefühle abgelenkt. Drängende Triebbedürfnisse, lustvolle oder ängstliche Einfälle auf der einen Seite und die notwendige Wachsamkeit gegenüber den Vorgängen der äußeren Realität müssen dauernd gegeneinander abgewogen werden. Lust- und Realitätsprinzip ringen miteinander, welche Seite bei der Motivierung unseres Verhaltens sich intensiver durchzusetzen vermag. Starke Motivationen, wie eine Verliebtheit, der plötzliche Verlust eines geliebten Menschen oder eine phobische Angst, können über eine mehr oder weniger lange Zeitspanne Introspektion überhaupt unmöglich machen. Im Fortgang des psychoanalytischen Prozesses, gleichsam in der Obhut des Analytikers, erkämpft sich der Patient oder der Analysand die kritische Distanz zu seinen zunächst sehr verzerrt erlebten Wahrnehmungen der äußeren Realität wie seiner eigenen Innenwelt.

Man darf sich freilich kein zu sanftes Bild von den psychischen Kräften machen, um die es hier geht. Der Einbruch von brutaler Vernichtungsangst z. B. kann so unvermittelt wie eine Nierenkolik auftreten und eine katastrophale Störung des Lebensgleichgewichts bedeuten. Wenn jemand beim Überqueren einer hohen Brücke unter Schweißausbrüchen und Zittern von elementarer Angst überwältigt wird, so ist das zunächst völlig unverständlich – für den, den es trifft, ebenso wie für den, der den Vorgang beobachtet. Man wird sich fragen, wie ein solcher psychosomatischer Vorgang zu einer Erleichterung der Lebenslage, die ja nach analytischer Theorie im Symptom angestrebt wird, beitragen könnte. Um das nachprüfen zu können, muß in der Analyse die Krankheitsgenese rekonstruiert werden. »Es ist bekanntlich die Absicht der analytischen Arbeit, den Patienten dahin zu bringen, daß er die Verdrängungen – im weitesten Sinne verstanden – seiner Frühentwicklung wieder aufhebe, um sie durch Reaktionen zu ersetzen, wie sie einem Zustand von psychischer Gereiftheit entsprechen würden. Zu diesem Zwecke soll er bestimmte Erlebnisse und die durch sie hervorgerufenen Affektregungen wieder erinnern, die derzeit bei ihm vergessen sind. Wir wissen, daß seine gegenwärtigen Symptome und Hemmungen die Folgen solcher Verdrängungen, also der Ersatz für jenes Vergessene sind.«[9] Der Psychoanalytiker hat, worauf Freud schon hingewiesen hat, demnach eine der Archäologie vergleichbare Zielsetzung. Es muß in der Analyse gelingen, vergessene, unzugänglich gewordene, verdrängte Angstentstehung auszugraben und im nächsten Schritt dann die erinnernde Verbindung zwischen der infantilen und der aktuellen Angst herzustellen, was wir als die »Hauptsache«

---

9 S. Freud, G. W. (Konstruktionen in der Analyse), Bd. XVI, S. 44.

bezeichnet haben. Gerade dieser Vorgang wirkt angstlindernd. Insoweit dem neurotischen Symptom dabei Besetzungsenergie entzogen wird, also die Angst verringert wird, kann man von einem primären Krankheitsgewinn sprechen. Ein sekundärer wäre es, wenn die Angst erhalten bliebe, der Patient aber Schritte zur Angstvermeidung unternimmt, sich mit seinem Symptom arrangiert, d. h. sich in seinen Aktivitäten immer weiter einschränkt und dadurch zunehmend die Hilfe anderer in Anspruch nehmen kann. Um den Leidenszustand eines Menschen abschätzen zu können, braucht der Analytiker Einfühlung. Dazu muß er wissen, was eigentlich für den Patienten und was für seine Beziehungspersonen als »normal« gelten kann. Wir werden jedoch schon im nächsten Kapitel feststellen, daß das Problem der »Normalität« gar nicht so einfach zu lösen ist.

# II
# Schwierigkeiten mit der Normalität

Beobachtung lehrt uns rasch, daß wir von »normal« in zwei verschiedenen Zusammenhängen sprechen. Jemand ist, sagen wir, normal im Hinblick auf seinen physischen Status: Herzleistung, Magensaftsekretion, das Fassungsvermögen der Lunge und vieles andere können ohne krankhaften Befund sein. Wessen Untersuchung das Ergebnis erbringt, daß alle Meßwerte im Rahmen der Norm bleiben, der darf von sich sagen, er sei gesund und dieses Gesundsein impliziert die körperliche Normalität.

Von krankhaft und Krankheit ist dann die Rede, wenn offensichtliche Störungen an der physischen Normalität herauszufinden sind. Krankheit kann akut sein, mit einem allgemeinen Krankheitsgefühl, Schmerzen, hohem Fieber und ähnlichem einsetzen wie bei einer Lungenentzündung oder einem vereiterten Blinddarm. Sie kann aber auch unmerklich beginnen und dann z. B. Schmerzen ganz langsam über die Schwelle des Bewußtseins schieben, etwa bei einer chronischen Gelenkveränderung. Die Norm ist hier physisches Mittelmaß. Der Körper reagiert auf störende Vorgänge mit spezifischen, vererblich mitgegebenen Abwehrvorgängen, z. B. einer Entzündung. Richtschnur für das, was als normal gelten soll, ist das ausgeglichene Leistungsganze eines Organismus. Die Grundwerte in der Zusammensetzung unseres Blutes, das Minutenvolumen unserer Herzleistung und ähnliches regulieren sich selbsttätig auf gestellte Aufgaben hin. Nach Beseitigung der Noxe (d. h. der Schädigung) normalisiert sich die Organleistung erneut.

Einfaches Nachdenken sagt uns jedoch auch, daß wir noch in einem anderen Zusammenhang um Norm bemüht sind, und zwar als handelnde Wesen, als soziale Individuen. Hier Normen festzulegen, ist ungleich schwieriger als das Berechnen statistischer Krankheitserwartungen und ähnliches. Wir lernen in unserer »Kultur« oder Subkultur oder lokalen sozialen Kleingruppe, deren Mitglieder wir durch Geburt oder späteres Lebensschicksal sind, »was sich gehört« und was nicht. Auf der Ebene der Gesellschaft vermengen sich – ständig spürbar – normales und abnormes Verhalten. Durch bewußt/unbewußte Lernvorgänge erreichen wir Normen oder auch mehr oder weniger tiefgreifende Abweichung von Normen, ohne daß dies schon im Konsensus der Gesellschaft als krankhaft aufgefaßt würde.

Die Normen, die jetzt infrage stehen, sind nicht eingeboren vorgegeben, sondern an einen Lernprozeß geknüpft. Der spielt sich wiederum auf zwei Ebenen ab. Auf der bewußten Ebene halten wir uns an die Vorbilder, denen wir von Geburt an begegnen, oder die wir, wenn es sich um ein negatives Vorbild handelt, lernen sollen zu vermeiden. Auf der unbewußten Ebene des Lernens nennen wir diesen Vorgang Identifikation.

Identifikationen mobilisieren oder lähmen unsere Lernbegabung, sie stören also oder fördern Ich-Fähigkeiten und die sich bildende Identität des Selbst. Damit ist die Art und Weise gemeint, wie wir uns selbst verstehen, oder genauer gesprochen, wie wir uns selbst zu verstehen gelernt haben – eingebettet in unsere mitmenschlichen Beziehungen. Diese letztere Form von Beeinflussung ist weitaus kraftvoller als das Nacheifern im bewußten Vorsatz. Ein starkes Identitätsbewußtsein entsteht dann, wenn das bewußte Nacheifern und die unbewußt bleibende Angleichung – eben die Identifikation – in ihrem Ziel übereinstimmen. Eine Identität, die durch Identifikationen mit sozialen Beziehungspersonen – zuerst den Eltern, dann den Freunden, Lehrern etc. – zustandekommt, wird als *sozial* bestimmt angesehen und mit dem Begriff der Rolle in Zusammenhang gebracht. Große Bedeutung für die Entwicklung einer Selbstidentität wird dem Erleben einer inneren Kontinuität zugeschrieben – einer Kontinuität, die über die Identifikationen mit Vorbildern hinausgeht. Mit Hilfe einer Selbsterfahrung dieser Art gelingt es dem Individuum, den von außen auf sich zukommenden Rollenerwartungen gegenüber eine genügende Unabhängigkeit zu bewahren.

Die Identifikation unterscheidet sich aber auch in anderer Hinsicht vom bewußten Lernen: das »Objekt« – ein anderer Mensch –, mit dem wir uns identifizieren, ist ein Subjekt. Dies ist jedenfalls die zunächst ein wenig verwirrende psychoanalytische Sprachregelung für die emotional bedingte Beziehung von Menschen untereinander.

Unter »Objekt« wird in der psychoanalytischen Literatur dreierlei verstanden: 1. das Triebobjekt, der Mensch oder, etwa im Fetischismus, der Teil eines Menschen – z. B. der Fuß –, an den die Befriedigung eines Triebes (sei es der Libido, sei es der Aggressivität) als Voraussetzung gebunden ist; 2. das Objekt als das Korrelat meiner Liebe oder meines Hasses; hier geht es um die Beziehung von Personen als ganzen: die Neigung eines Menschen wird als ganze erstrebt;

3. schließlich das Objekt im herkömmlichen Sinn als das Korrelat meiner Wahrnehmung, meines Wissens.[1]

Wo Lernprozesse auf dem Wege der Identifikation in Gang kommen, ist die Vorbildwirkung gestalthafter, ganzheitlicher Natur, d. h. das Objekt, das sich zur Identifikation anbietet, wird als ganzes, als Gestalt, als Vorbild angenommen. Das bedeutet aber auch, daß von allen seinen Eigenschaften, die sozial betrachtet als Tugenden oder als Untugenden gelten mögen, vorbildhafte Wirkung ausgeht. Mit seinem Schul- oder Lehrmeister ist man vielleicht nur oberflächlich identifiziert, kaum gilt dies für Vater oder Mutter, mit denen man länger und intensiver zusammengelebt hat. In den Eltern wachsen uns schicksalhaft vermittelte Identifikationsobjekte zu.

Wenn eine Familie »Sorgenkinder« hat, hört man die Klage: »Das haben wir nicht verdient« oder »Wo mag er oder sie das wohl her haben?«. Kennte der Vater, der über die ihm unverständlichen Verhaltensweisen seiner Kinder klagt, sich selbst besser, würde er entdecken, daß die Kinder, jedes auf seine Weise, ihre Identifikation mit ihm vollzogen haben und vollziehen. Aber sie haben natürlich auch ihr eigenes Wesen, ihre eigenen Begabungen und Schwächen. Ihr Ich integriert ihre ursprünglichen Strebungen mit den Eigenheiten, die sie an den Eltern beobachten. Das macht die folgende Generation für die vorangehende ähnlich, bekannt und fremd zugleich. Die meisten Eltern wissen nicht sehr genau, wer sie selber sind, geschweige denn kennen sie die Wirkung, die sie auf ihre Kinder ausüben. Auch wenn nicht nur ein einzelner Vater oder eine einzelne Mutter, sondern ein ganzes Kollektiv

---

1 Vgl. Laplanche/Pontalis, Vokabular der Psychoanalyse. Frankfurt 1972, S. 335.

sich gegen die Einsicht sperrt, daß ein Jugendlicher oder eine Gruppe von Jugendlichen ihre fatalen Eigenschaften von ihnen, den Eltern, durch Identifikation erworben haben, kommt dies im »Benehmen«, das sie an den Tag legen, ans Licht.

In diesem Angleichungsvorgang spielen seelische Reaktionsbildungen der Kinder gegen das, was ihnen wiederum fremd an den Eltern und deren Generation geblieben ist, eine höchst bedeutsame Rolle. Das spiegelt sich in ungezählten Alltagsszenen wider. Der Vater z. B. betritt das Zimmer der Tochter. Die Unordnung dort macht ihn ratlos und wütend. Der Wortwechsel ergibt sich wie von selbst. Der Tochter ist der ungeduldige Unwille des Vaters imgrunde unverständlich. Sein aufgeräumter Schreibtisch ist ihr lächerlich. Auf Rügen reagiert sie unverschämt. Jeden Tag bleibt das Gespräch der beiden über diesem Thema stecken.

Dabei wäre ein gemildertes Chaos der Tochter selber gar nicht unlieb. Es wäre geradezu komfortabler als die ewige Suche in ihrem wilden Durcheinander. Aber sie ist unbewußt nicht nur mit ihrem Vater stark identifiziert, sondern sie muß unbewußt auch ihre Wünsche, von ihm geliebt und anerkannt zu werden (also ihre positive ödipale Bindung), abwehren, weil er sie in ihren Erwartungen so enttäuscht hat. Sie verankert ihre trotzige Ablehnung der väterlichen Zwanghaftigkeit und seine Unfähigkeit, sie zu verstehen, überhaupt seine mangelnde Bereitschaft, ihren Träumen, Hoffnungen, Nöten ernsthaft Aufmerksamkeit zu schenken, dadurch, daß sie trotzig ein Gegenbild als ihr Wesen, ihre Persönlichkeit entwirft, das sich ganz ausdrücklich und nachhaltig von ihm unterscheiden soll.

Um diese Zusammenhänge zu erkennen, muß man sich freilich auf unbewußte Prozesse und Reaktionsbildungen verstehen und begreifen lernen, daß die Enttäuschungen am väterlichen Vorbild viel zu früh, in der Phase des normalen Idealisierens und Rivalisierens mit dem Vater zugemutet wurden. Es entwickelt sich dann statt grundlegendem Vertrauen gründliches Mißtrauen (»basic mistrust«, wie Erik Erikson beschrieben hat).

Viele solcher Reaktionsbildungen werden im Leben der Menschen später nie infrage gestellt, nie auf ihre Herkunft untersucht. Es bleibt also bei der wechselseitigen Abneigung, statt daß es zur Entwicklung auf beiden Seiten, in Richtung auf ein Wiedergewinnen des wechselseitigen Verständnisses käme. Solche Reaktionsbildungen werden dann zum festen Charakterzug, zur Idiosynkrasie.

In bezug auf Gewalt verändern zwar auch Kinder das Selbstverständnis der Eltern, aber das Umgekehrte ist doch ungleich augenfälliger. Unter dieser Voraussetzung wird von Kindern oft verlangt, daß sie, obgleich sie die schwächsten Glieder in der sozialen Kette sind, die strittigen Punkte eines familiären Zusammenlebens durch ihren Gehorsam entschärfen sollen. Es ist sehr häufig so, daß den Schwächsten in der Gesellschaft die schwerste Aufgabe auf dem Wege der Selbstverwirklichung zugemutet wird.

Aber was ist nun »normal« an diesen skizzierten Interaktionen? Der Vollzug passiver Anpassung, die pubertäre und adoleszente Auflehnung, der Unwille, sich mit den Kindern auseinanderzusetzen, statt dessen die Autorität sprechen zu lassen? Pathologisch wenigstens im Anklang ist die Reaktionsbildung von beiden, von Tochter und Vater unseres Beispiels, die beide ihre Enttäuschung an der fehlenden Liebeszuwendung des anderen nicht einfach hinzunehmen, aber auch nicht zu klären vermögen. Die heftige Ablehnung, die sich zwischen ihnen entwickelt hat, bringt immerhin die

Tochter ernstlich in Gefahr, sich in einer Phase starker Identifikationsbedürfnisse in zielloser Auflehnung, in der Verfolgung negativer, vom Vater abgelehnter Ideale und Verhaltensweisen (und vielleicht später in zynischer Resignation) zu verausgaben.

Kinder geben mehr Auskunft über ihre Eltern als umgekehrt Eltern über ihre Kinder. So ungern es gehört wird: ein gewisser Identifikationsschutz kann von den Eltern nur dann gewährt werden, wenn sie sich um Einsicht in die seelischen Wachstumsgesetze ihrer Kinder bemühen und *dabei* sich Autorität erwerben. Was ist hier normal? Schafft die Mehrzahl der Eltern durch mangelndes Verständnis der Kinder eine neue Norm? Können die Eltern nicht zur hilfreichen Autorität werden, weil die gesellschaftlichen Vorbedingungen für die Erfüllung differenzierter Identifikationsbedürfnisse der heranwachsenden Generation miserabel sind?

An manchen Gesellschaften der Vergangenheit, die wir nicht unter dem Begriff der Hochkulturen, sondern leichter überschaubarer Kleinkulturen einordnen, läßt sich beobachten, daß ihre Mitglieder relativ rasch die Sozialisierungsphase durchlaufen. Die Persönlichkeitsentwicklung endet dann, wie David Riesman sehr treffend hervorgehoben hat, bei einer traditionsgelenkten Persönlichkeitsbildung. Da die ganze Gesellschaft ziemlich statisch ist, werden nach der Jugend bis an die Grenze der Alterungsvorgänge heran keine eigentlich neuen Anpassungsleistungen verlangt.

Die Normalität, mit der es der Psychoanalytiker gegenwärtig zu tun bekommt, ist eine Lebensform, die von der traditionsgebundenen oft extrem verschieden ist. Ohne daß unsere Gesellschaften dafür wirklich gerüstet wären, fordern sie von ihren Mitgliedern Anpassungsleistungen bis ins Alter. Dabei werden die Mitglieder, die schon früher keinen Anschluß mehr finden können, bedenkenlos an den Rand gedrängt. Die Pensionierung entwickelt sich oft zum »Pensionierungsbankrott«. Es ist zu vermuten, daß der Mehrzahl der Menschen unserer Tage dieser lieblose soziale Abschied widerfährt. Kann man ihn »normal« nennen? Man muß einsehen, daß auch das, was einem als ungerecht und unliebsam widerfährt, zur Norm werden kann.

Normalität, wie sie der Psychoanalytiker als Richtschnur für sein Urteilen sucht, hängt mit der Ich-Entwicklung zusammen, und zwar mit dem Verhältnis, in dem sich das Ich den Triebforderungen gegenüber durchzusetzen vermochte, ohne sie dabei ernsthaft zu schädigen. Diese Ich-Autonomie oder – wie wir früher sagten – Identität des Selbst wird dann auch letztlich darüber entscheiden, ob sich das Individuum den verhaltensregelnden Ansprüchen seiner Gesellschaft gegenüber behauptet oder nicht. Dabei geht es immer um Formen der Anpassung: Spracherwerb, Symbolverständnis, um treffende Fremdwahrnehmung, und nicht weniger genaue Selbstwahrnehmung.

»Anpassung« hat im Zuge der geforderten Entwicklung zur »Persönlichkeit« am Ausgang der bürgerlichen Epoche einen ziemlich negativen Beiklang erworben. Der Begriff scheint jetzt in der Nachbarschaft von Opportunismus und Charakterlosigkeit zu liegen. Das ist natürlich nicht die Aura, welche Anpassung im psychoanalytischen Vokabular besitzt und welche ihr rechtens in der psychoanalytischen Sozialpsychologie zukommt. Dort wird sie als ein unersetzlicher Vorgang begriffen, der mit der Einstimmung des Neuankömmlings Kind in seine soziale Mitwelt beginnt. Erst wenn die basale Anpassung an diese soziale Mitwelt eine reziproke Bekanntschaft hat entstehen lassen, kann ein zweiter Vorgang einsetzen, den wir auch Anpassung nennen: jetzt ist es die aktive Anpassung an *seine* Lebensbedürfnisse, die das Individuum anderen Mitmenschen abverlangt. Das nach Identität, nach einem Selbst strebende Wesen Mensch will respektiert werden, seine Kräfte reichen jedoch nicht immer aus, um diese Bedürfnisse nach Anerkennung und der Respektierung persönlicher Entscheidungen durchzusetzen. Das wird oft scheitern, weil unsere Kultur im Alltag oft wenig Bereitschaft zeigt, die berechtigten Bedürfnisse des Kindes voranzustellen. Durch Jahrhunderte wurde es, vor allem in den oberen Schichten, entweder vernachlässigt oder zu einem puppenartigen, künstlichen Wesen stilisiert, als Miniaturerwachsener aufgefaßt und mit strenger und oft brutaler Hand geführt.[2] Heute wird dem Kind und Jugendlichen ein längeres »Moratorium« gewährt – um mit Erik H. Erikson zu sprechen – als in früheren Geschichtsperioden. Trotzdem hat es nach wie vor vielfältige Entbehrungen zu bestehen. Immerhin, es gehört zu den Errungenschaften unserer Zeit, daß dem Kind und Jugendlichen die Entwicklung einer eigenen Persönlichkeit während der ersten zwei Lebensjahrzehnte zugestanden wird. Es sind aber zugleich nach wie vor starke Tendenzen spürbar, nicht dahingehend zu erziehen, daß das Individuum lernt, sich zu artikulieren, sondern es, den Bräuchen seiner Gesellschaft entsprechend, als Kollektivwesen abzurichten. Die Verhaltenstherapie hat uns darüber belehrt, daß Kadergehorsam etwas ist, was man relativ leicht erzieherisch erreichen kann.[3] Unter solchem Druck bleibt dem Individuum dann nur der Weg der passiven, unterwerfenden Anpassung.

Was also ist normal? Liebevolle Rücksichtnahme auf die

---

2 Vgl. Philippe Ariès, Centuries of Childhood. New York 1962.

3 David Hunt, Parents and Children in History. New York 1970. – Vgl. Stanley Milgram, Das Milgram-Experiment. Zur Gehorsamsbereitschaft gegenüber Autorität. Reinbek 1974.

Bedürfnisse des Kindes und Adoleszenten oder Drill und absolute Unterordnung des einzelnen unter die Bedürfnisse seiner Gesellschaft? Das früh marschierende Kind, dann der im Stechschritt paradierende Soldat sind immer wieder Inbegriff einer antiindividualistischen Erziehungsstrategie.

Was später den Menschen in seiner Gesellschaft erwarten mag, einmal in der frühesten Kindheit hatte er das Erlebnis, einziger mit seinem Eigentum zu sein; ein Erlebnis, das er schließlich zur Illusion verblassen sieht. Es war aber Wirklichkeit, als er der eine Pol der Mutter-Kind-Dyade war.

Nocheinmal: was ist bei all diesen Widersprüchen psychopathologisch, krankhaft, was gesund? Für den einen scheint jede innovatorische, geschweige denn revolutionäre Forderung nur psychopathologisch erklärbar zu sein, und zwar aus dem mangelhaften Anpassungswillen angeschlagener Individuen. Für den anderen wird gerade diese Forderung nach Veränderung der Lebensform als positiv zu wertende Normabweichung verstanden, weil der Wille vorliegt, schädliche Entwicklungen der Gesellschaft rechtzeitig zu korrigieren. Der Mangel an definitiven Anweisungen für das soziale Leben, der Mangel also an angeborenen arteigenen Verhaltensregulativen, den viele durch eine scharfe Kollektivierung, durch parademarschähnliches Verhalten in allen wesentlichen Lebensfragen ausgleichen möchten, dieser Mangel ist in der Tat sehr fühlbar, ohne daß wir deshalb die Zwangsnorm als Heilmittel erwünschen könnten.

In der Psychopathologie erfolgt kaum jene einfache Gruppierung von hier ganz und gar normalen und dort ausschließlich schwer gestörten Individuen. Es gibt wohl keine Persönlichkeitsentwicklung, in der nicht Anklänge an eine Symptom- oder Charakterneurose aufzufinden wären. Zu bestimmten Zeiten prämiert die Gesellschaft auffällige Verhaltensabweichungen als besonders erstrebenswert (etwa Mord und Totschlag im Krieg), die sie zu anderen Zeiten mit schweren Strafen belegt. Inmitten eines terroristischen Aktionismus lebend, haben wir Gelegenheit zu sehen, wie bedenkenlose Mörder, die in hohem Grade auch der Selbstvernichtung fähig sind, als selbstaufopfernde Helden deklariert und bejubelt werden. Der Auftritt des Palästinenserführers Arafat in den Vereinten Nationen ist das vorerst wohl letzte, aber gewiß bald ein überholtes Beispiel. Ihrem eigenen Selbstverständnis nach sind sie allerdings durchaus selbstaufopfernde Freiheitskämpfer oder Revolutionäre, die glauben, für eine gerechtere und menschliche Zukunft zu kämpfen. Man erinnere sich nur an unsere eigenen deutschen Anarchisten. Es ist genau so falsch, sie schlicht als Kriminelle einzustufen wie sie zu idealisieren. Man spart sich dadurch zwar viele Denkanstrengungen, geht aber an der psychosozialen Bedeutung solcher Phänomene vorbei.

Eine besonders gefährliche Situation entsteht dann, wenn ein oder mehrere oder gar viele Individuen eine pathologische Charakterstruktur als ich-synton (ich-gerecht) zu erleben beginnen. Das Individuum empfindet dann gar keine Veranlassung, sein Verhalten zu reflektieren und zu korrigieren, z. B. die Auffassung, daß Indianer, Neger, Juden oder ideologisch abweichende Gruppen – weil sie dies sind – nicht automatisch den Anspruch verwirkt haben, als Menschen angesehen zu werden. Wer einem solchen Vorurteil verfallen ist, kann deshalb trotzdem für sein subjektives Erleben eins mit sich selbst bleiben, so zerstörerisch sich sein Verhalten auf diese mißachteten Menschengruppen auch auswirken mag.

Historisch haben Hitler und Stalin gewiß eine unterschiedliche Rolle gespielt. In der Unerschütterbarkeit ihrer paranoiden Wahnvorstellungen gehören sie zur gleichen psychopathologischen Gruppe. Das Monströse ihrer Wirkung war nur, daß sich Millionen Menschen »freiwillig« ihrem Wahnsystem unterwarfen, etwa die Nationalsozialisten mit dem Glauben, durch Rassenmischung mit nichtgermanischen Völkern geschändet zu werden, oder die Sowjetbürger, wegen der angeblich gegenrevolutionären Verschwörung bisher treuester Anhänger der Partei tödlich gefährdet zu sein. Unterwerfungen wie diese (die oft aus dem erwähnten Paradegehorsam hervorgehen) bahnten in der Geschichte immer wieder den Weg für Vernichtungssysteme größten und grausamsten Stils. Trotzdem wäre es falsch, das Funktionieren der entsetzlichen Mordmaschinerien nur der nationalsozialistischen und der bolschewistischen Führung allein zur Last zu legen. Auch hier handelt es sich um *reziproke Verantwortlichkeit*. Diese »großen Führer« haben vielmehr aus einem unbewußten Destruktionsdrang, der von Zeit zu Zeit offenbar massenhaft weckbar zu sein scheint, jene Unterstützung gefunden, die es ihnen erlaubte, durch Jahre und Jahrzehnte nach Wahngesetzen die Realität zu erleben und dabei Mitmenschen zu ermorden. Es ist zuzugestehen, daß die Führer nicht allein Geschichte machen, sondern daß sie kongeniale Unterstützung in den unbewußten Bedürfnissen der Untertanen finden. Das Wort »Untertan« ist passend, denn es hebt das sado-masochistische Band, das ihn mit dem Führer verbindet, hervor. Das Band ist besonders eng, wenn dieser die größten Schandtaten in der nationalen Geschichte begeht.

Man muß diese Aussage über die Mitbeteiligung der Nationen betonen, um sich von der Vorstellung zu befreien, die Individuen, insbesondere so starker Völker wie des deutschen oder des russischen, seien nur passive Organe der Geschichte: wenn doch der historische Augenblick kritische Kaltblütigkeit und vor allem kollektiven Mut auf der Basis solcher

Kaltblütigkeit eigentlich verlangt hätte. Die Verantwortung ist reziprok – auch wenn jedermann, zugegeben nicht grundlos, versichert, über ihn sei verfügt worden.

Es bleibe im Augenblick ganz offen, ob es sich hier um eine direkte Manifestation des Freudschen Todestriebes handelt, der auf so viel Kritik gestoßen ist. Nicht zu Unrecht, denn mit dem biologischen Konzept des Todestriebes, der – nach Freud – den sterblichen Menschen eingeboren ist und gegen dessen primäre selbstdestruktive Tendenz der Mensch sich nur durch Wendung der Aggression nach außen wehren kann, wird uns imgrunde die Berechtigung genommen, Vorwürfe gegen die menschliche Aggression zu erheben oder gar auf eine Änderung der menschlichen Aggressionsäußerungen zu hoffen. Freilich ist es kaum wahrscheinlich, daß Greuel von solchem Ausmaß, wie wir sie im letzten Vierteljahrhundert überall in der Welt beobachten konnten, ohne kontinuierliche Unterstützung aus dem Energiereservoir unserer Triebnatur möglich geworden wären. Aber weder sind die Massen nur die Opfer ihrer Triebe oder der Geschichte, noch sind es ausschließlich die Männer, die Geschichte machen. Beide Parolen sind letztlich Ausreden, um die Mitverantwortung zu kaschieren. Man sieht nur die Möglichkeit noch nicht, die im Prozeß der Massenbildung den Ansatz böte, den Rausch der Vernichtung von Artgenossen rechtzeitig und erfolgreich zu hemmen.

Solange die einerseits unbewußt verankerten, andererseits bewußt geförderten Wahnbildungen großer Kollektive, also z. B. die nationalsozialistische Paranoia des Judenhasses, auf der gleichen Ebene befragt werden, auf der nach dem Krieg aktive Nationalsozialisten befragt wurden, ob sie Mitläufer waren oder Schlimmeres, wird sich nicht enthüllen, wieso es dazu kommen kann, daß ein ganzes Volk in eine psychotische

Episode verfällt, während der alle Nicht-Wahngläubigen in höchster Gefahr schweben und psychotische Wirklichkeitsverkennung oder -verzerrung als normales Denken und Handeln angesehen und akzeptiert wird.

Wir müssen uns also an die Tatsache gewöhnen, daß wir uns nicht an klaren Trennungen und einfach verlaufenden Trennungslinien orientieren können, wenn wir so etwas wie seelische Gesundheit, seelische Normalität bestimmen wollen. Schon deswegen nicht, weil die jeweilig herrschenden Moralvorstellungen, hierarchischen Ordnungen, Ideale etc. bestimmen, was als »normal« anzusehen ist. Zu Hitlers Zeiten war es z. B. »normal«, ein treuer Anhänger des Führers zu sein.

Im Seelischen gibt es also keinen fest verankerten Begriff der idealen Norm. Man spricht bei Störungen in diesem Bereich statt von Krankheit besser von Leidenszuständen, obgleich an der Existenz der ersteren (z. B. den Psychosen) natürlich nicht zu zweifeln ist. Der Hinweis auf das Leiden soll nur dazu beitragen, unser einfühlendes Verständnis auch in uns fremdartiges psychisches Leben zu fördern und dem seelischen Leiden an sich den anonymen und festgefahrenen Charakter der Organkrankheit zu nehmen oder ihn doch wenigstens einzuschränken.

Psychische »Normalität«, wie immer man sie definieren mag, ist von vielfältigen Bedingungen abhängig. Begabungen wirken am psychischen Status ebenso wie am physischen mit; individuelle Erfahrungen mit den Primärobjekten, den Eltern, können Traumatisierung bewirken (z. B. das Schicksal, Kind einer neurotischen Mutter zu sein); gesellschaftliche Faktoren (z. B. Erziehungsformen) können individuelle Rationalität, d. h. Entwicklung kritischer Vernunft in sinnvoller Relation zu den Triebbedürfnissen, im Individuum mehr oder weniger drastisch beeinflussen – sei es fördernd, sei es hemmend. Dabei ist in Rechnung zu setzen, daß zwischen interpersonellen Verhaltensstörungen und intrapsychischen Konfliktbelastungen vielfache Beziehungen und Beeinflussungen bestehen.

Wir erwähnten schon die Psychopathologie der ich-syntonen, vom Individuum als durchaus »normal« empfundenen Verhaltensweisen. Man kann etwa an den Vater denken, der sadistischen Impulsen nachgibt, seine Kinder schlägt und dies im Bewußtsein tut, eine moralische Erziehungsleistung zu vollbringen. Wir werden gleich noch einer solchen Persönlichkeit begegnen. Oder: ein Syndrom, etwa der »anale Charakter«, kann ich-synton werden und sich dabei sozial sehr wertvoll in der Zuverlässigkeit einer Person auswirken. Hier ragen die Charakterzüge »ordentlich, sparsam und eigensinnig« hervor, die für den Betreffenden sehr stark besetzt sind. Freud betonte: »Jedes dieser Worte deckt eigentlich eine kleine Gruppe oder Reihe von miteinander verwandten Charakterzügen.«[4] Die Trias kann sich aber auch als Ängstlichkeit, Furcht vor Verantwortung, Geiz sehr gegenteilig auswirken. Wer sich den »analen Charakter« erworben hat, empfindet jedenfalls diese Eigenschaften als zu sich gehörig, im erst beschriebenen Fall auch als in Ordnung, als wertvoll – oft auch dann noch, wenn er unter ihnen zu leiden beginnt. Wir alle haben länger oder kürzer dauernde, mehr oder weniger auffällige, mehr oder weniger in unseren Charakter eingebettete psychopathologische Züge, in denen wir uns selber meist weniger erkennen als unsere Angehörigen und Freunde.

Wir erleben es in der Analyse, wie schwer es uns fällt, an ihnen zu rütteln, etwa an einem Geiz, der für andere sehr gut

---

4 S. Freud, Studienausgabe, Bd. VII, S. 25.

wahrnehmbar ist, den wir aber als sinnvoll und normal mit vielen Begründungen zu entschuldigen bereit sind. Es dauert oft lange, bis wir der Einsicht nachgeben, daß es tatsächlich Geiz ist, was wir da praktizieren und bis dieses Verhalten ich-dyston zu werden beginnt, d. h. wir uns davon distanzieren und es loswerden möchten als etwas Fremdes, »Anormales«.

Psychopathologisches wird auch in Leistungs- oder Kontrollücken merkbar, z. B. in der Arbeitshemmung eines im nächsten Kapitel erwähnten Kraftfahrers. Mangelnde Leistungskontrolle wäre dann als das Gegenstück zu der übergroßen Kontrolle anzusehen, die zur unbewußten Abwehr etwa phobischer Angst benötigt wird. Wenn jemand auf einer Gesellschaft ununterbrochen redet und die anderen Gäste nicht zu Worte kommen läßt, dann kann dies, selbst wenn der Betreffende etwas Gescheites sagt, als Symptom, als fehlende Distanz zu sich selber, als psychische Inkontinenz oder als mangelhafte Abwehr seines Geltungsbedürfnisses verstanden werden. Geht man einen Schritt weiter, so kann man von Angstabwehr durch eine orale Attacke sprechen. Für den hemmungslosen Redner, der die anderen unter sich leiden läßt, ist seine Suada ein ich-syntones, also »normales« Verhalten. Weil der Redefluß ein Symptom ist, z. B. Teil eines unbewußt gewordenen Konfliktes um seinen Selbstwert, kann es auch nicht einfach willentlich abgelegt werden. Der neurotisch an einem Symptom Erkrankte kann nicht über sein Symptom gebieten; daß er es nicht kann, ist ja pathognomonisch das entscheidende Moment. Im Gegenteil, Symptome dieser Art sind meist hochbesetzt, jede noch so vorsichtige Bemerkung über das Vielreden kann den Redner »tödlich« kränken, weil die Bemerkung an seine Schamgefühle rührt, die er aufs heftigste verleugnen muß. Nach einigen Erfahrungen solcher Art wird einem klar, daß man mit Leuten, die solche Verhaltenssymptome zeigen, nicht ungezwungen sprechen kann. Auch dies hat seine Folgen. Statt sein Symptom zu überwinden, das oft Ausdruck einer Kontaktstörung ist, isoliert sich der Symptomträger in seiner sozialen Umwelt mehr und mehr.

Leistungslücken können entstehen, wenn Symptome immer mehr der Zeit des Kranken zu beanspruchen beginnen. Das ist etwa bei Wasch- und Zählzwängen zu beobachten. Bevor nicht eine Menge anankastischer Ritualien ausgeführt sind, gelingt es dem Kranken nicht, sich mit seiner Arbeit zu befassen. Er hält sich im Gegenteil sein Verhalten als gründliches Ordnungsbedürfnis, als besonders wertvolles Verhalten also, zugute.

Solcherlei Eigenschaften sind meist ganz unflexibel und starr. Das gleiche läßt sich auch in einer Starrheit der Gefühlswelt wiederfinden, die sich in bestimmten Situationen wie automatisch einstellt und die sich dem Inneren des betreffenden Menschen als ganz unkompliziert und als selbstverständliche Reaktion darbietet. Nehmen wir an, ein Autoritätskonflikt habe eine permanent hohe Besetzung erfahren; das aus ihm stammende Verhalten – z. B. Unversöhnlichkeit und Verachtung für den Konfliktpartner – wird den Streitenden als ein ganz angemessenes Geschehen erscheinen. Diese Voraussetzung wird ihnen das Projizieren eigener Aggressivität auf den anderen in vielen Situationen des Lebens leicht machen. Hierbei fühlt sich der Projizierende in seiner Haltung, wie gesagt, gerechtfertigt; für ihn handelt es sich um eine entschiedene Sache. Da er aber infolge seiner Konfliktspannung nur wenig der Einfühlung in seinen Partner fähig ist, handelt er eigentlich blindlings, d. h. ohne Rückverbindung zu den Motiven des zur Feindfigur gewordenen Streitpartners. Es entgeht ihm der Vorgang der Projektion eigener Gefühle auf den passenden Sündenbock. Er irrt sich dabei z. B. besonders häufig in der Auslegung kleiner, vielleicht objektiv unbedeutender Episoden, aber er ist fest davon überzeugt, sich nicht zu irren. Das Bild, das er sich vom Gegner macht, ist ein definitives. Er braucht diese Unveränderlichkeit zur Stützung seiner emotionellen Balance. Auf diese verborgene Weise wird der andere als Mittel zum Zweck mißbraucht, was wiederum nicht zugegeben werden kann und was die Endlosigkeit solcher Privatfehden, möglicherweise auch langdauernder Kriege, zur Folge hat.

Werfen wir noch einmal einen Blick auf die epidemischen Infektionskrankheiten. Sie bieten sich immer noch als Musterbeispiel relativ einfacher Krankheitsverläufe an. Unter den psychisch motivierten krankhaften Störungen gibt es keine einzige, von der man sagen könnte, sie sei »einfach« determiniert. Im Gegenteil, der geübte Beobachter stellt fest, daß sie allesamt »überdeterminiert« sind. Überdetermination soll heißen, das Symptom diene »gleichzeitig mehreren unbewußten Gedankengängen zur Darstellung«.[5] Eindeutige Zuordnungen eines Verhaltens, z. B. zu einem »Trauma« oder einem Objektverlust, sind, wo man solches festzustellen meint, eher ein Anzeichen irrtümlicher Übervereinfachung als treffender Interpretation einer Lage.

In unserer zunehmend von kausalistischem Denken beherrschten Kultur gibt es mindestens zwei Dimensionen, in denen menschliches Verhalten auf Normalität bzw. Abnormität systematisch untersucht wurde. Im ersten Erklärungsgang wurden erbgenetische Faktoren zur hypothetischen Erklärung krankhaften seelischen Verhaltens, insbesondere

---

[5] S. Freud, Studienausgabe, Bd. VI, S. 122.

neurotischen Verhaltens, herangezogen. Das war die in ihrem Effekt unfruchtbare Ära des akademischen psychologischen Materialismus. Dieser Erklärungsversuch hat für Krankheiten, die als *personale Leistungen* aufgefaßt werden müssen, wenig Erhellendes beigetragen.

Die zweite Dimension wurde durch Freuds Darstellung unbewußt verlaufender »Triebschicksale« offenbar. Man muß hier von einer Entdeckung sprechen, denn niemand vor Freud hat diese Entwicklung unserer Triebe systematisch erforscht. Durch die Lehre vom Unbewußten, welche das Verständnis der Triebschicksale ungemein vertieft hat, ist nicht eine biologische, sondern eine *biographische* Aussage erfolgt, welche den Steuerungszusammenhang zwischen körperlichen und seelischen Vorgängen beleuchtet, und zwar insbesondere den Weg der Beeinflussung von Körperfunktionen durch seelische Erregungen, welche ihrerseits unsichtbar gemacht, d. h. verdrängt worden sind. Die Psychoanalyse verfolgt also einen Tatbestand, auf den die naturwissenschaftliche Medizin kaum adäquate Mühe aufgewandt hat und aufwendet. Man hat es nicht nur mit verschiedenen Untersuchungsmethoden, sondern immer noch, wie wir eingangs sagten, mit zwei Welten zu tun, in denen psychologische Forschung betrieben wird. Und wahrscheinlich wird es dabei bleiben.

Durch die psychoanalytische Therapie haben wir gelernt, daß es die frühesten Erfahrungen sind, die einen schwer verletzenden, traumatisierenden Einfluß ausüben können; und wenn es sich um eine »Grundstörung«[6] handelt, die dabei zustande gekommen ist, wird die Verletzung auch nie mehr ganz ausheilen. Dabei ist im Auge zu behalten, daß bestimmte

---

6 Vgl. M. Balint, Therapeutische Aspekte der Regression. Stuttgart 1970.

psychopathologische Schädigungen möglicherweise erst sehr viel später, etwa in der Pubertät und Nachpubertät, als Folgen dieser frühen Schädigung sichtbar werden. Freud[7] sprach von der »Nachträglichkeit« der Wirkung kindlicher Eindrücke und traumatischer Erlebnisse. Erinnerungsspuren aus der frühen Kindheit, z. B. die Beobachtung der Urszene, werden erst Jahrzehnte später zu neurotischen Symptomen verarbeitet. So können auch längst vergessene Gebote und Drohungen der Erwachsenen in einem unbewußten nachträglichen Gehorsam die späteren Krankheitssymptome determinieren. Die Erziehungsrituale mögen aus einem Menschen ein sehr artiges Kind, d. h. ein sehr der Erwartungsnorm entsprechendes Kind gemacht haben. Die ostasiatischen Höflichkeitsformen scheinen ein Ausdruck dieser erfolgreichen Bemühungen zu sein.

Wir kennen aber die chinesische Kultur zu wenig, um beurteilen zu können, welche unerwünschten Reaktionsbildungen mit dieser Zielsetzung der Sozialisation verbunden waren. In unserem Kulturbereich würden wir von »Bravheit« sprechen. Solche Bravheit hat René Spitz als Defizit an wechselseitigen Objektbeziehungen beschrieben.[8] Er bezeichnet damit einen schwersten Defektzustand der seelischen Entwicklung, der wie ein Vorbild an Normalität sich ausnimmt. Welcher Vulkan hinter solch stummer Fügsamkeit sich bildet, wird gar nicht so selten sichtbar. Der Zustand des scheinbar reibungslos verinnerlichten Gehorsams kippt ohne Warnung um: der brave Junge begeht aus heiterem Himmel, wie es scheint, einen Mord. (Am Tage, an dem ich das niederschreibe, berichtet die Presse von einem Musterschüler, der

---

7 S. Freud, G.W. Bd. VII, S. 72, u. G.W. Bd. XII, S. 270.
8 René Spitz, Der Dialog. Stuttgart 1975.

von seinem Zimmer im College aus drei zufällig vorbeigehende Passanten erschoß.)

Wird ein Kind unserer Kultur mit großem Nachdruck in der analaggressiven Phase in seinen »wilden«, ungehorsamen Selbsterprobungsversuchen grob unterdrückend behandelt, so erstaunt es uns nicht, wenn es später in der großen Phase des Persönlichkeitswandels, der Adoleszenz, an schweren Angstzuständen erkrankt. Die Symptome, die sich dann zeigen, sind aber nicht entstanden, wenn sie zum ersten Mal sichtbar werden, sondern sie haben einen langen »stummen« Entwicklungsweg hinter sich.

An dieser Stelle unserer Überlegungen über die trügerische Normalität des Psychischen ist es nicht unpassend, um mit einigen Worten einen weiteren Fehlausgang zu erwähnen, der bei der Einübung in das Leben der Gesellschaft eintreten kann. Es ist die *Überidentifizierung*. Als pathologisches Syndrom wird sie weit seltener als der offene Protest erkannt, etwa der ideologisch rationalisierte Protest paranoid gefärbter Subkulturen. Gesellschaften, die sehr meinungsbesessen sind, jeder Relativierung ihrer Werte aus dem Wege gehen, deren Werte zudem unter dem Einfluß von Traditionen erstarrt sind, wirken auf das Individuum überwältigend und erdrückend. Sie lassen ihm kaum eine Möglichkeit zu individuellem »Spielraum« (im Wortsinn), für innovatorische Aktivität. Vom Individuum wird ein Höchstmaß von passiver Unterwerfung gefordert. Das Musterbeispiel war in der Vergangenheit der Kirchengehorsam, heute ist es der Gehorsam, den autoritäre Parteien fordern. Die Situation ist immer dieselbe: Der einzelne wird durch die Angst vor Ächtung durch das Kollektiv erpreßt.

Mit dieser überstarken Abhängigkeit von den sozialen Geboten hängt eine dritte Dimension zusammen, in der das

Verhalten des Individuums beobachtet werden muß. Wie verhält es sich unter verschieden starkem Druck von außen, welches ist seine Toleranzgrenze, und wenn es sich verändert, wie verändert es sich? Es gibt Bereiche, in denen die geschichtlichen Erfahrungen seit Jahrzehnten die Spontaneität der Individuen erdrückt haben. Dabei braucht es sich gar nicht um primär politischen Terror zu handeln. Als Beispiel sei an das Projekt des Stausees von Carboi erinnert. Er liegt im südwestlichen Küstenstreifen Siziliens und wurde von der Regierung angelegt, um das dort leicht zu meliorierende Gelände besser bestellbar zu machen.[9] Man erhoffte sich im Rahmen der Entwicklung des italienischen Südens an dieser Stelle einen wesentlichen Beitrag für die Verbesserung der landwirtschaftlichen Verhältnisse. Zunächst ist dieses Projekt jedoch mißlungen. Die Bauern waren außerstande, die Bewässerungskanäle zu bedienen. Wasser war in dieser Handhabung für sie etwas Unbekanntes. Ihre fatalistische Charakterstruktur war geschichtlich bedingt. Sechzehn Erobererschichten haben sich im Laufe der Jahrhunderte auf dieser Insel übereinandergelagert. Aktuell erlebt wird ein System von Pächtern in etwa fünf Schichten, die dem Bauern das erarbeitete Produkt fast vollständig wieder abnehmen. Aus dieser traditionellen Verelendung kann sich das Individuum nicht einfach befreien. Das Angebot, eine Bewässerungsanlage zu benutzen, kann nicht akzeptiert werden, auch weil es von der ohnmächtig gehaßten Staatsgewalt inauguriert wurde.

Überidentifikation heißt also alternativelose, kollektive Anpassung an ein Gesamtbiotop, nämlich Naturumwelt plus Sozialumwelt in einem. Der Zustand ist durch chronische

---

9 Vgl. E. Horst/J. Rast, Sizilien. Olten 1964, S. 162.

Subdepression, vermengt mit brutaler antisozialer Aggressivität (repräsentiert etwa durch die Mafia), gekennzeichnet. Die gerühmte Sonnigkeit des Sizilianers erweist sich nicht als schlichte Heiterkeit des Gemüts, sondern als manisch abgewehrte ohnmächtige Wut, für welche die lokale Kultur kein Modell der Bewältigung außer Formen asozialer Gewalttat zu bieten hat. In Giuseppe Tomasi di Lampedusas Roman »Der Leopard« wird diese Identitätslosigkeit beschrieben: »All die Regierungen, Fremden in Waffen, gelandet von wer weiß wo, denen man sogleich diente, die man rasch verabscheute und nie begriff, die sich ausdrückten nur in Kunstwerken, die für uns rätselhaft blieben und leibhaftig in den Eintreibern von Steuergeldern, die hernach anderswo ausgegeben wurden, all diese Dinge haben unseren Charakter gebildet, und darum bleibt er bedingt von äußeren Schicksalsfügungen.«

Tomasi di Lampedusa schildert einen chronifizierten psychopathologischen Zustand, in dem sich eine ganze Population befindet. Er macht deutlich, mit welcher Gewalt die identifikatorischen Ansprüche einer Kultur und die Norm ihrer Normalität auf das Individuum von der frühesten Kindheit an einwirken. Äußere Schicksalsfügung ist von innerer Schicksalsfügung nie zu trennen. Darin liegt unter anderem, wie sich an dem Projekt des genannten Stausees zeigte, die Schwierigkeit sinnvoller Entwicklungshilfe für Länder mit »rückständigen« Kulturen. Sollen sie aus ihrer Überidentifizierung mit den Traditionen der eigenen Kultur nur aufgescheucht werden, um dann zu einer Überidentifikation mit der Wertwelt neuer Machthaber gezwungen zu sein?

In unserer Epoche wachsender Mobilität im allgemeinen sowie größerer oder kleinerer Wanderströme zu den technisch fortgeschrittenen Metropolen unserer Erde steht der

Analytiker häufig vor einer nicht einfach zu beantwortenden, sehr wichtigen Frage. Handelt es sich beim Verhalten eines zu einer bestimmten ethischen Gruppe oder Subkultur gehörenden Patienten um etwas sozusagen »Volkstümliches«, um ein Benehmen, das von einem Mitglied dieser Kultur so und nicht anders zu erwarten war oder erkennen die anderen Mitglieder der Kultur, daß die beobachteten Äußerungen ein Sonderschicksal darstellen, Reaktionen auf unbewältigte Traumen im Verlauf der Lebensgeschichte. Für unseren Orientierungsversuch über menschliche Normalität und Anormalität trägt es sicher zur Klärung bei, mit Georges Devereux [10] zwischen zwei Formen des Unbewußten zu unterscheiden: zwischen dem »unbewußten Sektor der ethnischen Persönlichkeit (nicht zu verwechseln mit dem ›rassischen‹ Unbewußten Jungs)« und dem »idiosynkratisch« Unbewußten. »Das ethnisch Unbewußte eines Individuums ist jener Teil seines gesamten Unbewußten, den es gemeinsam mit der Mehrzahl der Mitglieder seiner Kultur besitzt«; das »idiosynkratische Unbewußte« dagegen ist »aus Elementen zusammengesetzt, welche das Individuum unter der Einwirkung von einzigartigen und spezifischen Belastungen, die es zu erleiden hatte, zu verdrängen gezwungen war« [11]. Devereux veranschaulicht die beiden Motivationen, die aus dem ethnischen Persönlichkeitsanteil und die aus dem persönlichen Schicksal herrührenden, folgendermaßen: »In der Ilias (XXII, S. 482 ff.) sagt, kaum daß Achilles den Hektor getötet hat, Andromache in allen Einzelheiten die Formen von Stress voraus, die der nunmehr seines Vaters beraubte Astynax erleben wird.« Sie spricht

---

10 Georges Devereux, Normal und Anormal – Aufsätze zur Ethnopsychiatrie. Frankfurt 1974, S. 23 ff.
11 ib., S. 26.

nicht vom Schicksal des Kindes, wenn Troja von den Feinden erobert wird. Das ist ein individuelles, einmaliges Geschick, das den Astynax überkommt, etwas Noch-nie-Dagewesenes. Andromache spricht vielmehr vom Schicksal, »das einer jeden Waise – wenn von hoher Geburt – widerfährt. Solche Situationen«, meint Devereux, »sind es, die ›ethnische Neurosen‹ erzeugen«.[12]

Auch auf ausgesprochene Ausnahmezustände bereitet sich das Individuum vor, um – falls es z. B. in die Situation kommen sollte, in der es Amok laufen muß – zu wissen, wie es sich verhalten soll. Das gleiche gilt für die Informationen, die der Wikinger über das Berserkertum erhielt. Es ist wahrscheinlich, meint Devereux, »daß jeder junge Wikinger nicht nur die Fähigkeit zu haben hoffte, in der Schlacht Berserker zu werden, sondern sogar sämtliche Verhaltensformen lernte, die das Berserkertum bildeten«.[13] Bei diesen Zuständen von Raserei handelt es sich also um Rollen, die dem Individuum streng vorgeordnet sind. »Ein Malaie wird nicht Berserker, und ein Wikinger läuft nicht Amok.«[14] Für die westlichen Gesellschaften gilt, wie wir bereits am Beispiel des Collegestudenten, der von seinem Zimmer aus drei Passanten erschoß, gesehen haben, daß hier »nur (idiosynkratische) Paranoiker oder paranoide Schizophrene von einer blinden und unkontrollierbaren Tötungswut ergriffen werden, was uns keineswegs zu dem Schluß berechtigt, daß der malaiische Amokläufer ebenfalls paranoid sei.«[15]

Beobachtungen wie diese zeigen uns, wie fest die kulturellen Vorbilder das Individuum prägen. Wir stehen also vor der

12 G. Devereux, ib. S. 26.
13 ib., S. 8.
14 G. Devereux, ib. S. 88.
15 G. Devereux, ib.

höchst paradoxen Situation, daß wir eine technische Weltsprache entwickeln müssen, um die gegenwärtigen Kulturprobleme und Konflikte einheitlich zu sehen und bestehen zu lernen. Es wird also eine technische Weltsprache in einer unkontrolliert wachsenden Weltbevölkerung gesucht, die immer weiter sich von ihren Traditionen entfernt und damit Sprachverluste erleidet. Zugleich müssen die Bemühungen unterstützt werden, möglichst viele der Lokalsprachen und -idiome am Leben zu erhalten. Denn sie wirken wie Lawinenverbauungen gegen den rapiden Verfall spezifischen partikularen menschlichen Wissens in der industrietechnischen Einheitskultur.

Zwischen dem Unbewußten des idiosynkratischen Persönlichkeitsanteils – auf unsere Kultur angewandt, würden wir vom bürgerlichen Individuum sprechen – und dem Unbewußten der ethnischen Persönlichkeit können sich tiefreichende Konflikte ergeben. Sie sind in der bisherigen analytischen Forschung noch nicht mit genügender Aufmerksamkeit untersucht worden. Hier liegt ein wichtiges Feld für die »transkulturelle Psychiatrie« (G. Devereux).

Eine eindrucksvolle Veranschaulichung des Prozesses wechselseitiger Anpassung hat Konrad Lorenz gegeben.[16] »Jeder Vorgang der Anpassung eines Organismus an eine bestimmte Gegebenheit seines Lebensraumes besteht in einer Änderung des lebenden Systems. Die Flosse des Fisches spiegelt die physikalischen Eigenschaften des Wassers wider, der

---

16 Konrad Lorenz, Die instinktiven Grundlagen der menschlichen Kultur, Naturwissenschaften Band 54, 1967. In unserem Zusammenhang interessiert nur das Problem der Wechselseitigkeit im Anpassungsvorgang. Bezüglich der erkenntnistheoretischen Position von Lorenz vgl. Barbara v. Wulffen, Hinter den Spiegel geblickt? (Merkur 315, 1974) u. Leszek Kolakowski, Die Gegenwärtigkeit des Mythos. München 1973.

Huf des Pferdes die des Steppenbodens. Jede Anpassung hat somit zur Voraussetzung, daß das lebende System in gewissem Sinn Kenntnis der Umweltgegebenheiten erworben hat, auf die es in seinem Körperbau und in seinen Funktionen Bezug nimmt.« Man kann hinzufügen, daß auch das jeweilige menschliche Verhalten die Anpassung an ein jeweils ihm vorgegebenes soziales Milieu widerspiegelt. Neurose und Psychose spiegeln die Kultur wider, in der sie entstanden sind. Dabei variiert die Belastbarkeit des Individuums für die ihm gestellten Anpassungsaufgaben außerordentlich. Neurosen und Psychosen verweisen auf Konflikte konkurrierender Anpassungsaufgaben. Daraus entstehen Forderungen, die in ihrer Widersprüchlichkeit internalisiert wurden und die einen Menschen durch lange Phasen seines Lebenslaufes schwer belasten können.

Bildhaft läßt sich der Wettstreit und Widerstreit einander störender Anpassungsvorgänge an den Schwierigkeiten eines Immigranten darstellen. Er bringt Rollenmuster, Wertorientierungen, einen gesamten sozialen Habitus in eine fremde Umwelt ein, in der er von nun an sich durchzusetzen lernen muß, um sich zu akkulturieren. Der Spott, den solche Minoritäten im neuen Gastland oft auf sich ziehen, wenn nicht Schlimmeres, verweist darauf, daß viele Aggressivität und eigene erlittene Kränkungen gleichsam als ruhende Bereitschaft, den anderen zu entwerten, zu quälen, zu unterdrükken, auszubeuten, kurz zur Destruktivität auf den Sozialisierungswegen gespeichert wurde und nach Mobilisierung drängt. Eine große Zahl von Menschen, die mit ihren narzißtischen Wunden und der elterlichen und kulturellen Verständnislosigkeit nicht fertig wurden, ist stets bereit, diesem Bedürfnis an passenden Objekten nachzukommen.

Freud hat schon 1924 zwischen neurotischer und psychotischer Konfliktverarbeitung unterschieden: »Die Neurose sei der Erfolg eines Konflikts zwischen dem Ich und seinem Es, die Psychose aber der analoge Ausgang einer solchen Störung in den Beziehungen zwischen Ich und Außenwelt.«[17] In der Psychose, die man als die störendste Form der Psychopathologie auffassen darf, vollzieht sich ein Ablösungsvorgang des Individuums von seiner Umwelt. Es verläßt die Wirklichkeit, die es bisher mit anderen teilte, und zieht sich in die vereinzelte eigene zurück. Die triebhaften libidinösen sowohl wie aggressiven Besetzungen werden von den realen Objekten abgezogen und durch wahnhafte Phantasien, die eine neue Realitätsebene bilden, ersetzt. Wie so etwas aussieht, erfahren wir aus einem Dokument, durch das Freud entscheidende Einblicke in die Wahnrealität erworben hat. Das Dokument sind die Denkwürdigkeiten des Senatspräsidenten Schreber, die Freud in seiner Arbeit »Psychoanalytische Bemerkungen über einen autobiographisch beschriebenen Fall von Paranoia«[18] zur Grundlage seiner Untersuchung gemacht hat. Der wahnkranke Senatspräsident Schreber ist der Sohn des Erfinders des Schrebergartens und einer Reihe von orthopädischen Folterinstrumenten, mit denen er auch seine eigenen Kinder nachhaltig traumatisierte. Die umfänglichen Aufzeichnungen, welche die Familie gerne unterdrückt hätte, erschienen auf Kosten des Autors gedruckt zum ersten Mal 1903. Schreber ist ein Mann von großer Sprachkraft. Er schildert seine Wahnrealität überaus plastisch, und noch die abstrusesten Körperhalluzinationen werden mit der Qualität der Wirklichkeit, des wirklich Erlebten, Erlittenen ausgestaltet. Eine fast beliebig gewählte Stelle (aus Kapitel 11 des Buches) lautet

---

17 S. Freud, G. W. Bd. XIII, S. 387 (erscheint in Bd. III der Studienausgabe).
18 S. Freud, Studienausgabe Bd. VII.

etwa: »Seit den ersten Anfängen meiner Verbindung mit Gott bis auf den heutigen Tag ist mein Körper unausgesetzt der Gegenstand göttlicher Wunder gewesen. Wollte ich all diese Wunder im einzelnen beschreiben, so könnte ich damit allein ein ganzes Buch füllen. Ich kann sagen, daß kaum ein einziges Glied oder Organ meines Körpers vorhanden ist, das nicht vorübergehend durch Wunder geschädigt worden wäre, keine einzige Muskel, an der nicht durch Wunder herumgezerrt würde, um sie je nach der Verschiedenheit des damit verfolgten Zweckes entweder in Bewegung zu setzen oder zu lähmen. Noch bis auf den heutigen Tag sind die Wunder, die ich stündlich erlebe, zum Teil von solch einer Beschaffenheit, daß sie jeden anderen Menschen in tödlichen Schrecken versetzen müssen. Nur durch jahrelange Gewöhnung bin ich dahin gelangt, das von dem, was jetzt noch geschieht, als Kleinigkeiten zu übersehen ... Was den Magen betrifft, so war mir schon während meines Aufenthaltes in der ... Anstalt von dem in Kapitel 5 genannten Wiener Nervenarzt anstatt meines gesunden natürlichen Magens ein sehr minderwertiger, sogenannter Judenmagen angewundert worden. Später richteten sich die Wunder eine Zeitlang mit Vorliebe gegen den Magen, einesteils weil die Seelen mir den mit der Einnahme der Speise verbundenen sinnlichen Genuß nicht gönnten, andernteils weil die Seelen überhaupt sich für etwas Besseres dünkten als der der irdischen Nahrung bedürftige Mensch, und daher auf alles Essen und Trinken mit einer gewissen Verachtung herabzusehen geneigt waren. Ich habe zu öfteren Malen kürzere oder längere Zeit ohne Magen gelebt und zuweilen auch dem Pfleger M., wie diesem vielleicht noch erinnerlich sein wird, ausdrücklich erklärt, daß ich nicht essen könne, weil ich keinen Magen hätte.«

Am Fall Schreber ist das Verschwinden normaler, d. h.

erkennbarer, verstehbarer Erlebnisinhalte zugunsten eines neuen wahnhaften Erfahrungshorizontes deutlich zu verfolgen. Die Beziehung zwischen Schrebers Wahnwelt und der nachträglichen Wirkung von traumatisierenden Kindheitserlebnissen, deren Anlaß der ebenfalls absonderliche Vater war, ist nicht zu übersehen.

Dabei wurde der Begriff »Besetzung« verwendet. Realitätsinhalte können ihre Besetzung ändern. Da die psychische Realität unanschaulich ist, haben alle Aussagen über sie etwas von einer Hilfskonstruktion, von einem Vergleich. Im Fall des Begriffs »Besetzung« ist deutlich, daß er als Vergleichsobjekt »Energie« benutzt. »Besetzung ist ein energetisches Konzept, das sich auf seelische Zustände und Prozesse (Dynamik) bezieht; es ist eines der fundamentalsten Konzepte der Freudschen Psychologie und läßt sich als eine Erregungsladung definieren.«[19] Freud spricht in diesem Zusammenhang von einer »Erregungssumme«, von einem »Affektbetrag«, von »Verschiebung, Abfuhr der Energie«. In der Beschreibung des Besetzungsvorganges unterscheidet man qualitativ libidinöse, aggressive und neutrale Besetzungsenergie. Das mag alles sehr holzschnitthaft vereinfacht klingen. Aber der Vergleich von seelischer Dynamik mit einer Energie, die Materie bewegt, ist doch nicht so weit hergeholt. Es ist das »Gewicht« und die Wirklichkeit bewegter und bewegender Gefühle, die in der Wahl des Energie-Vergleichs fühlbar bleibt.

Wir sprachen soeben vom individuellen Kommunikationsverlust, wie ihn Schreber erlitten hat. Vermittlung von Fakten oder Emotionen kann aber auch auf der Ebene sprachlicher Verständigung zwischen Großgruppen zu einer außerordent-

---

19 Humberto Nagera (Hrsg.), Psychoanalytische Grundbegriffe. Frankfurt 1974, S. 394.

lich mühseligen Aufgabe werden. Das Mundartenverständnis innerhalb eines Sprachraums nimmt sich wie eine idyllische Lebenserfahrung aus. Mit der Notwendigkeit, globale Informationstechniken entwickeln zu müssen, ergibt sich aber der Sachverhalt einer kaum zu bewältigenden Sprachnot. Z. B. dreißig Prozent der Inder sprechen Hindi, acht Prozent Bengali. 87 Prozent der Bevölkerung verständigen sich in einer oder mehreren der fünfzehn Hauptsprachen, meist englisch. Die restlichen 13 Prozent verteilen sich auf 1637 Sprachen. Ohne Einigung auf Universalsprachen werden wir uns in Zukunft den Krisenzentren der Menschheit nicht mehr nähern können. Weltsprachen müssen in Zukunft die Aufgabe der Kommunikation zwischen begrenzten Sprachräumen erfüllen, eine Aufgabe, die sie in begrenzterem Ausmaß immer schon zu leisten hatten. Der Erwerb der Muttersprache und über sie hinausreichender anderer Sprachen bedeutet nicht nur Erwerb der Grammatik und des Sprachschatzes, sondern darüber hinaus Einsicht in kollektiv geteilte Wirklichkeit. Jeder Mann, der eine Sprache nach dem Buch gelernt hat und dann in das Land kommt, in dem sie gesprochen wird, weiß darum, wieviel nichtverbale Kommunikationsmittel als solche erkannt und erlernt werden müssen, um sich in diesem Sprachbereich wirklich auszukennen.

Der Psychoanalytiker bekommt es fortwährend mit »nichtdiskursiven« Sondersprachen, mit der Ausdruckssprache seiner Patienten also, zu tun, deren Bedeutung er anfänglich in vielen Situationen erraten muß.

Unsere Anfangsfrage nach der Unterscheidung von normal und abnorm, von gesund und krank, von angepaßt und dissozial hat uns am Schluß zur nicht weniger schwierigen Frage der Verständigung auf globaler Ebene zwischen partikularen Sprachräumen und Geltungsbereichen von Ausdruckssprachen geführt. Dieser Ausblick verlangt eine Ergänzung um die Dimension des Unbewußten, unbewußt erworbener und unbewußt wirksamer seelischer Ausdrucksformen. Darüber soll im folgenden Kapitel reflektiert werden.

# III

# Vom Unbewußten zur »probenden Denkarbeit«

Freud hat einmal über den »Gegensinn der Urworte«[1] geschrieben. Das Wort »Untiefe« bedeutet dann sowohl
Seichtigkeit wie besonders große Tiefe. An diese Zweideu-
tigkeit erinnert auch der Begriff des Unbewußten. Weil
etwas nicht bewußt (im Sinn von beabsichtigt) war, sondern »ja nur unbewußt geschah«, bedeutet das Wort redu-
zierte Verantwortlichkeit oder aber im Gegensinn ein besonders bedeutungsvolles Geschehen, weil es tiefer reicht
als unser Bewußtsein. Die Auffassung, daß ein Sprechen
oder Handeln sich dadurch entschuldige, daß es nicht ab-
sichtlich geschah, sondern sich als »Freudian slip« ent-
puppt, hat in neuerer Zeit den ursprünglichen Doppelsinn
von unbewußt fast aufgehoben. Die Fehlleistung wird im
Gegenteil zum besonders intensiven Nachweis einer Absicht, mit der man sich auf der Bewußtseinsebene nicht
identifiziert sehen möchte.

Vor kurzem hat Henry Ellenberger eine gelehrte zweibän-
dige Abhandlung über die Geschichte des Unbewußten[2] ver-

---

1 S. Freud, Studienausgabe Bd. IV.
2 Henry F. Ellenberger, Die Entdeckung des Unbewußten, Bd. I und II.
  Bern 1973.

öffentlicht. Dabei zeigt sich, welch zentrales Erkenntnisproblem mit dem Begriff des Unbewußten verbunden ist. Durch Jahrhunderte haben Philosophen, Naturforscher, Dichter um die Klärung unseres Wissens um das Nicht-bewußte gerungen. Es ist eine einzigartige Tatsache, daß ein negativer Begriff zum Schlüsselwort einer Wissenschaft – der Tiefenpsychologie – geworden ist. Auf dem knappen Raum, der uns zur Erörterung unbewußter seelischer Vorgänge zur Verfügung steht, können wir nur den Versuch unternehmen, Bruchstücke von der Dynamik dieser Prozesse zu verstehen. Offenbar hat sich da doch im Verständnis manches geändert, wie wir das soeben dem Bedeutungswandel der Fehlleistung entnahmen.

Seit langem war bekannt, daß sich außerhalb unseres Bewußtseinsfeldes unbewußte seelische Vorgänge abspielen. Freuds Beitrag beruhte darauf, daß er die Dynamik dieser Prozesse besser und systematischer zu durchschauen lernte. Er sah, daß die bewußte und die unbewußte Seelentätigkeit unterschiedliche Formen der Organisation aufweisen. Er unterschied das bewußtseinsfähige Unbewußte vom prinzipiell nicht Bewußtseinsfähigen. Letzteres nannte er »systematisches Unbewußtes«, ersteres das »Vorbewußte«, das bei einer Verschiebung der Interessen bewußt werden und auch wieder aus dem Bewußtsein entschwinden kann. Die unterschiedlichen Vorgänge im Unbewußten nannte er »Primär- oder Sekundärvorgänge«. Ein entscheidender Aspekt der Dynamik des Geschehens bestand ferner in dem Nachweis, daß Bewußtseinsinhalte, wenn sie unbequem wurden, mit Energieaufwand aus dem Bewußtsein verdrängbar waren und daß sie, wenn sie ins Bewußtsein zurückkehren wollten, durch einen entsprechenden energetischen Gegenaufwand, die Gegenbesetzung, daran gehindert werden konnten. Der Begriff des Unbewußten und damit zusammenhängend der der »Zensur«, der Abwehr, des Widerstandes, der Gegenbesetzung werden z. T. salopp verwendet, z. T. ist ihre Bedeutung nicht über die Fachsprache hinaus bekannt geworden. Wir müssen deshalb, auch wenn es ein trockenes Unterfangen wird, noch etwas bei der Erläuterung dieser Begriffe verweilen.

Von der Ebene des Bewußtseins aus das Unbewußte direkt erreichen zu wollen, ist ein vergebliches Bemühen. Könnte dies gelingen, so wäre der Begriff unbewußt überflüssig. Wir können immer nur der Repräsentanten des Unbewußten inne werden und von ihnen aus auf den jeweiligen dynamischen Vorgang schließen. Ein solcher unbewußter Vorgang liegt vor, »wenn wir annehmen müssen, er sei *derzeit* aktiviert, obwohl wir *derzeit* nichts von ihm wissen«.[3]

Wie am Beispiel der Fehlleistung sichtbar wurde, widerstrebt es uns, daß wir neben unseren bewußten und uns einsichtigen Veranlassungen, etwas zu tun oder nicht zu tun, noch Handlungen oder Gedanken anerkennen sollen, in denen unbewußte Motive zum Zuge kommen, und zwar um ein sinnbezogenes, nicht ein sinnloses Teilstück unserer seelischen Wirklichkeit auszudrücken.

Weil das Unbewußte nicht unmittelbar zugänglich ist, neigen wir dazu, es uns nach der Art unseres Bewußtseins vorzustellen. Von dieser wie selbstverständlich gemachten Annahme müssen wir uns aber, um unbewußte Prozesse wenigstens etwas besser verstehen zu können, bei jedem einzelnen Anlaß freizumachen versuchen. Was in der Bewußtseinsebene als Widerspruch in Erscheinung tritt, kann im Unbewußten konfliktlos nebeneinander existieren. »Für die Vorgänge im

---

3 S. Freud, Studienausgabe, Bd. I, S. 508.

Es«, schrieb Freud,[4] »gelten die logischen Denkgesetze nicht . . . Gegensätzliche Regungen bestehen nebeneinander, ohne einander aufzuheben.« Wenig später heißt es: ». . . auch nimmt man mit Überraschung die Ausnahme von dem Satz der Philosophen wahr, daß Raum und Zeit notwendige Formen unserer seelischen Akte seien.«[5]

Nun ist es noch relativ einfach, derartige Theorien aufzustellen, sie aber in der Selbstbeobachtung nachzuvollziehen, ist überaus schwierig zu erlernen. Freud war beim Versuch, bisher unverständliche psychische Verhaltensweisen – wie etwa eine hysterische Konversionsneurose – erklären zu wollen, nicht nur auf das ihm zunächst ganz unerwünschte Gebiet der Sexualität bei der Verursachung dieser Krankheit gestoßen; er mußte auch lernen, »irrationale« Reaktionen im Unbewußten als bedeutungsvoll anzuerkennen. Es wird selten bedacht, daß Freud ein Provokateur auf zwei Fronten war. Er war gezwungen, sexuelle Tabus zu verletzen, um zu Einsichten zu gelangen, und ebenso irrationales Verhalten als Versuch zur Lösung unbewußter Konflikte hinzunehmen. Es war deshalb viel einfacher, gegen ihn die scheinbare Abstrusität seiner Behauptungen ins Feld zu führen, als mit ihm eine Metalogik zu entschlüsseln, die eben solche Irrationalität erkennend bewältigen konnte. Die Belastung, welche die Beschäftigung mit dem bewußtseinsfremden Teil unserer Persönlichkeit mit sich bringt, ist bis heute eher unterschätzt als überschätzt worden. Einer der vielen Analytikerwitze macht deutlich, wie nicht endend die Anstrengung ist, die unbewußte psychische Tätigkeit in sich selbst wie anderen – also den Dialog auf unbewußter Ebene – wahrzunehmen. Zwei Ana-

4 S. Freud, Studienausgabe Bd. I, S. 511.
5 ib.

lytiker fahren – so der Witz – am Abend gemeinsam im Aufzug nach unten. Der ältere macht einen wohlgelaunten, wenig erschöpften Eindruck, der jüngere sieht dagegen viel mitgenommener aus. Diesem fällt der Unterschied selbst auf, und er fragt deshalb den Kollegen, wie er das mache, nach so vielen Stunden des Zuhörens noch so frisch zu sein. »Sie hören zu?«, ist die mokante Antwort.

In der Tat ist es einfacher, mit der psychoanalytischen Situation Mimikry zu treiben. Der Kontakt zu dem Unbewußten des Patienten kann freilich in jeder Analyse durch längere Zeit gestört sein. Man versteht dann als Analytiker im Fortgang der Analyse nicht, welche unbewußte Thematik gerade vorherrscht. Auch wenn man aufmerksam folgt, gelingt es nicht, dies zu erraten. Das kann in der Tat sehr erschöpfend sein. Der Patient lehnt dann angebotene Deutungen ab und befindet sich selbst in einer Stimmung von Ratlosigkeit und Gereiztheit.

Das ist übrigens der Augenblick, in dem immer wieder ein technischer Fehler gemacht wird. Der Analytiker beginnt seine suchenden Einfälle mit denen des Patienten zu verwechseln und sie ihm eher ungeduldig aufzunötigen, als wären es die seinen.

Das bessert aber die Lage nicht. Sie ist dadurch gekennzeichnet, daß es der Zensur genannten seelischen Abwehr gelungen ist, einen wichtigen unbewußten Inhalt hinter der Schranke zum Bewußtsein zurückzuhalten. Das Ich sah aber offenbar die Gefahr voraus, daß der analytische Prozeß sich gerade auf diesen Inhalt auszuweiten drohte. Die unbewußte Wahrnehmung antwortete nun auf die feinsten Andeutungen dieses Themas mit Verstärkung der Abwehr. Besonders erfolgreich pflegt der Widerstand dann zu sein, wenn die Trennung von Affekt, der natürlicherweise zum Thema gehört, und szenischem Inhalt gut gelungen ist. Auch wenn man am richtigen Thema zu arbeiten begonnen hat, so beeindruckt das den Patienten zuweilen nicht im geringsten. Die vorgebrachten Deutungen regen ihn assoziativ nicht an, er ist mutlos, lustlos und über den Analytiker enttäuscht, dem es nicht zu gelingen scheint, den festgefahrenen analytischen Prozeß wieder flott zu machen.

Beobachtungen solcher Art verraten uns, mit welchen taktischen Mitteln unsere unbewußten Ich-Anteile zur Verteidigung ihrer Position ausgestattet sind und welche geduldige Ausdauer beim Suchen nötig ist. Ein Kernsatz der Analyse sagt, daß der Analytiker dem Patienten in der Entschlüsselung unbewußter Inhalte voraus sein soll, wie sich das für einen Wegweiser geziemt; er muß aber offenbar auch der in Geduld Geübtere sein. Es gibt wohl keine Analyse, die nicht von Zeit zu Zeit solche Phasen eines erschöpfenden Ringens mit dem unbewußten Widerstand mit sich brächte.

Das Unbewußte als Teil eines theoretischen Systems hat Freud konsequenterweise mit einem Kürzel »Ubw« gekennzeichnet. Damit ist, im Vergleich gesprochen, eine seelische Aktivität gemeint, die keinen Zugang zum Bewußtsein besitzt. Wir verknüpfen mit diesem Bereich die unbewußten Aktivitäten der Triebe. Ihre Repräsentanten sind Bedürfnis- und Affektspannungen, die sich mit mehr oder weniger Heftigkeit kundtun und die übrigen Instanzen – Über-Ich und Ich – in ihren Aufgaben oft heftig bedrängen.

Laplanche und Pontalis, die Autoren des »Vokabulars der Psychoanalyse«[6], empfehlen, »das Unbewußte (Ubw) als einen besonderen ›seelischen Ort‹ aufzufassen, den man sich

---

6 Laplanche/Pontalis, Vokabular der Psychoanalyse. Frankfurt 1972, S. 563.

nicht wie ein zweites Bewußtsein, sondern als ein System von Inhalten, Mechanismen und vielleicht mit einer spezifischen ›Energie‹ ausgestattet vorstellen muß«. In seinen späteren Arbeiten hebt Freud als ein wesentliches Merkmal des Unbewußten die »Ich-Fremdheit« hervor. Sie hat zu der theoretischen Begriffsbildung vom »Es« geführt. Das Ich dagegen ist die »zusammenhängende Organisation der seelischen Vorgänge in einer Person«[7]. Freud war ein großer theoretischer Neuerer, der ständig am Theoriesystem der Psychoanalyse, von ihm Metapsychologie genannt, arbeitete. Im Rahmen dieser Umorientierungen wurde der Begriff des Unbewußten teilweise durch den des »Es« ersetzt, die dynamische Veränderung des Konzepts war notwendig, da Freud erkannte, daß auch Über-Ich und Ich über unbewußte Anteile verfügen.

Die Entlehnung des unpersönlichen Fürwortes »Es« schien Freud »besonders geeignet, den Hauptcharakter dieser Seelenprovinz, ihre Ich-Fremdheit, auszudrücken«[8]. Es läßt sich kaum ein überzeugenderes Beispiel zur Erläuterung der »Ich-Fremdheit« finden als die oft bizarren hysterischen Bewegungsstörungen oder Lähmungen oder Dämmerzustände, an die nach dem Erwachen keine Erinnerung mehr besteht. Die Psychiatrische Klinik sprach deskriptiv von »belle indifference«, von einer merkwürdigen Unbetroffenheit. Aber auch die viel weniger auffallenden, jedoch das Idividuum nicht weniger quälenden Symptome, z. B. die sehr zeitgenössischen der Konzentrationsschwäche und der Lernstörung, gehören in diesen Bereich, den man zusammenfassend als Darstellungs- oder Ausdruckskrankheiten von unbewußten Konflikten bezeichnen kann, die dem bewußten Willen nicht zugänglich

---

7 S. Freud, G. W. Bd. XIII, S. 243 (erscheint in Bd. III der Studienausgabe).
8 S. Freud, Studienausgabe Bd. I, S. 510.

sind. So wie der Lerngestörte sich nicht auf das Lernen konzentrieren kann, so gern er dies erreichen möchte, so wünscht die hysterisch Gelähmte, ihren Arm wieder zu bewegen, und vermag es doch nicht.

Lange sah es so aus, als seien Konversionssymptome auf die nach anatomischem Merkmal so benannte quergestreifte Muskulatur, also auf den Bewegungsapparat, beschränkt. Erst mit wachsender Erfahrung lernten wir eine Reihe von psychosomatischen Krankheiten von ihrer unbewußten Dynamik her zu interpretieren und damit erst als psychosomatische, der Konversion ähnliche Symptome zu verstehen. Als Beispiel sei ein junger Mann erwähnt, der wegen mehrerer Verstöße gegen das Gesetz zu einer Gefängnisstrafe verurteilt worden war. Er hatte in seiner Krankheitsvorgeschichte eine Reihe schwerster Angstanfälle phobischen Ursprungs aufzuweisen. Er litt an einer Klaustrophobie, d. h. er bekam in geschlossenen oder engen Räumen unerträgliche Angstgefühle. Als er seine Strafe antreten sollte, erkrankte er an einem generalisierenden Nesselfieber, das so heftig war, daß man ihn sofort in ein Krankenhaus einliefern mußte, denn »einsperren« konnte man ihn in diesem Zustand nicht. Seit Wochen hatte sich seine Angst, in einer Zelle eingesperrt zu werden, bis zur Panik gesteigert. Der behandelnde Arzt nahm wie üblich an, es handle sich bei seiner Hauterkrankung um eine unerkannte Überempfindlichkeit gegen einen die Allergie auslösenden Stoff, und behandelte symptomatisch. Der Patient wurde später noch in zwei andere Gefängnisse zur Abbüßung seiner Strafe eingewiesen, jedesmal mit dem gleichen Ausbruch eines sonst nicht auszulösenden Nesselfiebers.

Die Symptombildung des Hautausschlages wurde zwar durch eine ihm bewußte Angstvorstellung ausgelöst, diese ohnmächtige Angst selber war aber Ausdruck unbewußter

Konflikte, die sich seit langem in dem Symptom der Phobie manifestierten. Wie in dieser Situation höchster Panik der Hautausschlag zustande kam, konnte auch der Patient sich nicht erklären. Gerade weil niemand in der Umgebung des Kranken noch er selber die Verbindung des akuten Symptoms Hautausschlag mit dem älteren, eben der Phobie vor geschlossenen Räumen, herstellte, wurde das Zustandekommen der Ausdruckskrankheit Hautausschlag erst möglich. Als man in der klinischen Medizin anfing – bei hysterischen Beinlähmungen etwa –, nicht mehr nach hirnorganischen Schädigungen zu suchen, sondern nach unbewußten Konflikten von hoher Virulenz und diese auch zu verstehen vermochte, begannen ganz allmählich die hysterischen Gangstörungen seltener zu werden. Sie traten dann nur noch in einem Milieu auf, das noch nicht über den Zusammenhang zwischen seelischem Konflikt unbewußter Art und körperlicher Krankheit als Mitteilungsäquivalent aufgeklärt war. Wenn nämlich diese Mitteilung im Körpersymptom verstanden wurde, als wäre sie nicht in chiffrierter Körpersymbolsprache abgefaßt, sondern in allgemein verständlichen Worten, dann verlor das Symptom seinen Sinn. Denn es soll zwar an den Konflikt erinnern, Trieb- und Strafbedürfnis gleichzeitig befriedigen, aber nicht ihn in seinem ganzen, das Ich überwältigenden Umfang preisgeben, mit den Folgen von Strafangst, unerträglichem Liebesverlust, Scham, Schuld, etc.

Es ist schon etwas gewonnen, wenn wir eine derartige Krankheitsentstehung nun nicht mehr in den Bereich fabelhafter Kuriosa verweisen, sondern sie in ihren pathogenetischen Zusammenhängen zu verstehen trachten. Eine der stärksten Sicherungen gegen unsere Entzifferungsversuche unbewußt gewordener, d. h. verdrängter seelischer Konflikte liegt in der erwähnten Ich-Fremdheit solcher Symptome.

Umgekehrt geraten solche Kranke manchmal in eine Art von Abwesenheit, in eine »absence«, in der ihnen Aufmerksamkeit und allgemeine Anteilnahme verlorengehen, so daß so etwas wie ein Pseudo-Stupor, ein Pseudo-Schwachsinn, entsteht.

Wenn wir einen Kranken, der einen schwersten Angstanfall erlitten hat, fragen, wovor er sich denn geängstigt habe, und er uns darauf keine Antwort weiß, mag das noch hingehen. Ein Nesselfieber, das zweckdienlicherweise bei Antritt einer Gefängnisstrafe, die ein anderes, verborgenes Symptom aufs höchste verstärkt hatte, sich einstellt, legt den Verdacht des Betrugs oder anderer Täuschungsmanöver nahe. Der Verdacht jedoch geht in die Irre; niemand kann die Quaddeln des Nesselfiebers simulieren. So bleibt auch ein bis dahin Gesunder, der in einer komplexen, ihn unbewußt ängstigenden Überforderungssituation ein Magengeschwür entwickelt, ein Mensch, der von der Ich-Fremdheit seines Symptoms überrascht wurde. Er versteht den Schmerz nicht, selbst wenn er Kenntnis davon erhielt, daß das Magengeschwürsleiden auch als ein seelisches Leiden verstanden werden kann. Das physische Organleiden widersetzt sich noch stärker als das konversionsneurotische Geschehen der »Übersetzung« in eine offene Konfliktmitteilung. Aber, wie gesagt, auch auf dem Gebiet der Psychosomatik haben wir mittlerweile manches von den ihr zugrunde liegenden psychischen Konfliktinhalten und ihrer somatischen Verarbeitung verstehen gelernt.[9]

Das Verwirrende an den sogenannten psychogenen Erkrankungen liegt im Ausmaß der Beteiligung unbewußter Einflüsse. Das Symptom kann erlebnisbedingt – also biografisch – lokalisiert sein, dann hat es auch eine Geschichte im

---

9 A. Mitscherlich, Krankheit als Konflikt I und II. Frankfurt 1966 und 1967.

Rahmen der Lebensgeschichte des Kranken und tritt außerdem in Phasen auf.

Die psychosomatische Krankheit ist dadurch charakterisiert, daß man an ihr das teleologische Moment – genau genommen: das Einbezogensein in einen Mitteilungs- und gleichzeitigen Verdeckungsvorgang – nicht von erbgenetischen Faktoren oder eingerasteten physiologischen Reaktionsformen trennen kann. Indem wir diese doppelte Form der Entstehungsgeschichte anerkennen, nähern wir uns der Organisationsform der »Primärvorgänge« mit ihren Paradoxien. »Primärvorgänge« sind naturgeschichtliches Seelenleben. »Sekundärvorgänge« gehören zum erlebten Leben, zur vita humana. Aus der Sicht der Naturwissenschaft ist ein psychosomatisch zu lesendes Ekzem ein Paradox, grob gesagt: Nonsens. Nach Auffassung der Psychoanalyse ist es aber gerade ein das Krankheitsgeschehen sinnvoll mitgestaltender Vorgang. Es ist leicht zu sehen, daß zwischen beiden Krankheitsauffassungen ein theoretisch kaum zu überbrückender Unterschied besteht. Unsere klinischen Erfahrungen bestärken uns darin, uns nicht auf *eine* Krankheitsausdeutung festzulegen, sondern Toleranz zu entwickeln für zwei koexistierende pathogenetische Modelle. Als generelle Voraussetzung für das Gelingen konversionshysterischer Symptombildung, die leibliches und seelisches Geschehen in sich vereint, haben wir das Nicht-bewußt-werden der psychischen Motivationskette erwähnt. Sobald unser kritisches Bewußtsein verstehend diese Vorgänge einholt, ist damit schon der Anfang für ihr Ende gelegt und dem Ich die Aufgabe zugewiesen, neue Symbolisationsformen, neue Formen verdeckter Mitteilung zu entwickeln. Ähnliches trifft auf manche psychosomatische Erkrankungsformen zu, wenn auch hier der Verdrängungsvorgang tiefgehender und komplizierter ist als bei der

Konversionshysterie. Ich sprach in diesem Zusammenhang von der »zweiphasigen Verdrängung«. Ihre Aufhebung stößt oft auf große, manchmal auf unüberwindbare Schwierigkeiten. Die Suche nach dem »missing link«, das uns den Übergang von psychischen Vorgängen in Körpergeschehen eindeutig zu erklären vermöchte, wird uns jedenfalls noch lange beschäftigen.

Noch eine weitere Schwierigkeit der verstehenden Krankheitslehre, welche die unbewußte Seelentätigkeit einbezieht, verdient Beachtung, und zwar die Einsicht, daß die gewonnenen Erkenntnisse nur begrenzt generalisierbar sind. In der klassischen Lehre von den Infektionskrankheiten könnte der Anspruch erhoben werden, daß nach einmal gelungener Aufdeckung der krankhaften Merkmale – z. B. des Scharlach – alle anderen Fälle dieser Krankheit diagnostiziert werden können[10]. Ein vergleichbares Schlußverfahren für die pathologischen Produkte der unbewußten Seelentätigkeit ist nur in eingeschränktem Maße möglich. Die psychophysischen Komponenten, die hier beteiligt sind, scheinen unvergleichlich vielschichtiger. Wir müssen jedenfalls eine solche Vielschichtigkeit hinnehmen und unter ihren Bedingungen mit ihr arbeiten, während bei einer großen Zahl körperlicher Krankheiten diese Vielschichtigkeit auch bestehen mag, aber

10 Es sei dabei nicht übersehen, daß Freud aus einem sehr kleinen eigenen klinischen Material grundsätzliche Schlüsse zog, die tatsächlich generalisierbar – bis zu einem gewissen Punkt jedenfalls – waren. Die Probleme intuitiver Treffsicherheit der Diagnose, und vor allem der komplexen Psychogenese, hat Kurt Eissler in seiner Rede zum 30. Todestag Freuds unter dem Aspekt der Sonderstellung des Genies ausführlich behandelt. Kurt R. Eissler, Gedenkrede zur 30. Wiederkehr von Sigmund Freuds Todestag. In: Jahrbuch der Psychoanalyse, Bd. XII, 1974, S. 23–75. (Das Thema wird auch in seinem Buch »Talent and Genius«, New York 1971, explicite analysiert.)

für die ärztliche Diagnose und Therapie in den Hintergrund treten kann.

Wegen der von ihm verursachten Störungen begegnen wir dem Unbewußten zunächst vornehmlich ablehnend und ängstlich. »Es ist der dunkle, unzugängliche Teil unserer Persönlichkeit; das Wenige, was wir von ihm wissen, haben wir durch das Studium der Traumarbeit und der neurotischen Symptombildung erfahren, und das Meiste davon hat negativen Charakter, läßt sich nur als Gegensatz zum Ich beschreiben. Wir nähern uns dem Es mit Vergleichen, nennen es ein Chaos, einen Kessel von brodelnder Erregung.«[11] In diesem negativen Urteil könnte ein Vorurteil stecken. Es gründet darauf, daß die unbewußte Psyche sich nicht unseren Ordnungsvorstellungen fügt und wir deshalb mit unserem Verständnis, was da vor sich geht, nachhinken. Mit anderen Worten, wir verfügen über keinen Passepartout zum Verständnis der Wirklichkeit dieses »brodelnden Chaos«. Heben sich nicht, so könnte man fragen, ein kontrollierender und kontrollierbarer kritischer Ansatz auf, wo das Objekt ein »Chaos« ist? Dem ist aber nicht durchweg so, das totale Chaos ist nur scheinbar.

Es war einer der großen Erkenntnisschritte, daß es Freud gelang, zwei Qualitäten unbewußter Prozesse voneinander abzuheben. Erstens jenes Unbewußte, das unbewußt geworden ist und das einmal, wie klar umrissen auch immer, bewußt gewesen ist, aber an der Rückkehr ins Bewußtsein gehindert wird. Im Nachvollzug kann man diesen Vorgang als ein Wegschieben von Aufmerksamkeit von den libidinös oder aggressiv besetzten Objekten, Phantasien, etc. beschreiben. Dem Verdrängten bleiben auf diese Weise Züge der Ordnung des

---

11 S. Freud, Studienausgabe Bd. I, S. 511.

Bewußtseins erhalten; z. B. von der Art der Tagesreste des Traumes, jenes unersetzbaren Materials bei der Bildung des Traumes.

Die zweite Qualität »unbewußt«, die Freud benannte, waren die primär unbewußten Prozesse, die nie bewußt waren. Für sie trifft eher die Beschreibung des Brodelns zu. Es rührt von der energetischen Unruhe der libidinösen wie aggressiven – vielleicht destruktiven – Triebbedürfnisse her. Weil dieses Unbewußte nicht für bewußte Reflexion zugänglich ist, kann es auch nie nach der Art des aus der Verdrängung entstandenen komplexen Unbewußten therapeutisch aufgelöst werden. Bestenfalls stimmt das primär Unbewußte den Absichten des sekundären zu und erwartet sich von der dort winkenden Befriedigung zugleich auch eine solche für sich. Es kann aber auch sein, daß sie seelische Lage anderer Kranker, die wir »Grenzfälle« (borderline-cases) zwischen Neurose und Psychose nennen, durch einen Einbruch primärprozeßhafter Strebungen gekennzeichnet ist. Dort haben bereits Einbußen der Realitätsanpassung stattgefunden. Das Selbst dieser Kranken erkennt die Gefahr, die geordnete Realität mehr und mehr zu verlieren und dem Terror eines uneinschränkbaren chaotischen Lustprinzips, das sich als unbeherrschbarer Triebzwang äußert, ausgeliefert zu werden. Man denke etwa an die Zwangsonanie mancher Schizophrener oder – viel weniger harmlos – an ihre durchbrechenden Vergewaltigungs- oder gar Tötungsbedürfnisse.

Unsere Kenntnisse von dem Verhältnis des genuin unbewußten, d. h. bewußtseinsunfähigen Teiles unserer seelischen Tätigkeit (von Freud »System Unbewußt« genannt) zu dem durch Abwehr lebensgeschichtlich entstandenem Unbewußten ist noch lückenhaft. In unserem metapsychologischen Modell ist das Triebgeschehen, mit den Worten Freuds, nach dem Organismus zu »offen«. Die Situation ist durch das psychosomatische Simultangeschehen (durch die leib-seelische Gleichzeitigkeit der Funktionen) gekennzeichnet. Mit den organischen Prozessen sind psychische Vorgänge in steter Wechselwirkung verbunden. Man kann auch formulieren, daß die basalen Lebensvorgänge immer auch in wechselseitiger Beziehung mit psychischen Aspekten verknüpft sind. Auch über dieses System von Regelkreisen, die sich hier bilden, sind wir noch relativ schlecht orientiert.

Damit ist die Frage angeschnitten, ob im Laufe der Geschichte sich die seelische Struktur des Menschen in den verschiedenen Kulturen ungleichartig entwickelt hat, ob etwa in unserer sehr rational akzentuierten Kultur sich die Ich-Kräfte erfolgreich die Energien von Primärprozessen aneignen können, so daß ihnen Sublimierung in größerem Umfang als in der prä-rationalen Menschheitsgeschichte gelingen kann.

Es scheint festzustehen, daß für dieses »System Ubw« nur eine Körpersprache, nicht aber eine Begriffssprache existiert. Das bedeutet, daß das Ich ursprünglich keinen Anteil an den Geschehnissen, welche Aggression und Libido hervorgebracht haben, hatte. Das Ich ist ein späterer Erwerb unserer psychischen Organisation. Seine Positionen sind keineswegs durchgehend gesichert. Ohne die Mitwirkung des Ich ist eine Sozialisation undenkbar. Die einfachsten Verständigungen würden an archaischem Egoismus scheitern.

Erinnern wir uns an Freuds Bemerkung, daß die Triebe unsere Mythologie seien. Die Triebe wirken als die unmittelbaren Träger der Grundfunktionen des Lebens. Gegenüber dem Prinzip der evolutiven Entwicklung vertreten sie die unendliche Wiederholung des Gleichen, ein Prinzip, welches die Konstanz der Arten garantieren soll. Das Ich ist dadurch ausgezeichnet, daß es modifizierend auf diesen starren biologischen Wiederholungszwang einwirken kann.

Wir müssen uns darüber im klaren sein, daß es zwei verschiedene Formen von Verständigung zwischen Menschen gibt; einmal die phylogenetisch übermittelten, arteigentümlichen Ausdrucksmuster, dann eine Verständigungsform, die es dem Indivuum erlaubt, sein individuelles Realitätsverständnis dem Mitmenschen mitteilbar zu machen. Die Psychoanalyse arbeitet an der Erweiterung und Differenzierung dieser zweiten Verständigungsform. Sie ist dazu imstande, weil sie selbst – neben unzähligen anderen Erscheinungen – Ausdruck der Sublimierungsfähigkeit unserer Triebbedürfnisse ist. Durch Sublimierung entstandene Fähigkeiten sind vom ursprünglichen Ziel abgelenkte Triebbefriedigungen. Obgleich also Triebspannung nicht *direkt* erleichtert wird, haftet aus Sublimierung entstandenen Befriedigungsformen nicht der Beigeschmack von Frustration an, sondern geht eher mit dem beglückenden Gefühl einher, Unlust auf kreative Weise überwunden zu haben. Wenn auch durch Sublimierung »Kulturarbeit« geleistet wird, dann ist es eine vergleichsweise lustvolle Arbeit. Die sublimierten Triebbefriedigungen machen sonst im Wiederholungszwang sich aufzehrende Energien frei. Sublimierung ist unseres Erachtens ein von den übrigen Abwehrvorgängen deutlich abgehobenes, eigenes seelisches Leistungsprinzip. Es ist eine Gegenposition zu den psychischen »Primärvorgängen« mit ihrer umweglosen Bahnungstendenz auf die Befriedigung hin, mit ihrem unflexiblen Wiederholungsdrang.

Die Rückkehr von unbewußt Gewordenem – also z. B. von verdrängten Konflikten – ins Bewußtsein wird durch die Zensur verhindert. Die Zensur ist eine Ich-Leistung, die der Verdrängung und Gegenbesetzung funktionell verwandt ist.

Ein Inhalt, der dem Über-Ich nicht zupaß kommt, kann zensiert werden, d. h. er wird von der Verdrängung ergriffen oder verleugnet. Die Kraft der Gegenbesetzung gegen eine ungehinderte Rückkehr ins Bewußtsein hängt unmittelbar vom Kräfteverhältnis zwischen verdrängendem Ich und den Es-Ansprüchen bzw. den Nötigungen durch die äußere Realität ab. Die Zensur ist ein stetig Energie verbrauchender Vorgang. Sie wird um so strikter, je intensiver, gerade in Folge der Verdrängung, unerledigt gebliebene Triebbedürfnisse sich ins Bewußtsein drängen wollen. Im Unterschied zum einfachen Vergessen sind verdrängte Inhalte also niemals unwichtig und unbesetzt.

Um auf sublimierende Weise Triebentspannung in uns selber zustande zu bringen, muß es unserem Ich gelungen sein, eine reflexive Distanz zu den eigenen Triebansprüchen zu errichten. Heinz Hartmann spricht von »konfliktfreier Ich-Sphäre«.[12] Bei dieser konfliktfreien Zone handelt es sich weniger um intersystemische Konflikte, d. h. Konflikte zwischen Ich, Es oder Über-Ich, sondern um intrasystemische Konflikte, also Konflikte zwischen einzelnen Grundfunktionen, die das Ich ausmachen. Hier muß relativer Frieden herrschen, damit das Ich aktionsfähig zur Bewältigung der äußeren Realität wird bzw. bleibt.

Die Tatsache, daß wir von den unbewußten seelischen Vorgängen nur gleichsam wie im Platonschen Höhlengleichnis den Schatten zu erspähen vermögen, hat die Verständigung mit der Psychoanalyse als Wissenschaft, aber auch die Erkenntnisarbeit, die in ihr geleistet wird, ganz erheblich erschwert. Noch in seinem Alterswerk, den »Neuen Vorle-

---

12 H. Hartmann, Ich-Psychologie und Anpassungsproblem. In: Internationale Zeitschrift für Psychoanalyse und Imago XXIV, Neudruck, Stuttgart 1960, S. 14.

sungen zur Einführung in die Psychoanalyse«, schrieb Freud: »Für die Aufnahme, welche die Psychoanalyse fand, ist es sicher nicht gleichgültig gewesen, daß sie ihre Arbeit am Symptom begann, am Ichfremdesten, das sich in der Seele vorfindet. Das Symptom stammt vom Verdrängten ab, ist gleichsam der Vertreter desselben vor dem Ich. Das Verdrängte ist aber für das Ich Ausland, inneres Ausland, die Realität – gestatten Sie den ungewohnten Ausdruck – äußeres Ausland. Vom Symptom her führt der Weg zum Unbewußten, zum Triebleben, zur Sexualität.«[13]

Bis heute ist es eine große Schwierigkeit geblieben, in der psychoanalytischen Ausbildung jene sensible Wahrnehmung zu vermitteln, die es uns ermöglicht, in Bewußtseinsinhalten unbewußte Dynamik zu erkennen. Es geht um den Erwerb assoziativer Freiheit. Sie soll es uns erlauben, ein Symptom nicht allein als einen naturgesetzlichen Ablauf zu sehen (z. B. einen Ausschlag ekzematöser Art nur als eine Antwort auf Allergene), sondern sein Erscheinen in einem Sinnzusammenhang zu verstehen. Wir müssen uns aber eingestehen, daß wir mangels Forschung in großem Stil außerordentlich wenig über diese zweite Ebene unbewußter körpersprachlicher Mitteilung wissen. Noch am ehesten verstehen wir etwas von psychosomatischen Krankheiten; mit anderen Worten von Symptomen, die manchmal, wenn auch keineswegs immer, als neurotische Konversionssymptome verstanden werden können.

Sie erscheinen oft wie ein Blitzschlag, sind ohne Vorboten da. Ein Nesselfieber, ein erster Asthmaanfall entstehen wie eine hysterische Lähmung, wie eine vegetative Krise (ein Herzjagen, ein Bandscheibenvorfall und vieles andere)

---

13 S. Freud, Studienausgabe Bd. I, S. 496.

gleichsam aus dem Nichts. Sie alle stellen urplötzlich entstandene *Symptomerfindungen* dar. So rasch solche Symptome einfallen, so hartnäckig kann sich ihre Auflösung gestalten, vor allem wenn sie nicht als psychosomatische Krankheiten erkannt werden, sondern zu einer Vielfalt von diagnostischen Bemühungen und Therapieversuchen Anlaß geben, die chronifizierend wirken. Wahrscheinlich ist die Zahl der derart verkannten Krankheitsbilder wesentlich größer als die Zahl diagnostizierter Psychoneurosen.

Die Krankheitshäufigkeit psychoneurotischer und psychosomatischer Art ist jedenfalls entschieden größer, als wir annehmen, denn man muß die Dunkelziffer jener Kranken hinzurechnen, die nie einen Arzt aufsuchen, sich aus übergroßen Schuld- oder Schamgefühlen ein Leben lang mit ihren Symptomen herumschlagen. Das trifft insbesondere auf sexuelle Versagenszustände und Perversionen zu.

Ein weiteres Phänomen leistet der Chronifizierung psychoneurotischer und psychosomatischer Krankheiten dadurch Vorschub, daß sich das Ich zur sublimierenden Lösung von Konflikten offensichtlich in vielen Fällen definitiv zu schwach fühlt und auch der Deckung durch den Analytiker nicht vertrauen kann. Das Symptom ist dann durchaus als eine Ersatzlösung, als eine Mischung von Ersatzbefriedigung und Bestrafung erkennbar, aber es erweist sich für eine aufhellende, konfliktaktivierende psychoanalytische Therapie unzugänglich. Hier erzielt möglicherweise Verhaltenstherapie Erfolge. Statt Konfliktbearbeitung verlangt sie unbedingten Gehorsam als Grundlage der Konditionierung; sie gibt dafür den Schutz in der Obhut des idealisierten Therapeuten. Das ist sicher Symptomtherapie und keine große Therapie der Krankheit selbst, aber eben doch besser als gar keine Hilfe.

Knüpfen wir noch einmal an der Bemerkung an, wir könnten das verdrängte Unbewußte nur erschließen. Wenn wir von einem heftigen Angstanfall überrumpelt werden, für den es in der Realität keinen Anlaß gibt, müssen wir auf eine Angstquelle schließen, die unserem Bewußtsein zunächst auch nicht mittelbar zugänglich ist. Die psychoanalytische Behandlung hat uns oft genug bewiesen, daß dieses Schlußverfahren berechtigt ist. Es ist uns in vielen Fällen gelungen, Einsicht in den verdrängten, angsterregenden Inhalt oder in die angsterweckende Szene zu gewinnen. Das ist die Aufgabe des therapeutischen Prozesses, von dem noch zu sprechen sein wird.

Es findet sich aber noch ein weiterer Hinweis auf die fortwährend unbewußte psychische Tätigkeit. Sie gibt sich dabei blitzartig zu erkennen, und zwar in den sogenannten Fehlleistungen. Nach Freud hat niemand noch einmal ein so umfassendes Bild der »Psychopathologie des Alltagslebens« gegeben. In dieser Monographie ist eine Szene beschrieben, die ein Musterbeispiel der stetigen Prägnanz und des unfreiwilligen Witzes unseres Unbewußten ist. Unerkannt und mit intellektueller Raffinesse überspielen dabei unbewußte Mitteilungen die Zensur. Bei einer akademischen Feier, so Freuds Bericht, die zu Ehren einer hohen Autorität veranstaltet wird, gipfelt die Festadresse, die einer der Mitarbeiter vorträgt, in dem Satz »Ich fordere Sie auf, jetzt auf das Wohl unseres Chefs aufzustoßen.«[14] Der Gefeierte, die Festgesellschaft, der Redner selbst, alle wiegen sich in Sicherheit; liebenswürdige Unaufrichtigkeiten werden zu Ehren des Anlasses dargebracht. Da fällt einer – ganz gegen den eigenen bewußten Vorsatz – aus der Rolle, fällt auf Haßgefühle zurück, denen jetzt in diesem Augenblick zu begegnen niemand, am wenigsten er selber,

14 S. Freud, G. W. Bd. IV.

vorbereitet ist. Offenbar hatte man unter dem Hochgepriesenen mehr zu schlucken gehabt, als man jetzt anläßlich der Lobeshymnen ertragen konnte.

Die Peinlichkeit des Versprechens ist zugleich so etwas wie die Karikatur einer heroischen Leistung, nämlich die Kompression all der Unaufrichtigkeiten, die im Verhältnis von Vorgesetztem und Untergebenem enthalten gewesen sein müssen, zu einem einzigen kurzen Symbol, dem Aufstoßen. Wir dürfen die Voraussetzung machen, daß der Mut zum Affront, der hier plötzlich hervorbricht, kein eigentlicher Männerstolz vor Königsthronen gewesen und keiner bewußten Absicht des Ich entsprungen war, sondern einen Sieg frustrierter aggressiver Wünsche darstellt. Das Lustprinzip obsiegt. Die peinlichen Folgen können im Augenblick des Durchbruchs der unbewußten Gefühle nicht beachtet werden.

Im Streit um die Grundfrage der Anerkennung eines unbewußten Seelenlebens hat Freud ein besonders einfaches, aber frappantes Argument eingeführt: ». . . alle die Akte und Äußerungen, die ich an mir bemerke und mit meinem sonstigen psychischen Leben nicht zu verknüpfen weiß, müssen beurteilt werden, als ob sie einer anderen Person angehörten und sollten durch ein ihr zugeschriebenes Seelenleben Aufklärung finden.«[15] Nicht das bewußte Ich rülpst demnach; das »Es« will das Rülpsen im unpassenden Augenblick erzwingen, der für die unbewußte Notlage freilich genau der richtige ist. Wir beschreiben hier eine ganz typische Szene des Lustprinzips mit seiner Verleugnung der Unlust, die aus der Anpassung an die soziale Mitwelt entsteht. Das bewußte Ich versagt in der

15 S. Freud, G. W. Bd. X, S. 268 (erscheint in Bd. III der Studienausgabe).

Unterdrückung eines unpassenden Bonmots, welches beim Auftauchen im Bewußtsein sogleich das Ich beschämen und den Gegner gefährlich provozieren kann.

Das angeborene arteigentümliche Sozialverhalten geselliger Tiere ist Kommunikation primärprozeßhafter Art und schließt Mißverständnisse praktisch aus. Die Selbstverständlichkeit, mit welcher im Schwarm fliegende Tauben oder Stare ihre gemeinsamen Arabesken vollziehen, macht dies mit einem Blick in den Himmel anschaulich. Bei aller Bereitschaft, dem anderen durch Einfühlung in ihn zu folgen, sind dem Menschen schwankende Grenzen der Verständigungsmöglichkeit gesetzt. Jeder von uns hat genügend schmerzliche Erfahrungen, in denen es klar wurde, daß wir den anderen nicht so aus seinem Wesen heraus zu verstehen vermögen, wie es unserer Absicht entspricht. Wie oft wird es ausgesprochen, dieses ohnmächtige, enttäuschte »Ich-kann-Dich-nicht-verstehen«. Die Eltern sagen es zum Kind, wenn es nicht zu lernen vermag. Der Liebende sagt es, wenn er Zeichen der Lieblosigkeit des Partners vor sich nicht länger verleugnen und deren Ursache nicht begreifen kann.

Das ist die private Ebene, in der intuitives Verständnis endet. Sie ist aber nicht die einzige Einschränkung unserer Einsicht in den anderen. Indem wir zu unterschiedlichen Kulturen, zu verschiedenen Schichten ein und derselben Gesellschaft gehören, sind es größere oder geringfügigere Anlässe, in denen unser Verständnis versagt.

Diesmal sind es Sitten, Vorurteile, welche wir erlernt haben, und die uns, wenn wir ihnen folgen, zur Verständnislosigkeit geradezu verpflichten. Meist bezieht sich unsere so erworbene Verständnislosigkeit auf Gruppen von Menschen, von denen wir gemäß *Vorurteil* von vornherein annehmen, daß mit ihnen eine Kontaktaufnahme unmöglich oder zwecklos sei. Jeden Tag lesen wir in der Zeitung unterschiedliche, aber jeweilig vorherzusehende Beurteilungen eines und desselben Vorfalls durch konservative oder sozialistische Politiker oder wie immer die Opponenten sich bezeichnen mögen. Durch solche Informationen werden wir fortgesetzt in der Beibehaltung unserer Vorurteile bestärkt. Zugleich freilich sind in unser politisches System zaghaft Korrekturen dieser schieren Schwarz-Weiß-Antithese eingedrungen, welche die meisten Schauplätze der Weltgeschichte bisher beherrscht hat. Seit ein bis zwei Jahrhunderten lernen wir nicht nur machtpolitisch egoistisch zu denken, sondern Machtpolitik in Kompromissen auszuhandeln, was freilich die denkbar größten Katastrophen, die sich zur gleichen Zeit ereignet haben, nicht verhindern konnte.

Diese Identifikation mit so viel verschiedenen Werthierarchien und Lebensstilen, an die wir uns oft unter schwersten Skrupeln anpassen sollen, sind nicht Sache des freien Willens des einzelnen, sondern der jeweiligen Kraft der Gruppen, die sich ihm aufdrängen. Was ein Ketzer, wer ein Renegat, ein Barbar ist, das wird uns von unserer Gesellschaft, von unserem Jahrhundert vorgeschrieben. Man denke an das Konzil von Nicäa mit seiner Diskussion über die Frage, ob die Frau als voller Mensch angesehen werden dürfe, oder an die Überzeugung der europäischen Eroberer des 18. und 19. Jahrhunderts, daß die unterworfenen Völker »anders« seien, will heißen höchstens menschenähnlich, in jedem Fall aber unmündig, weshalb man ihnen zum Zwecke der möglichst vollständigen Zerstörung ihrer eigenen Kultur mit dem Kolonialbeamten den Missionar schickte. Wer nicht glaubt, was ich glaube – als anerkanntes Mitglied von Gruppen –, der ist nicht nur anders als ich, sondern ist zu allererst einmal als mein Feind zu betrachten.

Der Weg zur Einfühlung ist also nicht frei begehbar, als hinge es nur von mir allein ab, ob und inwieweit ich mich einfühlen kann und wo dem Grenzen gesteckt sind. Wir alle haben uns durch Kindheit und Jugend zu Vertretern der jetzt lebenden Kulturen mit ihren zahllosen Gruppen herausgebildet, ohne viel Aufmerksamkeit auf diesen fortwährenden Angleichungsvorgang zu verwenden. Reflexion, Selbstwahrnehmung ist erst ein später Vorgang im Erwerb psychischer Reife. Von der weitaus größten Zahl der Menschen wird sie nicht erreicht und nicht erstrebt. Sie bleiben Kinder ihrer Kultur, ihres Zeitalters im buchstäblichen Sinn. Alle unsere Sozialformen sind daraufhin angelegt, Individuen auf einen gemeinsamen Code zu verpflichten, wie andererseits der Verlauf der sozialen Identitätsfindung davon abhängt, welche Gruppen mit welchen Meinungen und Forderungen der einzelne in seiner Umwelt vorfindet.

Aber er kann nicht, um diese Banalität nicht aus den Augen zu verlieren, ohne Gruppenbezüge und nicht ohne individuelle Freundschaften, Feindschaften, Sympathien und Antipathien leben. Unzählige Beispiele, die jeder beobachten kann, zeigen uns, daß z. B. manche Ehe einfach deshalb sinnlos weiterläuft, weil die Partner es nicht wagen, aus der Gruppenbindung der bürgerlichen Ehe auszutreten und abzuwarten, ob sich ihnen andere erträgliche Chancen des Zusammenlebens eröffnen. Für viele stellt die zu erwartende Zukunft, ohne eine Bindung an die Primärgruppe Familie leben zu müssen, eine so unerträgliche Aussicht dar, daß sie formale Bindungen aufrechterhalten, auch wenn sich längst gezeigt hat, daß man sich nichts zu sagen hat. Vielleicht noch ärger: man hat eine Negativform von Gemeinschaft entwickelt, ein stetiges sadistisches Sich-aneinander-rächen, weil es einem mißlungen ist, einander zu lieben. Unbewußte Steuerungen bewirken dies und lassen dem Individuum kein Entrinnen aus dem Wiederholungszwang. Er scheint ihm immer noch besser als das Alleinsein.

Wir müssen damit rechnen, daß nach einer sehr langen Evolutionsperiode, in der individuelle Einfühlung, d. h. vertieftes Fremdverständnis, überhaupt erst erlebbar wurde, abermals ein sich lange hinziehender historischer Prozeß nötig sein wird, um durch erstarkte Ich-Leistungen ein vertieftes Verständnis, diesmal über Gesellschafts- und Kulturschranken hinweg, zu ermöglichen. Dieses Geschehen muß auch dann noch standhalten, wenn wir mit Konflikten konfrontiert werden. Es sollte dann keine Regression vollzogen werden im Dienste der Uniformierung, sondern immer noch Besonnenheit und, wie Freud formulierte, «*probende Denkarbeit*» anerkannt und möglich bleiben. Dies aber, so ist leicht einzusehen, wird sich nur verwirklichen lassen, wenn Einsicht nicht an den Grenzen der bisherigen Bewußtseins- und Verstehensinhalte haltmachen muß, sondern wenn gerade die unverständlichen, vielleicht provozierenden Inhalte, Verhaltensweisen, Meinungen, Zielsetzungen, denen man begegnet, auf der eigenen Seite nicht unweigerlich Vorurteile hervorlocken, sondern Nachdenklichkeit oder doch zumindest Selbstbeherrschung. Das taktische Ziel besteht darin, unsere Gesellschaft durch individuelle Denkarbeit darauf vorzubereiten, in den Krisen, in die sie gerät, verstärkt Ich-Leistungen, z. B. Lernenergie, freizusetzen. Eine derartige Ich- und Selbsterweiterung setzt voraus, daß der Frontverlauf zwischen Konfliktabwehr und innovatorischer Neugierde als veränderbar aufgefaßt wird. In der Tat: »Wo Es war, soll Ich werden«[16]; und, möchte man hinzufügen: auch bleiben.

16 S. Freud, Studienausgabe Bd. I, S. 516.

Wenn wir soeben von Selbsterweiterung sprachen, so ist damit an eine wachsende Integrationskraft des Ich gedacht, die sich an manchen Stellen rasch, in mancher Hinsicht kaum entwickelt hat. Erwünscht ist Differenzierung und Erweiterung der konfliktfreien Sphäre des Ich, Verfeinerung der empathischen Selbst- und Fremdwahrnehmung. Manche Zeichen weisen freilich darauf hin, daß dies kein einseitig gerichteter, sondern ein von Rückschlägen bedrohter Vorgang ist. In neu sich bildenden historischen Lagen, für die wir über keine Vorerfahrungen der Meisterung verfügen, können wir uns mit den neuen technischen Mitteln rasch informieren. Eine irgendwo im Entstehen begriffene Hungersnot wird uns nicht entgehen, aber wir verfügen über keine ausreichende Über-Ich-Leistung, die uns zu angemessener Hilfe motivieren würde. Unsere Über-Ich-Kapazität reicht nicht aus, um unser Gewissen einschließlich unserer Intelligenz nachdrücklich genug in Bewegung zu bringen. Im Verlauf der unkontrollierten Vermehrung der Menschheit haben sich Großgesellschaften gebildet, die erneut mit den Techniken der Ich-Schwächung, der passiven Anpassung regiert werden. Vielleicht sind sie aber, so muß man sich fragen, nur mit extremem Sozialgehorsam am Leben zu erhalten. Man denke an Mao Tse-tungs Erfolg.

Schließen wir diese fragmentarischen Bemerkungen über das Unbewußte mit der Erinnerung daran, daß Freud seine Kenntnisse über unbewußte seelische Prozesse der Entzifferung von Trauminhalten und Konversionssymptomen verdankte. Der Traum wie auch die klassische Konversionsneurose liegen jedoch eher abseits von der Interessenrichtung der gegenwärtig forschenden Psychoanalytiker. Es scheint immerhin bemerkenswert, daß jenseits der Psychoanalyse eine psychotherapeutische Schule – die Verhaltenstherapie – für ihre Zwecke die Erforschung des Unbewußten überhaupt aufgeben konnte. Man ist also wieder so weit wie im Jahre 1900 vor Erscheinen der »Traumdeutung« Freuds. Hat sich die unbewußte Region des Seelischen unbequemer, allzu nahe beobachtender Eindringlinge erwehrt?

Der Eindruck scheint nicht abwegig, daß die Analyse unbewußter Vorgänge den Umgang mit einer hoch aktiven psychischen Struktur unausweichlich macht. Um es zu wiederholen: das Unbewußte darf nicht in fester Eingrenzung gedacht werden; es umfaßt Teile der Über-Ich- und Ich-Leistungen und enthält sowohl unbewußt gewordene Inhalte wie solche, die nie bewußt waren. Die Argumente, die für die Abwendung des Forschungsinteresses von klassischen Gebieten der Psychoanalyse vorgebracht werden, klingen sozial. Es sieht so aus, als könne man, von der Symptomheilung her beurteilt, Heilung mit lerntheoretischen Methoden viel leichter erreichen als mit der schwerfälligen Psychoanalyse. Was die Schwerfälligkeit betrifft, so ist an dieser Vorhaltung gewiß einiges berechtigt. Sie wird aber mehrfach durch die Einsichten aufgewogen, die uns die Psychoanalyse über das unbewußt gesteuerte Verhalten des Kulturmenschen vermittelt hat.

Die Psychoanalyse ist schwerfällig, denn es fällt dem Menschen schwer, seinen Es-Kräften die Energie, die das Ich benötigt, abzuringen. Das bedeutet also, daß die innere Ökonomie der psychischen Persönlichkeit verbessert werden muß. Nicht zu viel Kraft soll an den Grenzen der Zensur mit Abwehr verbraucht werden; vielmehr gilt es, die Position des Ich selbst zu verbessern, denn seine Lage ist nicht sehr ersprießlich.

# IV
# Psychoanalyse als Prozeß I

In dem vorangegangenen Kapitel haben wir im Phänomen des
»Unbewußten« einen zentralen Bereich der psychoanalytischen Beobachtung und Forschung wenigstens in Umrissen
skizzieren können. Das heutige Thema ist ebenfalls typisch
psychoanalytisch. Es behandelt die Tatsache, daß Psychoanalyse sich als Prozeß vollzieht. Darin ist sie vielen anderen
Prozessen im Bereich des Lebendigen ähnlich. Der psychoanalytische Prozeß ist durch einen besonders intensiven Aus-
tausch von Wahrnehmungen der äußeren und Wahrnehmungen der inneren Realität eines Menschen gekennzeichnet.
Wahrnehmungskorrektur sowie Wahrnehmungserweiterung
– nach innen wie nach außen – sind technische Grundleistun-
gen der Analyse. Beide sind nicht beliebig erreichbar und
ausdehnbar. Unbewußt wirkende Widerstände schränken sie
ein.

Wären wir in der Selbstwahrnehmung weniger gehindert,
als wir es gewöhnlich sind, dann könnten wir unsere blinden
Flecken in unserer Selbstwahrnehmung müheloser auffinden,
als dies tatsächlich der Fall ist. Hier gilt es, Lernstörungen von
ganz besonderer Hartnäckigkeit zu überwinden, etwa das oft
traurige Faktum, aus der eigenen Lebensgeschichte nicht hin-

länglich lernen zu können. Die Qualität solcher »Beschränkt-
heit« gilt es herauszufinden.

Die soziale Mitwelt, in der wir uns bewegen, ist affektiv
belebt und gefärbt. Sehr häufig stellen wir rückblickend verwundert die Tatsache fest, daß wir unter dem Druck emotio-
neller Spannung Teile der Realität gar nicht ungestört wahrnehmen können. Eigene affektive Urteilsbildungen verstellen
uns den Weg. Sie vollziehen sich schneller als unsere bewußte
Wahrnehmung, die dann bereits auf ein von diesen Vorurteilen affektiv vorbereitetes Feld gerät. So unendlich verbreitet
diese Phänomene sind, die Vereitelung der kritischen Realitätsprüfung oder mindestens ihre deutliche Erschwerung ist,
genau besehen, als »Symptom« zu werten, d. h. als ein Verhalten, das als Signal eines jedenfalls im Augenblick unbewußt bleibenden Konfliktes anzusehen ist. Die Symptome
sind der jeweils sichtbare Teil des Eisbergs. Symptome solcher Art sind die der Beobachtung und Deutung noch zu-
gänglichsten Repräsentanten der unbewußten Seelentätigkeit. Präziser gesprochen, Symptome repräsentieren ein
Triebgeschehen, welches nur im Kompromiß mit anderen
seelischen und nicht-seelischen Anforderungen sich bemerkbar machen darf.

Die Psychoanalyse stellt metapsychologische Hypothesen
über seelisches Geschehen auf. Sie arbeitet aber nicht allein
mit einer Triebhypothese, sondern daneben noch mit der
Annahme seelischer Kräfte, welche wir unter dem Begriff des
»Ich« zusammenfassen und die sich sowohl konform *mit* wie
dialektisch *zu* den Triebbedürfnissen verhalten können. Der
Begriff »Metapsychologie« stammt von Freud. Er schlägt
vor, eine Darstellung sollte metapsychologisch genannt werden, »wenn es uns gelingt, einen psychischen Vorgang nach
seinen dynamischen, topischen und ökonomischen Bezie-

hungen zu beschreiben«.[1] Zum Begriff »Topik« ist noch zur Klärung hinzuzufügen: »Unsere psychische Topik hat vorläufig nichts mit der Anatomie (einer anatomischen Lokalitätenlehre [der Verfasser]) zu tun; sie bezieht sich auf Regionen des seelischen Apparates – wie bw. und ubw. –, wo immer sie im Körper gelegen sein mögen und nicht auf anatomische Örtlichkeiten.«[2]

Um die kritische Wahrnehmung der unbewußten Anteile unserer Psyche erweitern zu können, mußte eine Methode erfunden werden, mit deren Hilfe es gelang, die Abwehr gegen konfliktschaffende unbewußte Inhalte zu schwächen und sie damit durchlässiger zu machen. Das Bewußtsein kann uns offenbar über die in ihm auftauchenden Inhalte nicht das aussagen, was wir gerade erfahren möchten. Es ist korrekt zu sagen, daß die Nutzung der absichtslosen, der »freien« Einfälle, die Durchlöcherung der sonst geschlossenen Abwehrtaktik des Ich gegenüber unbewußten Inhalten ermöglicht hat. Der Verzicht auf einen »roten Faden« des Denkens erbrachte zunächst unzusammenhängend erscheinende Gedankenfetzen. Bei geduldiger Beobachtung gelang es aber doch herauszufinden, daß sie in der Richtung der unerledigten, aber verdrängten Konflikte lagen.

Freie Einfälle stellen sich nur dort ein, wo es uns gelingt, im Zustand einer Absichtslosigkeit zu verweilen, wie wir dies aus unseren Tagträumen kennen. Auch von den im Alltag immer bereit liegenden Rollen müssen sich Patient und Analytiker freizuhalten bemühen, um das Aufsteigen rollenungehöriger Einfälle nicht zu hindern. Was angestrebt wird, ist also eine meditationsähnliche, auf innere Objekte gerichtete

---

1 S. Freud G. W. Bd. X, S. 281 (erscheint in Bd. III der Studienausgabe).
2 S. Freud, ib., S. 273 (erscheint in Bd. III der Studienausgabe).

Beobachtung. Auf die Fähigkeit, absichtslos warten zu können, kommt es an.

In einem früheren Kapitel haben wir schon vom Ergebnis dieser Mühe gesprochen. Sie ermöglicht es uns, den rasch sich einstellenden Sympathie- oder Antipathiegefühlen zuvorzukommen, was einige technische Ausdauer erfordert. Wir können dadurch echte Vorurteile zurückzuhalten erlernen. Auch das Freimachen von Rollenerwartungen, die uns angeboten werden, gehört in diesen Zusammenhang. Nicht zuletzt auch muß uns die Rolle, die wir selber spielen – vor den anderen und vor uns selbst –, schrittweise im Sammeln freier Einfälle fragwürdig werden.

Daß der Analysand bei dem Introversionsgang des Erinnerns, der Selbstwahrnehmung, des Wiederauftauchens verdrängter Stücke seiner Lebensgeschichte auf der Couch liegt, ist der natürliche Ausdruck dieses Sich-nach-innen-kehrens. Das Aufknüpfen der Verknotung von Ich und Rolle ist ein die Psychoanalyse begleitender Prozeß; er liefert bildlich gesprochen das Material, durch welches es gelingt, Urteile, Gefühle, Ängste zu korrigieren. Ob der Analysand mit dieser zeitweisen Entlastung von der Verarbeitung äußerer Realität, von dieser Rückzugsmöglichkeit in die innere Realität Gebrauch zu machen lernt, ob es ihm gelingt, inneren Ängsten ohne den Zwang zum Agieren zu begegnen, ob er beginnt, seine Rollenanpassungen, wo sie ihn unproduktiv machen, zu korrigieren, wie er das Problem seiner Identität in diesen Umbauvorgängen zu verstärken vermag oder zu verlieren droht – das bleibt in das Vermögen dieses Individuums gestellt, aber es ist ohne Zweifel ein Teil des psychoanalytischen Prozesses, dessen Mühen niemandem, der sich ihm anvertraut, erspart bleiben können.

Es ist ein grobes Mißverständnis, zu glauben, die Psychoanalyse hänge, weil sie nicht Partei nimmt, am Vorurteil wert-freier Wissenschaft. Wir kommen gegen Ende dieses Kapitels noch darauf zurück. Zunächst heben wir nur hervor, daß die Psychoanalyse prinzipiell ein »endloser«, d. h. lebenslang sich fortsetzender Prozeß sein kann und sein sollte, wenn einmal die Fähigkeit erworben wurde, Sensibilität für eigenes unbewußtes Geschehen wie das seiner Mitmenschen zu ent-wickeln. Innerhalb der Analyse kommt es überhaupt nicht darauf an, daß jemand, sei er Analytiker, sei er Analysand, zu einer religiösen oder politschen oder wissenschaftlichen Auf-fassung bekehrt wird, sondern darauf, daß der Prozeß der Analyse den Spielraum des Individuums vergrößern soll. Spielraum soll heißen Erweiterung der Wahrnehmung von Affekten und Ängsten, weiter: Entwicklung der Fähigkeit, alternative Haltungen und Einstellungen zu den eigenen nicht nur ertragen, sondern auch einnehmen zu können. Wenn der Patient im Laufe der psychoanalytischen Behandlung erin-nernd oder aktuell in eine affektive Erregung gerät, dann nimmt der Analytiker nicht in *der* Art an seinem Patienten teil, in der er das im Alltag tun würde, wenn ihn das Schicksal eines Freundes oder der Ärger eines Bekannten oder die Schwierigkeiten seiner Kinder berührten und nicht »kalt« lassen. Er wird z. B. keinen Rat geben; er reagiert nicht unmittelbar. Er stellt sich aber auch nicht tot, um auch dieses Mißverständnis zu beseitigen, sondern er versucht, den Sinn der unbewußten Bedeutung dessen, was da vor seinen Augen vor sich geht, zu ergründen.

Ich habe dabei gefunden, daß Analytiker sich nicht in jeder Hinsicht freimachen können. Wo sie vorurteilshaft reagiert haben, können sie dies bei einiger Sensibilität an den Folgen, d. h. an den mehr oder weniger deutlichen Reaktionen ihrer Patienten, erkennen. Die Bereitschaft mancher Analytiker, sich zu korrigieren, ist zuweilen nicht groß. Das ist für den Prozeß der Analyse überaus schädlich. Analytiker, die in ihrem »Privatleben« streng gläubig sind, sei es in religiöser oder politisch-ideologischer Hinsicht, sind besonders gefährdet, durch direkte Beeinflussung den Patienten in regressive Positionen zu manipulieren, in denen er sich dann sozusagen den Erwartungen seines Analytikers ergibt. Das muß sich nicht als grobes Missionieren äußern, kann vielmehr in der geduldeten Wiederbelebung von infantilen Allmachtsphantasien durch den Patienten bestehen, die er auf ein allmächtiges Wesen – seinen Analtiker – verschoben erlebt. Es kann sehr schwer sein, das untergründige Bündnis zwischen verführendem Analytiker und zum Agieren bereiten Patienten zu entdecken. Der Patient macht mit, weil er statt des Unlust weckenden Auftrags zu erinnern eine Belohnung, eine Prämie erhält.

Wenn Freud zunächst davon gesprochen hat, der Psychoanalytiker müsse wie ein Spiegel sein, dann bedeutet das von vornherein keine Anweisung zu fühlloser Neutralität. Im Gegenteil, Empathie, Einfühlung spielen im analytischen Prozeß die entscheidende Rolle. Der Analytiker muß über Einfühlungsfähigkeit verfügen, um die Not seines Patienten zu verstehen. Er muß aber auf der anderen Seite stets so viel kritischen Überblick behalten, daß es ihm möglich bleibt, die Zügel aufzunehmen, wenn der Patient sie zu verlieren droht. Der Analytiker kann ihm bei der Bewältigung von Triebwünschen beistehen, er kann ihm helfen, sich einem rachsüchtigen Über-Ich entgegenzustellen und neurotische Selbstanklagen zu entkräften. Prinzipiell muß er dem Patienten gegenüber einen rationalen Vorsprung, d. h. größere Übersicht über dessen irrationale Ängste und Konflikte, besitzen, so daß dieser in der Identifikation mit der größeren, die Zusammenhänge erkennenden Freiheit des Analytikers selbst ein Stück kritischen Abstand zu sich gewinnen kann. Diese Funktion des Hilfs-Ich wiederum kann der Analytiker nur dann ausüben, wenn er es lernt, sich Schritt um Schritt in die Konfliktlage seines Patienten einzufühlen.

Ein technisches Hauptziel der Psychoanalyse ist es, auf dem Weg der Erinnerung und Rekonstruktion vergessener Erlebnisse Zusammenhänge wiederherzustellen, die in der Lebensgeschichte des Patienten verloren gegangen waren. Dabei sei betont, daß »Erinnern« im analytischen Prozeß immer das Erinnern erlebter Gefühle einschließt. Es geht also nicht nur um ein szenisches Erinnern, eher um ein Erinnern der dramatischen Einheit von Handlung und Gefühl.

Wir alle erinnern uns an unsere Kindheit, aber auch an Affären, die weniger weit zurückliegen, nur bruchstückhaft. Wir erinnern uns um so unvollständiger, je mehr mit der Erinnerung erniedrigende, unwürdige, schuld-, scham- und angsterweckende Erfahrungen verknüpft sind. Freud hat (wie schon erwähnt) die psychoanalytischen Versuche der Rekonstruktion mit der Archäologie verglichen. Der Vergleichspunkt ist das Eindringen in tiefere Schichten. Freilich, meint Freud, habe der Psychoanalytiker dem Archäologen gegenüber den wahrhaft unvergleichlichen Vorteil, daß er mit »lebendigem Material« arbeitet und daß er die Hilfe dessen, den er untersucht, um ihn besser zu verstehen, erwerben kann.

Unsere recht unvollkommene Darstellung der Vorgänge zwischen zwei Subjekten in der Psychoanalyse mag eine Ahnung davon vermitteln, was dieser psychoanalytische Prozeß denn nun eigentlich sei. Mit der Vorstellung vieler Leute, die den Prozeß nicht begriffen haben und z. B. glauben, die Psychoanalyse sei eine Technik, den Analysanden gleichsam zu beschwatzen, hat er gewiß nichts zu tun. Das läßt sich am

Phänomen der Deutung gleich eingangs nachweisen. Oft gibt der Analytiker eine Deutung, die ihm nach reiflicher Überlegung einleuchtend vorkommt. Er erlebt aber in der Reaktion seines Patienten nichts, was zeigen würde, daß auch jener beeindruckt ist. Jeder Analytiker entdeckt sehr rasch, daß er es hier mit einer genuinen Schwierigkeit der Technik zu tun hat, der Technik, *annehmbar* zu deuten. Er wird bald auf eine Reihe von Erfahrungen zurückblicken, in denen seine – wie sich später herausstellt, durchaus korrekten – Deutungen im Augenblick, in dem sie gegeben wurden, nicht wirkten. Das ist das eigentümliche Risiko des Analysierens; es liegt u. a. auch im richtigen »timing« der Deutung. Die Absicht einer Deutung besteht darin, einen bis dahin unbeachteten oder irrationalen Zug im Verhalten als sinnvoll zu verstehen und diesem Sinn gemäß zu interpretieren. Es bleibt dabei für den Analytiker immer wieder überraschend, entdecken zu müssen, daß solch eine Deutung auch auf einen Patienten, der gut mitarbeitet, keinen merklichen Einfluß auszuüben braucht. Was hindert ihn, sich die Deutung aneignen zu können? Entweder ist der Widerstand, der hier ins Spiel kommt, dem Ich zuzuschreiben, das sich darum bemüht, das seelische Gleichgewicht (um das es meist prekär bestellt ist) aufrechtzuerhalten. Z. B. kann der falsche Augenblick zur Deutung gewählt worden sein (falsches timing also). Oder aber der Analytiker hat eine in der Tendenz richtige Deutung gegeben; es ist ihm aber nicht gelungen, dabei an die aktuelle Situation des Patienten anzuknüpfen. Es gibt eben in der Analyse, ganz im Gegensatz zum Orakel oder zum Aberglauben, keine generell richtigen Deutungen, sondern immer nur solche, die mehr oder weniger treffend an die individuellen Lebenserfahrungen des Individuums sich anschließen. Die Wirkung einer treffenden Deutung kann aber auch vom wachsenden Widerstand her durchkreuzt werden. Auch für die psychische Organisation gelten biologische Prinzipien; auch sie trachtet sich von Erschütterungen frei zu halten, Unlust wie Gefühle der Unsicherheit zu vermeiden, und fängt gewissermaßen die als Aggression und Einbruch empfundene Deutung mit den ihr zur Verfügung stehenden Abwehrmechanismen ab. Es ist doch sehr eindrucksvoll zu sehen, was Analysanden alles von einer Stunde zur nächsten, von einem Tag zum anderen, wie sie meinen harmlos vergessen, in Wahrheit verdrängt haben.

Im Hinblick auf die Deutungsproblematik lassen sich hier zwei Grundsituationen beschreiben, in denen Analytiker und Analysand einander verfehlen. In der einen ist die Reaktion des Patienten auf eine vom Analytiker als eindrucksvoll empfundene Deutung mager. Man könnte schließen, die ganze Sache sei für den Patienten höchst randständig und eher bedeutungslos. Der Analytiker verfolgt dann unter dem Eindruck dieser Reaktion das Thema in seinen Gedanken nicht weiter. In späteren Phasen der Analyse zeigt sich dann aber doch, daß er auf der richtigen Fährte war. In der zweiten Situation hat der Analytiker nun tatsächlich eine »falsche« Deutung gegeben, d. h. er hat die unbewußten Mitteilungen des Patienten diesem nicht in einer zutreffenden Weise dechiffriert zurückgegeben. Der Patient fühlt sich dann unverstanden. Während im ersteren Fall der Patient unbemerkt den Abwehrmechanismus der Verleugnung oder Isolierung benutzt – er verhält sich so, als ginge ihn die Sache nichts an –, stellt sich im letzteren Fall eine Lustlosigkeit ein. Die ganze Episode ist dann, um im Jargon zu sprechen, schnell »gestorben«. Aber untergründig setzt sich beim Patienten ein Gefühl der Angst fest, er fürchtet, die Analyse könne ihm in seinen Problemen schließlich doch nicht helfen.

Die Wirkung von Deutungen basiert nicht nur auf dem Erkennen der Vergangenheit und vorangegangener psychischer Prozesse, sie wirkt in mannigfaltiger Weise auch in die Zukunft. Eine zu massive Deutung, der der Patient nicht gewachsen ist, kann für lange Zeit die gesamte Übertragungssituation, d. h. das spezifische Vertrauensverhältnis zwischen Analysand und Analytiker, ungünstig beeinflussen. Fällt z. B. eine Deutung in eine Phase, in der sich bereits eine negative Übertragung entwickelt hat, so kann sie (manchmal unvermeidlich) wegen ihrer treffenden Einsicht nicht etwa mit Erleichterung aufgenommen werden, sondern Anlaß zu einer paranoiden Projektion auf einen diesmal feindselig-allgegenwärtigen, allwissenden, aufdringlichen Analytiker werden. Oder aber sie kann eine Phase der Regression auslösen, in der präverbale Befriedigungen erhofft werden, statt der unerquicklichen und mühseligen Auseinandersetzung mit den Vorgängen in der inneren und äußeren Realität.

Der Analytiker wird also sehr geduldig abwarten müssen,

a) ob seine Beobachtung korrekt war oder ob erst weitere Beobachtungen neue Einsichten eröffnen werden;

b) wird sich der Analytiker fragen, ob er seine Deutung so formuliert und zeitlich auf die innere Situation des Analysanden abgestimmt hat, daß sie für diesen akzeptabel war. Da das Deuten in der Analyse eine zentrale Rolle spielt, sind im Laufe der Zeit eine Reihe von Vorschlägen zu ihrer Technik gemacht worden. Der Analytiker Wilhelm Reich z. B. hat in seinem Buch »Charakteranalyse«[3] eine hartnäckig ausgeübte Methode empfohlen, den Patienten durch Deutung zu provozieren und nachdrücklich zu beunruhigen. Damit sollte der Patient gezwungen werden, sich mit dem Analytiker ausein-

---

3  W. Reich, Charakteranalyse. Frankfurt 1973.

anderzusetzen, und zwar mehr in einer negativen Übertragungsneurose als einer lustvoll-idealisierenden. Das deutliche Dominieren des Analytikers in dieser Technik läßt sie trotz nicht zu leugnender Erfolge (insbesondere bei Patienten masochistischer Charakterprägung) fragwürdig erscheinen. Sie kann nur als *eine* Technik neben anderen Beachtung verlangen; ihre wahllose Anwendung würde Unheil heraufbeschwören. Vor allem stört sie die Möglichkeit des Patienten, frei zu assoziieren.

Heinz Kohut[4] empfiehlt bei vielen Patienten das Gegenteil: nur wenn man die idealisierende Übertragung narzißtisch gestörter Patienten über lange Zeit ohne behindernde Deutung zuläßt, wird man die dahinter liegenden Defekte und Bedürfnisse des Patienten verstehen und ihm schließlich helfen können.

Freud selbst hat nie zu gewalttätigen oder einseitigen Mitteln bei der Handhabung der Übertragung Zuflucht genommen. Vor allem scheint ihm immer klar gewesen zu sein, daß Hypothesen aller Art nach einer Phase, in der ihre Entdecker sich große Hoffnungen machen und viel Beifall finden, oft in überraschend kurzer Zeit sehr bezweifelt werden und wenig von ihrer ursprünglichen Siegesgewißheit behalten. Ein augenfälliges Beispiel dafür bietet die Medizin mit der Geschichte ihrer Wundermittel, die sich nach einiger Zeit wie die Propheten als falsch erwiesen. Je weniger der Analytiker – auch seinerseits unbewußt – an der Rolle des charismatischen Heilers festhält, desto eher wird es ihm gelingen, sich auf die Probleme seiner Patienten zu konzentrieren. Je gelassener und angstfreier er dem Strom der freien Assoziation zu folgen

---

4 Vgl. H. Kohut, Die psychoanalytische Behandlung narzißtischer Persönlichkeitsstörungen. In: Psyche XXIII, 1969, oder: Narzißmus, Frankfurt 1973.

vermag, desto weniger muß er besorgt sein, sich durch »Tricks« selbst den Wert seiner Arbeit zu beweisen. Otto Ranks Theorie[5], daß alle innerseelischen Konflikte auf das Trauma der Geburt zurückzuführen seien und bei richtiger Behandlung in Neunmonatsfrist ausgetragen, d. h. kuriert würden, war ein Beispiel derartiger überwertiger Ideen, die im übrigen nicht nur in der Psychoanalyse, sondern in der Geschichte der Medizin und überhaupt in der Geschichte der Menschheit eine große Rolle gespielt haben und weiterhin spielen.

In einer glückenden Analyse vollzieht sich ein Prozeß des wechselseitig vertieften Verstehens. Der Patient lernt an der Tatsache, daß sein Therapeut nicht mit den zum Rollenstereotyp des Arztes gehörenden Reaktionen antwortet, mit seinen eigenen Reaktionen sorgfältiger umzugehen. Die Gelassenheit des verständnisvollen Analytikers trägt einen starken Anreiz zur Identifikation für den Patienten in sich. Leider geht ein entsprechender Anreiz zur Identifikation auch von Analytikern mit einem starken sadistischen Persönlichkeitsanteil auf jene Patienten aus, die eine gleiche Neigung mitbringen oder sie durch masochistische Reaktionsbildungen abgewehrt haben.

Auf den Analytiker blickend – auf seine Chancen und seine Grenzen – könnte die Definition seiner Funktion etwa lauten: Es ist seine Absicht, die bewußten Ich-Kräfte seiner Patienten zu stärken, ihre Angst vor irrationalen Triebbedürfnissen und Schuldgefühlen zu verstehen und sie dadurch langsam der Reflexion zugänglich zu machen. Schließlich will er dazu beitragen, daß sich das Ich seiner Patienten vom

---

5 Vgl. O. Rank, Das Trauma der Geburt und seine Bedeutung für die Psychoanalyse. Leipzig/Wien/Zürich 1924.

versteinernden Wiederholungszwang befreien kann. Das Ziel in diesem analytischen Prozeß läßt sich dreifach beschreiben.

Erstens bringt die psychoanalytische Arbeit Schritt für Schritt Einblick in unerwartete Perspektiven unserer eigenen Lebensgeschichte. Der psychoanalytische Prozeß bewirkt, daß wir z. B. Gefühle, die wir bisher nur in der Projektion auf andere Menschen erleben konnten, mit unserer eigenen Lebensgeschichte in Zusammenhang zu bringen vermögen. Die Übertragung genannte Beziehung zum Analytiker gibt uns Schutz, wenn wir uns mit unseren eigenen Gefühlen, die uns bisher fremd waren, weil sie aus einem Nicht-Ich zu kommen schienen, zu beschäftigen beginnen. Der psychoanalytische Prozeß hilft uns generell, zu einem konsequenteren Verständnis unserer selbst zu kommen, als wir es bisher erreichen konnten. Das Ziel des Prozesses ist auf die Psychogenese hin ausgelegt, und zwar im Sinne der Ontogenese, im Sinne der Rekonstruktion der Persönlichkeitsentwicklung. Wenn Freud die Psychoanalyse mit der Archäologie verglich, so ist noch auf einen weiteren als den erwähnten Unterschied hinzuweisen. Viele unserer Erfahrungen, vieles, was wir – oft chronisch – von Kindheit an erleiden mußten, ist z. B. durch die Arbeit des Verdrängens ins Unbewußte abgeschoben worden. Es ist aber, wie wir wissen, nicht abgestorben, vielmehr bleibt es – mehr als eine Ruinenstadt – aussagekräftig. Wir haben das unterirdische Wurzelgeflecht, die Infrastruktur, mit deren Hilfe viele oft antagonistisch wirksame Triebbedürfnisse sich Befriedigung verschaffen wollen, noch in Funktion vor uns.

Das zweite Ziel: vor der Anknüpfung des Arbeitsbündnisses zwischen Analysand und Analytiker muß geprüft werden, ob der Leidende, der da den Weg zu einem Analytiker sucht, bei diesem auch tatsächlich Hilfe finden kann. Der Wunsch sagt noch nichts über die Erfüllbarkeit des Wunsches. Es kann sein, daß die Ich-Kräfte des Hilfesuchenden zu schwach sind, um in den zu erwartenden Kämpfen mit der Triebsphäre, dem Es, oder mit dem sadistischen Über-Ich den daraus entstehenden Belastungen standzuhalten. Es kann sein, daß zu wenig Einfühlung und Anerkennung, mit anderen Worten zu wenig Liebe, den Lebensweg eines Menschen begleitet haben, als daß die Psychoanalyse das Ausmaß der Defizite auszugleichen in der Lage wäre. Mancher Patient freilich vermag aus wenigen Beratungen bei einem scharfsichtigen Analytiker erstaunlich viel praktische Lebenshilfe zu gewinnen, die ein anderer Patient kaum aus hunderten von Behandlungsstunden zu extrahieren vermag.[6] Es wird oft keineswegs klar, ob es im letzteren Fall an einer unzureichenden Auslese für die psychoanalytische Behandlung gelegen hat, daß hier trotz vieler Mühe der Erfolg so spärlich geblieben ist. Die Vermutung liegt sehr nahe, aber unsere Kriterien der Auswahl der Patienten, die sich für eine Analyse eignen, sind alles andere als klar. Häufig genug entwickeln sich Patienten in einer Weise, die man nie erwartet hätte, und enttäuschen uns andere, von deren Einsichtsfähigkeit man sich zu viel erhoffte. Psychoanalyse ist kein therapeutisches Allheilmittel. Schon ein Problem wie das der Patientenauswahl weist auf die Vielfalt der seelischen Prozesse hin, die an unserem Lebensschicksal teilnehmen.

Das dritte Ziel im analytischen Prozeß kann man das kom-

---

6 Zur psychoanalytisch orientierten Fokal- und Kurztherapie vgl. etwa David H. Malan, Psychoanalytische Kurztherapie. Hamburg 1972. Michael Balint/Paul H. Ornstein/Enid Balint, Fokaltherapie – ein Beispiel angewandter Psychoanalyse. Frankfurt 1973. Enid Balint/J. S. Norell, Fünf Minuten pro Patient. Frankfurt 1975.

munikative nennen. Damit ist gemeint, daß Analytiker und Analysand – jeder von seiner Position aus – sich um eine möglichst unbeschwerte, freie Form wechselseitiger Einfühlung bemühen. Selbst zwischen Menschen, die sich nahe stehen, sind die Chancen zu Mißverständnissen sehr groß. Die Forderung, daß der Analytiker sich in seinen Patienten einfühlen kann, gilt als Vorbedingung für das Gelingen einer Analyse. Aber um die Gefahr solcher Mißverständnisse zu bannen, die die Analyse zerstören müßten, ist es notwendig, daß Einfühlung von beiden Seiten, also auch vom Patienten in den Analytiker, gezeigt wird.

An dieser Stelle könnte jemand fragen: wenn einfühlende Zuwendung zum Partner eine so bedeutende Rolle für den Verlauf des analytischen Prozesses spielt, müßten da nicht Ehepartner, sehr miteinander befreundete Menschen sich gegenseitig analysieren können? Ehe und Freundschaft sind zwar auch Paarbildungen, für deren Gelingen wechselseitige Einfühlung unerläßlich ist. Die Ehe schafft aber keineswegs die Voraussetzung für den systematischen Weg jener Selbsterforschung, den man nur mit einem neutralen dritten und nicht einem der großen Partner seines Lebens zurücklegen kann.

Ehe heißt für eine längere oder für die Lebenszeit Handlungsgemeinschaft zwischen den Partnern. Die Analyse ist keine Handlungs-, sondern – auch wenn Gefühle in ihr eine große Rolle spielen – ausgesprochen eine Denkgemeinschaft. In ihr werden Einsichten erworben, mit denen dann, so ist zu hoffen, der Analysand in anderen mitmenschlichen Beziehungen, z. B. in seiner Ehe, einsichtsvoller, verständnisvoller zu Rande kommt.

Was heißt im übrigen Einführung von beiden Seiten? Was den Analysanden betrifft, so sollte ihm geholfen werden, langsam gegen seine mehr oder weniger deutliche Überzeugung einzusehen, daß der Analytiker, den er verdächtigt, ihn zu quälen, nicht sein Feind ist; daß der Analytiker vielmehr vernünftig gefragt hat, daß aber gerade dies den Patienten in seiner Abwehr unbewußter Inhalte ärgerlich verunsichert. Derartige Spannungen müssen oft durch viele Behandlungsstunden bearbeitet werden, ehe sie sich lösen lassen. In der Ehe z. B. oder im Verhältnis zwischen Vorgesetztem und Untergebenem liefe eine solche Kontroverse recht anders. Das Wesen eines ehelichen Zwistes besteht doch gerade darin, daß Voreingenommenheiten erst einmal ausagiert werden und daß die Partner sich zunächst dadurch entfremden. Manche Voreingenommenheiten werden in der Ehe schließlich hingenommen. Man vermeidet dann das streiterzeugende Thema, andere lassen sich nicht beiseite räumen, sie regenerieren sich vielmehr in einem fort und vergiften die Atmosphäre. Wenn das der Fall ist, finden Ehepartner nur selten zu einer neutralen Form des Umgangs miteinander zurück, die es ihnen erlaubt, die notwendige Distanz zu ihren Verhaltensweisen zu gewinnen.

# V

# Psychoanalyse als Prozeß II

Wir tun einer Psychologie des »gesunden Menschenverstandes«, auf die wir im allgemeinen zurückgreifen, wenn uns das Verhalten eines Menschen unverständlich wird, kaum Unrecht, wenn wir sie als naiv und sogar als primitiv bezeichnen. Unsere psychologischen Vorstellungen von anderen Menschen sind eher episodisch, so wie es die Traumbücher seit dem Altertum gehalten haben. Wir meinen, die Lebenslage, speziell die Notlage eines Menschen durch *eine* herausgegriffene Symbolik und aus *einem* Deutungsansatz heraus erkennen zu können. Das sind unsere romantischen, unsere seherischen Urhoffnungen, die wir haben. Dagegen erfolgt in der Psychoanalyse die Urteilsbildung nach der Beobachtung eines längeren Abschnitts des psychoanalytischen Prozesses. Während dieser Erkenntnisarbeit wird klar, daß nicht *ein* unbewußtes Gefühl, *ein* unbewußter Konflikt zur Grundlage einer Deutung werden kann. Erst die Beobachtung eines *Verlaufs*, der uns die vielfache Determiniertheit eines Verhaltens deutlich macht, sichert unsere Deutung und hebt sie über eine beliebige Aussage hinaus.

Ohne Zweifel ist einer der Heilfaktoren in einer gut sich entwickelnden Analyse darin zu suchen, daß der Analytiker einen Raum bereit hält, der – bildlich gesprochen – exzentrisch zu der Lebensszene des Patienten liegt. Dort kann und soll der Patient sich über Themen, Erinnerungen, Gefühle, Konflikte aussprechen, von denen an anderem Ort zu sprechen gewiß nicht ratsam wäre. Reste solcher oft präverbalen Beziehungen, die wir in den Übertragungsvorgängen entdekken, wirken oft (in krisenbedrohten Ehen etwa) stabilisierend, wenn überhaupt noch Affekte Menschen seelisch aneinander gebunden halten. Die Einsichten, die ein Partner gewinnt, setzen sich dann merklich auf den anderen fort. Die Psychoanalyse benutzt also offensichtlich vorgegebene Sympathieformen und schafft nicht nur neue affektive Kontakte.

Eines der Hauptziele der Analyse, welches wir bereits im letzten Kapitel berührt haben, gehört in diesen Bereich. Es ist die Stärkung der Fähigkeit zur Einfühlung. Dies aber nicht nur in andere, sondern auch in sich selbst. Die neurotische Entwicklung wird nicht zuletzt durch unbewußt motivierte Selbstmißhandlungen verstärkt, die wir uns im Umgang mit uns selbst angedeihen lassen. Über achtzig Jahre klinischer Beobachtung haben gezeigt, ein großer Teil der späteren neurotischen Entwicklung der Menschen rührt daher, daß sie in den frühen Phasen ihres Lebens nicht mit der altersentsprechenden Einfühlung behandelt worden sind – sozusagen mit einer kundigen und gerne geleisteten Einfühlung.

Die in der Kindheit entstandenen Grundlinien von Verhaltensdeformationen erweisen sich oft als charakterliche Grenzen, die zu ändern dann später das Talent und die Kraft eines Individuums übersteigen mag. Man soll sich nicht täuschen und Nachgiebigkeit, Schwäche, pädagogische Ratlosigkeit mit gütiger und gewährender Einfühlung verwechseln. Ein Kind sucht das Gefühl sicherer Führung, sicherer Vorentscheidungen, auf die es in angsterweckenden Situationen zurückgreifen kann. Pure Verwöhnung kann ihm diese Sicherheit nicht geben. Es muß bei allem Zorn, allen Enttäuschungen, die es zu verarbeiten hat, gewiß sein, daß die Beschränkungen, denen es begegnet, nicht willkürlich getroffen werden. In Erinnerung an unsere Überlegungen, was »normal« sei und was nicht, neigen wir dazu, ein »normales«, d. h. in seinem Selbständigkeitsstreben nicht eingeschüchtertes Kind werde sich gegen die Maßnahmen der Eltern u. U. auflehnen. Das trifft zwar auch zu, aber eben nicht nur. Widerstand und Folgsamkeit mischen sich. Erziehung besteht doch aus unablässigem Kontakt zwischen Kind und Eltern, in dem Urteile gefällt und befolgt werden. Erziehung ist ein Prozeß, der Meinungsdifferenzen einschließt, aber nicht nur aus ihnen besteht. Im analytischen Prozeß wird die ins Stocken geratene Lebensbewegung fortgesetzt. In ihm werden unerledigt gebliebene Widersprüche spät aufgearbeitet, mindestens besteht darin der therapeutische Versuch.

Das Heranwachsen in Kindheit und Jugend geschieht in leib-seelischen, aber auch in psycho-sozialen Prozessen. In ihnen prägen sich sowohl die verständnisvollen Entscheidungen wie die kaum erzieherisch wirksamen oder geradezu gegenläufigen als bleibende Erinnerungen ein. Sie sind Entscheidungen von Menschen und erfolgen gemäß deren Ordnungsvorstellungen. Das Kind hat sich aber mit ihnen nicht isoliert auseinanderzusetzen, sondern mit der ganzen Zwiespältigkeit, die Menschen oft im einen Erlebniszusammenhang gütig und verständnisvoll wirken läßt, in einem anderen unzugänglich und starr. Der analytische Prozeß zeigt uns in der Rückschau, wie schwer es dem Patienten fiel, sich dieser Widersprüchlichkeit anzupassen.

Es gibt dabei elterliche Wünsche, denen man mit keiner Mühe gerecht werden kann. Ein treffendes Beispiel dafür bezeichnet man im Englischen mit dem Ausdruck »double bind«: womit eine doppelte Gefühlsbindung gemeint ist, die nie zu einer befriedigenden Auflösung gebracht werden kann. Zum Beispiel verlangt eine Mutter, ihr Kind solle Selbständigkeit zeigen. Im Augenblick, in dem es mit Erfolg diesem Wunsch nachstrebt, beklagt sich die Mutter bei ihm, es lasse sie lieblos im Stich und sei undankbar usw. Was immer das Kind tun will, es steckt in einer Zwickmühle, die in ihm immer neue Schuldgefühle erwecken muß. So erstaunt es nicht, daß Mütter solcher Verstörtheit in ihren Kindern schizophrene Entwicklungen in Gang bringen.

Wir haben nicht ohne Grund den analytischen Prozeß mit seinen Beschleunigungen und Stagnationen etwas ausführlicher geschildert, denn zu den stetig sich wiederholenden Vorwürfen gegen die Psychoanalyse gehört der ihrer langen Dauer und ihres großen Zeitaufwandes und damit auch Geldaufwandes. Beides hängt damit zusammen, daß man sich in der Analyse nur vorübergehend mit der psychischen Oberfläche beschäftigt, also mit dem, was scheinbar problemarme Realität ist und deshalb sich dem Laien zu einer nicht zu aufwendigen Therapie anbietet. Der psychoanalytische Prozeß dringt aber weiter vor und zwar zum eigentlichen Problemfeld. Was wie ein Standfoto sich ausnahm, gerät allmählich in Bewegung, und aus der Verdrängung entlassene neue Inhalte treten aus ihrer schattenhaften Existenz hervor und zeigen, wie nachdrücklich sie das Leben eines Menschen zu zerstören vermögen. Ein Beispiel: Ein Patient berichtet in der Analyse mehrfach aus seiner Kindheit von einem sommerlichen Garten mit einem Gartenhäuschen, das von Büschen und Bäumen halb verdeckt ist und das unvermittelt immer wieder in seinen Erinnerungen auftaucht, ohne daß irgendwelche Beziehungen von diesem Stück Erinnerung zu anderen Erinnerungsbruchstücken nachweisbar wären. Es war einer seiner Lieblingsorte, aber außer der Tatsache, daß er dort seine Meerschweinchen untergebracht hatte, wußte er nichts zu berichten. Nach einiger Zeit verband sich mit der Erinnerung eine vage Angst. Die Arbeit an seinen Einfällen ergab dann, daß der Patient eine höchst aufregende Episode, die sich mit dem Gartenhäuschen verband, völlig vergessen hatte. Er war dort von der Mutter mit einer Cousine bei kindlichem Sexualspiel überrascht worden. Da die Mutter selbst wenig Toleranz für Fragen der Sexualität entwickelt hatte, wurde aus dem Vorfall eine Haupt- und Staatsaktion. Der Patient bekam mehrere Tage Hausarrest. Als er wieder in das Gartenhäuschen zurückkehren durfte, stellte er fest, daß über all den aufregenden Ereignissen die Meerschweinchen in Vergessenheit geraten waren; sie waren inzwischen verendet. Die toten Tiere erschreckten ihn sehr und hinterließen große Schuldgefühle. Dies alles war verdrängt worden. Durch Jahrzehnte bot sich die Erinnerung an diesen »Tatort« konfliktlos an. Erst im Zuge des psychoanalytischen Prozesses kehrte die Erinnerung zurück. Es zeigte sich dabei, daß nicht die Originalszene in der Erinnerung überdauert hatte, sondern der Vorfall als solcher war seinerseits durch Abwehrvorgänge – vornehmlich Verdrängung und Verschiebung – bearbeitet worden. Was sich erhielt, war eben nicht Erinnerung an die Wirklichkeit, sondern eklatante Wirklichkeitsverfälschung. In Wahrheit war so etwas wie eine Legende entstanden. Offenbar sind damals beide, Erwachsene und Kinder, vor der mit Angst besetzten Wirklichkeit erschrocken. Die Wiederholung der lustvollen Erfahrung wurde mit Strafe bedroht. Schließlich vermengte sich in der Erinnerung des Kindes verbotenes Lustgefühl mit intensiven Schuldgefühlen, Schlimmes getan und schließlich den Tod der Tiere verursacht zu haben. Unzweifelhaft war ein biografischer Knotenpunkt entstanden. Langsam war jedoch die Erregung abgeklungen. Darunter ist kein bloßes Verdämmern zu verstehen, sondern die erinnerte Wirklichkeit wird durch den Einsatz seelischer Abwehrmechanismen so lange verändert, bis sie ohne die Wiedererweckung der ursprünglichen Unlustgefühle als »Deckerinnerung« wiedererscheinen darf: ein friedliches sommerliches Gartenhaus steht vor dem inneren Auge des Patienten. Alles ist harmonisiert, verdächtig ist nur noch, daß ein derart sinnloses Stimmungsbild sich durch Jahrzehnte erhalten konnte.

Wir halten also fest, daß eine Deckerinnerung nicht von einem statischen Erinnerungsbild bewirkt werden kann. Vielmehr müssen sich Analytiker und Analysand langsam an die verlorengegangene, verdrängte Realität vortasten. Von dieser Realität konnte die soeben versuchte Rekonstruktion natürlich wiederum nur Fragmente zusammenstückeln. Es geht nicht um die Deutung einer »Szene«, sondern um die Aufdeckung jener Erinnerungsbruchstücke, aus denen schließlich eine Pseudorealität gebildet wurde. Und dies, um die Erinnerung an das wirkliche traumatische Erlebnis zu verhindern. Diese Rückkehr an einen alten Schauplatz geschieht in der Analyse aber nicht allein aus archäologischem Interesse, sondern ist von einem aktuellen, ungeschlichteten Konflikt gefordert, dessen der Patient nicht Herr werden kann. Sein Symptom war eine eigentlich seit seiner Pubertät kaum sich lichtende neurotische Depression. Der Patient nannte seinen Zustand: meine unüberwindliche Angst vor der Freude. Die Deckerinnerung zeigt, daß in Wirklichkeit Erinnerung verloren wurde, die nicht im Sinne von abgestorben vergangen war. Zu den Funktionen des Analytikers gehört es, daß er aus dem erwähnten eigenem Erfahrungsvorsprung dem Analysanden hilft, das Risiko der Selbsteinsicht zu übernehmen, seine verdrängten Konflikte wieder aufsteigen zu lassen und damit sein kritisch reflektierendes Ich zu stärken. Einsichten wie die soeben beschriebenen sind – das mag jedermann einleuchten – nicht kurz und bündig zu erwerben.

Wir wollen aber im Augenblick nicht bei der Rekonstruktion und dem Fortleben infantiler Erfahrungen verweilen, sondern noch einer weiteren Kritik gedenken, die im Laufe des letzten Dezenniums gegen die Psychoanalyse laut geworden ist. Man hat ihr vorgeworfen, daß sie sich im Dienste bestehender, aber fragwürdiger Wertnormen, Wertorientierungen unserer Gesellschaft um Anpassung an zweifelhafte soziale Gegebenheiten bemühe. Dementsprechend gilt sie solchen Kritikern als konservativ, bürgerlich-individualistisch, gar als reaktionär. Diese Vorwürfe haben offensichtlich etwas mit dem von Freud schon vor fünfzig Jahren beschriebenen wachsenden »Unbehagen in der Kultur« zu tun. Es wird von der Analyse Heilung mit Hilfe sozialer Veränderungen gefordert.

Auf dieses Ansinnen kann man nur etwas umständlich antworten, aber doch anfänglich schon sagen, daß hier ein irrtümliches Verständnis erstens von dem, was Psychoanalyse ist, und zweitens, wodurch sie zu heilen vermag, vorliegt. Es geht nämlich primär nicht um die Veränderung der gesellschaftlichen Verhältnisse, sondern um die Durchleuchtung der Motive des menschlichen Handelns und Sich-Verhaltens. Zu diesem Erkenntnisschritt ist überhaupt nur der fähig, der es gelernt hat, sich ideologischen Gewißheiten aller Art zu widersetzen. Natürlich können und werden Analytiker und Patient privatim jeder für sich irgendwann Partei ergreifen, aber eben doch erst, wenn sie sich klargeworden sind, wie Meinungen zustandekommen und wie diese neue und zugleich sehr alte Ideologie, das Denken in Unabhängigkeit aufgeben zu sollen, entstanden ist. Meist nicht aus Achtung vor dem hilfsbedürftigen einzelnen, sondern aus einem massenhaften Erlösungsglauben.

Der Psychoanalytiker befaßt sich in der ersten Linie mit den Prozessen der *inneren* Realität seiner Patienten, insbesondere mit deren Triebkonflikten. Dabei orientiert er sich, wie das die übrigen Zweige der Medizin auch tun, zunächst am Individuum und seiner Pathologie. Dieses Individuum gilt ihm aber immer als Vertreter seiner Gesellschaft. Es ist nie ein experimentell isoliertes Individuum, mit dem es der Analytiker zu tun hat. Freuds große Schriften über eine psychoanalytische Sozialpsychologie (»Die Zukunft einer Illusion«, »Das Unbehagen in der Kultur«, »Massenpsychologie und Ich-Analyse«)[1] haben immer erkennen lassen, daß dieses Individuum kein Einzelfall, kein Solitär ist, sondern ein Gruppenwesen, das für lange Zeit in stärkstem Maße abhängig von der Fürsorge der Erwachsenen lebt. Für diese Betreuung in den ersten Lebensjahren im Zustand frühkindlicher Ohnmacht ist freilich oft ein allzu hoher Preis in der Geschichte zu zahlen gewesen, z. B. zu viel und zu fragloser Gehorsam. Wir wiederholen aber, daß ohne das Erlernen von Gehorsam keine tiefreichenden Identifikationen entstehen können. Bei einem Wesen mit nicht erbgenetisch fixiertem Sozialverhalten übt Gehorsam eine unerläßliche Korrektur aus.

Es ist sicherlich nicht unsere Absicht, das naive, klassische Arzt-Patient-Verhältnis zu verteidigen, in welchem der Arzt nicht einen Mitmenschen, sondern mehr oder weniger deutlich ausgeprägt und klassifiziert ein Krankheitsbild behandelt. Auch wird kaum noch bestritten, daß es z. B. nicht nur körperliche Berufskrankheiten, sondern auch seelische gibt.

---

1 Alle in Bd. IX der Studienausgabe.

Etwa das Leiden der Angestellten, denen nie eine ihren Kenntnissen entsprechende Entscheidung in ihrem Berufsleben überlassen wird und die Auswirkung dieses Tatbestandes auf den Charakter. Tatsächliche Konsequenzen sind aus diesen Einsichten freilich noch kaum gezogen worden. Es wird auch nicht bestritten, daß die hoch technisierten und hoch spezialisierten Zivilisationen auf ihre Individuen mannigfachen kollektivierenden Druck ausüben, demgegenüber sich Individuen und schwache Gruppen kaum zur Wehr zu setzen vermögen.

Die Zielsetzung des Analytikers kann aber trotz dieses vermehrten Interesses an der Einbettung des Individuums in seine Gesellschaft nicht von diesem Individuum und seinem Dasein in einer höchst komplexen Sozialwelt abgelenkt werden. Soziometrie, Sozialpsychiatrie und ähnliche Anstrengungen der Verbesserung der sozialen Lage des einzelnen und ganzer Gruppen oder Klassen können nicht die Psychoanalyse ersetzen. Sie sieht sich zunächst außerstande, abzuschätzen, in welcher Weise ihre Erkenntnisse und die der Sozialwissenschaften ohne Substanzverlust auf beiden Seiten integrierbar sind. Für Anklagen gegen die Psychoanalyse ist da kaum ein Grund einzusehen.

Natürlich ist angesichts der bedrängten Lage, in der wir alle leben, Ungeduld verständlich. Es ist verständlich, daß man von der Psychoanalyse eine Ökonomisierung ihrer Therapieform erzwingen will. Sinnvoll ist diese Forderung freilich nicht; es ist ungefähr so, als ob man in der Biologie beschleunigtes Wachstum fordern würde. Ein wirkliches Problembewußtsein für die hier zu behandelnden Fragen hat sich im übrigen in unserer Gesellschaft noch kaum entwickelt.

Unsere Überlegungen über die Psychoanalyse als ein Prozeßgeschehen haben uns klar gemacht, daß es die Absicht keines Psychoanalytikers sein kann, auf seine Patienten über die Hilfe hinaus, die er bei der Konfliktlösung gewährt, »weltanschaulich« orientierten Einfluß zu nehmen. Im Gegenteil muß man von ihm verlangen, daß er, was immer sein Credo sein mag, in der Lage ist, während seiner analytischen Arbeit kritische Distanz zu den eigenen Überzeugungen zu halten. Verpflichtet er sich in nicht reflektierbarer Weise irgendwelchen sozialen oder religiösen Strömungen, so wird seine Unbefangenheit genau dort enden, wo sein Glaube den Charakter der Unerschütterlichkeit annimmt.

Er ist jedenfalls im Prozeß des Analysierens nicht beauftragt, Menschen nach seinem Bild zu formen, sondern mit allem Scharfsinn, der ihm zur Verfügung steht, zu beobachten, welches die Probleme des Patienten, den er vor sich hat, eigentlich sind, wodurch er gequält wird und wie ihm, diesem Individuum, diesem einzelnen Menschen geholfen werden kann.

Freud hat in ganz unpolitischer Weise noch in der späten Arbeit »Über die endliche und die unendliche Analyse« zu diesem höchst politischen Problem sehr treffend Stellung genommen: »Man wird sich nicht zum Ziel setzen, alle menschlichen Eigenschaften zugunsten einer schematischen Normalität abzuschleifen oder gar zu fordern, daß der gründlich Analysierte keine Leidenschaften verspüren und keine inneren Konflikte entwickeln dürfe. Die Analyse soll die für die Ich-Funktion günstigsten psychologischen Bedingungen herstellen.«[2] Das ja: aber nicht mehr.

Es ist zutreffend zu sagen, der Analytiker müsse bereit sein, in gewissen Phasen der Analyse für den Patienten die Rolle eines Hilfs-Ich zu übernehmen. Das wird z. B. gefordert,

2 S. Freud, G. W. Bd. XVI, S. 96 (erscheint im Ergänzungsband der Studienausgabe).

wenn der Analysand im Dienste des Nacherlebens infantiler Gefühle tief regrediert. Damit ist gesagt, daß der Analytiker dem Patienten hilft, mit seinem von ihm professionell zu fordernden Erkenntnisvorsprung die Angst vor äußeren Objekten und die Angst vor inneren Triebdurchbrüchen zu überwinden, und schließlich auch hilft, die Berechtigung der Forderungen des Über-Ich realitätsgerechter abzuschätzen.

Es bieten sich nun auf dem Markte andere psychotherapeutische Methoden an, die schneller, rascher, effektvoller handeln zu können meinen. Wir wollen aber nicht den Streit der Gelehrten austragen. Statt dessen sei nur kurz angedeutet, warum die Psychoanalyse sich durch diese in der Tat bequemeren therapeutischen Methoden, etwa die Verhaltenstherapie, die Lernpsychologie, nicht außer Kurs gesetzt zu fühlen braucht. Den Prozeßaspekt der Psychoanalyse hat Freud vielleicht am prägnantesten mit der Dreiheit »Erinnern – Wiederholen – Durcharbeiten«[3] erfaßt. Diese Dreiheit ist ein Arbeitsziel, das nicht einfach zu verwirklichen ist. Die Konditionierungsmethoden der Verhaltenstherapie sind einfacher strukturiert. Man darf sie als Abrichtung, als Dressurmethoden bezeichnen. In ihnen sollen mit Hilfe gesteuerter Lernprozesse störende Verhaltensstereotype, etwa eine phobische Straßenangst, überwunden werden , ohne – und das ist entscheidend – daß dabei die seelische Herkunft dieser Angst überhaupt angesprochen bzw. aufgedeckt würde. Demgegenüber bleibt die Psychoanalyse bei ihrem Hauptziel, durch Introspektion die Motive des Handelns zu erforschen. Darin liegt die erste Voraussetzung für einen therapeutischen Ansatz oder wie Heinz Hartmann definierte »Die Psychoanaly-

---

3 S. Freud G. W. Bd. X (erscheint im Ergänzungsband der Studienausgabe).

se ist eine systematische Untersuchung der Selbsttäuschung und ihrer Motive.« Was sich da an Kommunikation anbahnt, ist kein Prozeß, der von heute auf morgen zu vollbringen wäre. Wie verfeinert auch immer Verhaltenstherapie ihre Konditionierung vornimmt, es bleibt dabei, sie ignoriert die enorme Komplexität des psychischen Geschehens, ja sie macht sich mit einer Art manischer Geste über jedermann lustig, der zunächst den Schock dieses Tatbestandes eines Überreichtums innerseelischer Vorgänge zu verarbeiten hat.

Der Experimentalpsychologe, wie elegant zuweilen seine Versuchsanordnungen auch sein mögen, bringt erst einmal die sogenannte Versuchsperson »(Vp)« dem als allmächtig empfundenen Lehrer gegenüber in die Position des Schulkindes. In der Tat findet sich in vielen Fällen der Neurotiker in seinem psychischen Notstand bereit, im Verhaltenstherapeuten diesen allmächtigen Helfer zu erblicken und sich in seinen Schutz zu begeben. Dessen Intuition bleibt es überlassen, wie es ihm gelingen kann, beides zu vollbringen: einmal die Symptomerleichterung durch Konditionierung und zum anderen die Auflösung der unbeachtet entstandenen Übertragungssituation. In nicht wenigen Fällen hält entsprechend der therapeutische Effekt genau so lange an, wie der Patient die Idealisierung des Verhaltenstherapeuten und seiner zauberhaften Heilmethode aufrechterhalten kann.

Die Entdeckung der die Öffentlichkeit lange so schockierenden kindlichen Sexualität wäre im übrigen nie gemacht worden, wenn es Freud wie einer großen Zahl seiner zeitgenössischen Kollegen nur darum gegangen wäre, hysterische Symptome zum Verschwinden zu bringen. Er wollte jedoch mehr. Er wollte die Genese der Symptome und des Charakters seiner Patienten verstehen. Nachdem es gelungen war, den Wirkungszusammenhang zwischen einem neurotischen

Symptom, das sich in der späten Adoleszenz gebildet hatte, und infantilen Sexualtraumen herzustellen, war eine epochale Einsicht gewonnen, deren Bedeutung sowohl in der verbesserten Hilfeleistung für den einzelnen Kranken wie in der Erprobung der metapsychologischen Hypothesen – etwa über die Konversionshysterie oder die Zwangsneurose – liegt. In tausenden und abertausenden von Stunden, in denen heute in aller Welt Psychoanalyse ausgeübt wird (wenn Staaten sie nicht ausdrücklich verbieten), sammelt sich ein kaum noch überblickbares Erfahrungsmaterial an, dessen Bedeutung sowohl in der Verbesserung der analytischen Deutungstechnik liegt, was dem einzelnen zugute kommt, als auch in der Erprobung der Brauchbarkeit der metapsychologischen Arbeitshypothese. Denn, um Freud zu zitieren: »Ohne metapsychologisches Spekulieren oder Theoretisieren – beinahe hätte ich gesagt Phantasieren – kommt man hier keinen Schritt weiter.«[4]

Daß die Psychoanalyse bis zur Stunde an der hermeneutischen, der Deutungsmethode, festhält, gilt als ihr großes Vergehen in der Zeit eines erschreckenden Wissenschaftsmonismus positivistischer Observanz. Eine »große Weigerung« (Herbert Marcuse) scheint hier durchaus motiviert und angebracht.

So bedauerlich es ist, als Heilmethode wird die Psychoanalyse kaum den Massenanforderungen gewachsen sein. Das ist aber kein ernsthafter Einwand, da sie für sozialmedizinisch wichtigste Zusammenhänge ganz wesentliche Einsichten zu vermitteln hat. Zum Beispiel haben sich unsere Anschauungen über das erste Lebensjahr des Menschen – was ihm dort

---

4 S. Freud, G. W. Bd. XVI, S. 69 (erscheint im Ergänzungsband der Studienausgabe).

hilft und was ihm schadet – durch die Einsichten psychoanalytischer Forscher wie René Spitz, John Bowlby, Margaret S. Mahler grundsätzlich geändert. Wenn durch diese Forschungen die emotionellen Grundbedürfnisse des Kindes deutlicher als irgendwann je in der Geschichte erkannt wurden, so ist das ein typisches Beispiel der Anwendung klinisch erworbenen psychoanalytischen Wissens.

Es bleibt noch anzufügen, daß die neuerlich entwickelten verkürzten, aber auf der theoretischen Basis der Psychoanalyse verbleibenden Therapieformen – etwa die Fokaltherapie Michael Balints – ein außergewöhnliches Maß von Sicherheit und Erfahrung auf Seiten des Therapeuten verlangen. Es ist deshalb ein Irrglaube, anzunehmen, daß verkürzte Heilverfahren eo ipso entsprechend weniger theoretische und klinische Ausbildung der Therapeuten erforderten. Das mag für andere Therapien gelten, nicht für die Psychoanalyse. Hier trifft das Umgekehrte eher zu, daß therapeutische Kurzverfahren sowohl theoretisch wie klinisch den Therapeuten vor besonders schwere und besonders verantwortungsvolle Aufgaben stellen. Man darf sich durch therapeutische Moden nicht irritieren lassen, auch wenn es zuweilen so aussieht, als sei die sorgfältige Analyse seelischer Prozesse zum altväterischen Verlangen geworden.

Fassen wir zusammen: Die Psychoanalyse versucht, unbewußt geschehende Wahrnehmungsverzerrungen zu korrigieren. Sie bemüht sich z. B., dem Patienten die Projektion eigener Affekte in andere Personen erfahrbar zu machen. Wahrnehmungsverzerrung meint, daß wir sowohl unsere Außenwelt wie unsere Innenwelt mehr oder weniger folgenreich falsch interpretieren können. Das führt zunächst noch nicht zu einem leicht erkennbaren Verlust der sozialen Kommunikationsfähigkeit, im Gegenteil, Wirklichkeitsverzerrung kann ganz hervorragend eine Angelegenheit von Groß-gruppen sein. Aber die falsche und vorurteilsgelenkte Ausle-gung der Wirklichkeit macht doch in mehr oder weniger großem Umfang seelische Anstrengungen nötig, die unpro-duktiv in den Abwehrmechanismen vergeudet werden.

Wenn in diesem Zustand seelische Energie in großem Um-fang für Abwehrmechanismen statt zur Bewältigung der Wirklichkeit oder zur Selbstfindung verbraucht wird, so führt dies für das Individuum zu einem nicht leicht ersetzba-ren Verlust an Kreativität.

Ein weiteres psychoanalytisches Arbeitsziel ist der Abbau irrationaler Angstreaktionen, die einen Kern aller psycho-neurotischen Pathologie ausmachen und von denen bisher noch wenig in unseren Überlegungen die Rede war. Auch hier gilt die Mühe einer realitätsgerechten Auslegung beob-achteter Wirklichkeit, statt das Erlebnisfeld panikartigen Fehldeutungen zu überlassen.

Wenn wir als Psychoanalytiker auf neurotische und psy-chosomatische Krankheitsbilder blicken, so ist uns klar, daß an ihrem Zustandekommen sowohl unsere biologische Aus-rüstung, also die »Natur«, wie auch unsere Gesellschaft, also die »Kultur«, beteiligt sind. Über das Ausmaß dieser Beteili-gung am Zustandekommen einer Krankheit herrscht generell vielleicht weniger Unklarheit als im Hinblick auf den einzel-nen Fall. Das was da abgewehrt wird im neurotischen Sym-ptom – z. B. im zwangsneurotischen Ritual – ist allemal ein Aufstand, der sich vollziehen könnte, ein Aufstand gegen die Normen der Gesellschaft, gegen das, was sie an Triebbefriedi-gung *nicht* zuläßt. Es wäre aber eitle Hoffnung, zu glauben, daß es eine Gesellschaft geben könnte, irgendwann in der Zukunft, die den individuellen Triebbedürfnissen vollkom-men Rechnung zu tragen imstande wäre, d. h. die alle

Privatinteressen der Mitglieder dieser Gesellschaft befriedigen könnte. Eine solche Idealgesellschaft ist bisher nicht gesehen worden, und sie wird es wohl auch in Zukunft nicht. Und wir werden es gar nicht erwarten, daß sie kommen könnte, wenn wir uns klar machen, daß für unseren Triebhaushalt keine definitiven Instinktregulationen zur Verfügung stehen, daß also die Auslegung, was da als Kultur notwendig ist und was als Natur anzuerkennen ist, strittig bleiben wird. Die Mode, an der Gesellschaft mehr oder weniger ausschließlich die repressiven Züge zu sehen und zu verurteilen, das aber, wozu sie uns befähigt, zu übersehen, zu ignorieren, können wir nicht mitmachen.

Es dürfte nicht unzweckmäßig sein für die künftige Orientierung bei unseren Überlegungen, eine vierfache Aufteilung des psychischen Geschehens vorzunehmen. Unser »psychischer Apparat« – um diesen Ausdruck Freuds zu übernehmen – leistet das für den Menschen spezifische Realitätsverständnis. Die Realitätswahrnehmung ist eine vom Individuum innerhalb seiner Gesellschaft erworbene Leistung. Sie schließt das Verständnis gesellschaftlicher Regeln und Symbole als einen Teil der äußeren Realität ein.

Eine zweite Ebene des psychischen Geschehens ist durch die Fähigkeit der Selbstbeobachtung und der auf ihr beruhenden Kontrolle des eigenen Verhaltens charakterisiert. Wir besitzen die Fähigkeit der Reflexion. Sie kann sich auf rationale Zweckmäßigkeit erstrecken oder aber auf die periodisch auftauchenden Triebwünsche; schließlich auf die Ansprüche unseres Über-Ich, das sich in vielem mit unserem Gewissen deckt, aber keineswegs mit ihm identisch ist. Vor allem trifft das auf den unbewußten Anteil des Über-Ichs zu (im Unterschied zum Gewissen, welches ein Begriff der Bewußtseinspsychologie ist). Die psychoanalytische Forschung konnte zeigen, daß unbewußte Schulddiktate, die vom Über-Ich ausgehen, häufig an Strenge und Unerbittlichkeit auch ein starkes Gewissen übertreffen. Entsprechend einengend lasten diese Über-Ich-Ansprüche auf dem Ich und hemmen seine Aktivitäten.

Durch Jahrhunderte stand die Schulderfahrung in Relation zu den religiösen Geboten. Insbesondere die sexuellen Tabus übten ein hartes Diktat aus. Obgleich letztere in wenigen Jahrzehnten in unserer Gesellschaft ihre Macht nahezu verloren haben, wird deutlich, daß der Übergang zu neuen Sitten keineswegs automatisch »Gesundheit« schafft. Für die Identitätssuche und die Bewahrung der Identität sind neue kritische Maßstäbe erst im Entstehen.

Diese Probleme betreffen unmittelbar auch die dritte Ebene psychischen Geschehens, die durch die Dialektik von Triebgenuß und Triebverzicht bestimmt wird. Sie unterliegt in hohem Maße dem Diktat gesellschaftlicher Normen. Auch nur einigermaßen verläßliche Selbstwahrnehmung ist demnach nicht ohne die Überwindung sehr bedeutender Unfreiheiten oder Gebote möglich.

Die vierte psychische Ebene ist die der kritischen Ich-Leistungen, die immer auch auf die Wahrnehmung und Kontrolle von elementaren Triebbedürfnissen bezogen bleiben. Darunter ist nicht nur eine kritische Beobachtungsfähigkeit zu verstehen, sondern auch die Widerstandsfähigkeit gegen Einschüchterungen durch das Kollektiv, dem wir selbst angehören. Diese kritische Ich-Ebene, in der um Gedankenfreiheit gerungen wird, ist sicherlich die fragilste und in der Entwicklung des Menschen (sowohl ontogenetisch wie phylogenetisch) späteste psychische Erwerbung. Es kann durchaus sein, daß sie auch die erste ist, die wieder verlorengeht.

# VI
# Übertragungsneurose

Das Thema dieses Kapitels ist der Versuch, die Übertragungsneurose verständlich zu machen. Als Übertragung bezeichnet
man eine Gefühlsbeziehung, Übertragungsneurose meint
dann konsequenterweise eine krankhafte Form dieser Beziehung. Entdeckt wurde der Übertragungsvorgang in der psychoanalytischen Behandlung neurotisch Kranker zunächst
bei Patienten mit hysterischen Konversionssymptomen.
Freud sah klar, daß sich Übertragungsvorgänge »in allen
menschlichen Beziehungen ebenso wie im Verhältnis des
Kranken zum Arzte spontan« herstellen; Übertragung »ist
überall der eigentliche Träger der therapeutischen Beeinflussung, und sie wirkt um so stärker, je weniger man ihr Vorhan-
densein ahnt. Die Psychoanalyse schafft sie also nicht, sie
deckt sie bloß dem Bewußtsein auf, und bemächtigt sich
ihrer, um die psychischen Vorgänge nach dem erwünschten
Ziele zu lenken.«[1]
Die Bedeutung des Übertragungsvorganges war eine frühe
Entdeckung. Freud berichtet von ihm bereits in den »Studien
über Hysterie«[2], d. h. also in den frühen achtziger Jahren des

1 G. W. Bd. VIII, S. 55; vgl. auch Studienausgabe Bd. VI, S. 182.
2 J. Breuer/S. Freud, Studien über Hysterie. Frankfurt 1970.

vorigen Jahrhunderts. Auch noch ganz spät in seinem Leben, im »Abriß der Psychoanalyse«[3], billigt er dem Phänomen der Übertragung ungeminderte Bedeutung zu.

Es liegen zahlreiche Äußerungen zur Definition vor. Eine besonders klare Begriffsumschreibung gibt Ralph R. Greenson[4]: »Übertragung bedeutet das Erleben von Gefühlen, Trieben, Haltungen, Phantasien und Abwehrmaßnahmen gegenüber einem Menschen in der Gegenwart, die der gegenwärtigen Beziehung zu dieser Person unangemessen sind und eine Wiederholung, eine Verschiebung von Reaktionen darstellen, die von wichtigen Personen der frühen Kindheit herrühren.« Da wir von der frühesten Kindheit und Jugend eines Patienten, überhaupt eines Menschen, den wir zunächst kennenlernen müssen, nichts wissen, können wir von vornherein nicht erraten, ob und was er in einer gegebenen Situation überträgt. Dies kann man erst in der Behandlung (oder in einer langen Bekanntschaft) erreichen.

Die Übertragung ist also ein kommunikativer Vorgang, dem man nicht ausweichen kann, wenn er sich einstellt. Die Übertragungsneurose suchen wir zu überwinden, »indem wir dem Kranken nachweisen, daß seine Gefühle nicht aus der gegenwärtigen Situation stammen und nicht der Person des Arztes gelten, sondern daß sie wiederholen, was bei ihm bereits früher einmal vorgefallen ist. Auf solche Weise nötigen wir ihn, seine Wiederholung in Erinnerung zu verwandeln.«[5]

In der Übertragung nehmen wir in einer irgendwie kritischen und konflikthaft belasteten Situation eine Haltung ein,

3 G. W. Bd. XVII, S. 67 ff.
4 Ralph R. Greenson, Das Arbeitsbündnis und die Übertragungsneurose. In: Psyche XX, 1966, S. 82.
5 Studienausgabe Bd. I, S. 427.

mit der wir schon einmal, oder sogar regelhaft, in einer bestimmten lebensgeschichtlichen Konstellation geantwortet haben. Eine definitive Lösung des Konfliktes ist durch diese unsere Haltung offenbar nicht zustande gekommen. Es gibt eine Defektheilung, wenn das Erlebnis besonders traumatisch war; am Symptom ist der ungelöste, untergründig schwelende Konflikt abzulesen.

Das klassische Übertragungssymptom ist die Konversionsneurose. Darunter verstand man zunächst Krankheitszeichen, die sich auf die Willkürmuskulatur und auf Sinneswahrnehmungen beschränkten, also z. B. auf Lähmungen, Blindheit, Taubheit, Schmerzanfälle u. ä. Im Laufe der Zeit hat man dann auch vegetative Störungen und Bewußtseinsstörungen als Äquivalente der Konversionssymptome anerkannt: Schweißausbrüche, Kopfschmerzen, nicht zuletzt psychosomatische Symptome von der Art des Asthma, des Magengeschwürs, chronischer Hautausschläge, Neigung zu Erkältungskrankheiten usw.

Bei all diesen Konversionssymptomen findet man in der Verfassung der Organe und in ihren Funktionen keinen Anhalt, der diese Symptome oder Ausfälle erklären würde. Sie sind deshalb immer wieder als Täuschungsmanöver, als Simulation mißdeutet worden.

Verweilen wir noch einen Augenblick bei der Hysterie, deren Konversionssymptome in vieler Hinsicht so aufschlußreich sind. Wenn wir Krankheiten nicht als anonymes Organgeschehen interpretieren, sondern als eine Äußerung, die einer sprachlichen Mitteilung ähnlich ist, dann haben wir bei dem Versuch der Auflösung dieser organ-sprachlichen Symbolik den richtigen Weg eingeschlagen. Das Ziel ist der Einblick in einen unter starker unbewußter Erregung zustande gekommenen Ausdruck, eben das Symptom. Wir müssen es lernen, das Gefühl, das hier bewältigt werden soll, zu verstehen, und das bedeutet u. a. auch, daß wir es an der richtigen Stelle in eine Szene einordnen, die im Leben des Patienten eine unvergessene Rolle spielt. Sie ist unvergessen, obgleich sie nicht mehr verstanden wird.

So lange diese Verständnislosigkeit anhält, können wir die ursprüngliche Mischung von Leidenschaft und Angst – Angst insbesondere vor der Preisgabe der Gefühle und ihrer Folgen – nicht in ihrem Sinnzusammenhang verstehen. Dieser Sinnzusammenhang mußte zerrissen werden, damit das Symptom zunächst unverstehbar erscheinen konnte. Das Symptom ist ein Ausdruck unabgeschlossener und leidenschaftlicher seelischer Bewegungen oder Konflikte. Der Wiederholungszwang, der das Symptom zum immer erneuten Auftreten veranlaßt und der Heilung im Wege steht, ist als ein pars pro toto zu verstehen. Er beschwört die Szenerie, läßt den Patienten im ganzen aber hilflos der Wiederkehr des gleichen Leidenszustandes ausgeliefert sein. Der Nötigung »seine Wiederholung in Erinnerung zu verwandeln«[6], setzt der Kranke intensiven Widerstand entgegen. Das bloße Aufdecken des verborgenen Sinnes der Situation würde die Heftigkeit der Gefühle ungemindert in Erscheinung treten lassen, und gerade die Angst davor hat zur Abwehr, zur Symptombildung geführt.

Um diesen Widerstand lockern zu können, müssen uns das Verständnis und die Deutung der Übertragung helfen. Denn trotz der Wiederholung des Gleichen wollen wir »doch nicht vergessen«, sagt Freud, »daß die Krankheit des Patienten, den wir zur Analyse übernehmen, nichts Abgeschlossenes, Erstarrtes ist, sondern weiterwächst und ihre Entwicklung fort-

---

6 ib., S. 427.

setzt wie ein lebendes Wesen. Der Beginn der Behandlung macht dieser Entwicklung kein Ende, aber wenn die Kur sich erst des Kranken bemächtigt hat, dann ergibt es sich, daß die gesamte Neuproduktion der Krankheit sich auf eine einzige Stelle wirft, nämlich auf das Verhältnis zum Arzt.«[7] Für den Patienten tritt der Arzt dann langsam an die Stelle fast aller anderen Interessen, die ihn vor dieser neuen und so heftigen Bindung beschäftigt haben. Er überträgt und erlebt in dieser Bindung scheinbar alles, was er gefühlsmäßig ausdrücken kann. Es ist kein Zweifel, hier entwickelt sich vor den Augen des Arzte eine neue Krankheit, ein neues Symptom, eben das Übertragungssymptom und die Übertragungsneurose.»Diese außerordentliche, für die Kur geradezu zentrale Bedeutung hat die Übertragung bei den Hysterien, Angsthysterien und Zwangsneurosen, die darum mit Recht als ›Übertragungsneurosen‹ zusammengefaßt werden.«[8]
Die Beobachtung dieser Übertragungsvorgänge befähigt den Arzt, im Laufe der Zeit dem Patienten dabei behilflich zu sein, sich aus dem fruchtlosen Wiederholungszwang zu befreien und stattdessen Erinnerungen über seine eigene Vergangenheit wiederzugewinnen.

An dieser Stelle ist eine kurze Abschweifung nötig, in der wir einen Blick auf die historische Entwicklung des Hysteriebegriffs als ein Beispiel lebensgeschichtlicher Krankheitsentwicklung werfen. Eine der größten Entdeckungen Freuds war sein Verständnis der infantilen Sexualität. Auf die prägenitalen Entwicklungsschritte folgt im 5. bis 7. Lebensjahr die Phase phallischer Aktivitäten, wobei diese Bezeichnung auf eine Triebunruhe bei beiden Geschlechtern hinweisen soll.

---

7 ib., S. 427.
8 ib., S. 428.

Ein Patient, der an einer Konversionshysterie erkrankt oder an einer Angstkrankheit, einer Phobie, muß bis zu diesem Erkrankungsbeginn die prägenitalen Phasen der Libido-Organisation durchlaufen und die phallische Entwicklungsstufe erreicht haben, d. h. der Patient mußte einer ersten erotischen Beziehung auf der Drei-Personen-Ebene (Mutter, Vater, Kind) fähig geworden sein. Er ist der Bemeisterung dieses Triebkonfliktes – nämlich des Ödipuskonfliktes – zwar noch nicht fähig, wohl aber kann er sexuelle Gefühle erleben (und zwar in elementarer Heftigkeit), die mit einem Subjekt – das wir in der Analyse verwirrenderweise Objekt nennen –, also mit einem Mitmenschen, verknüpft sind. Im Gegensatz zu den präödipalen Entwicklungsstufen gewinnt der Partner als selbständiges Objekt hohe Bedeutung.

Die Inzestschranke nötigt beide Seiten dieser Liebesbeziehung zur Sublimierung. Libidinöse Anziehung kann sich unter dem Einfluß der äußeren Realität (der sozialen Verbote) nur in sublimierter Form zeigen. Sublimierung genitaler Wünsche führt zur Erfahrung der Zärtlichkeit. Der Erwachsene ist zärtlich, weil die Hilfsbedürftigkeit des Kindes, seine Abhängigkeit, solche Gefühle hervorruft und weil er sich dessen bewußt ist, daß das Kind genitaler reifer Sexualität noch nicht fähig ist, also vor einem vorzeitigen Überrumpeltwerden beschützt werden muß. Das Kind sucht Zärtlichkeit, weil sie die adäquate Stufe seiner Liebesempfindungen ist. Zärtlichkeit muß aber von den libidinös hoch besetzten Objekten – vor allem Vater und Mutter – ausgehen, muß als solche erlernt werden, damit das Individuum, wenn die körperliche Genitalreifung erreicht ist, die Liebesgefühle mit den genitalen Erfahrungen verschmelzen kann, um genitaler Zärtlichkeit fähig zu werden. Zärtliches Verhalten muß also im Kind von den Erwachsenen geweckt werden. Wie weit sie nach Abschluß der Kindheit in der Pubertät und danach im Charakter eines Menschen als ein Charakteristikum festgehalten werden darf, darüber entscheidet die Empfindungs- oder Ausdruckskultur der Gesellschaft. Zärtlichkeit kann unter ungünstigen Umständen nie erlernt werden.[9]

Zärtliche Gefühle, die dem Arzt entgegengebracht werden, ohne daß sein Verhalten Anlaß zu ihrer Erscheinung gegeben hätte, waren der unmittelbare Anlaß zur Entdeckung der Übertragung. Freud wurde sich über den Übertragungsmechanismus klarer, nachdem es sich wiederholt gezeigt hatte, daß sich Patienten in ihn verliebten. Es blieb ihm keine andere Erklärung als der Schluß, »daß die ganze Gefühlsbereitschaft anderswoher stammt«.[10]

An diese selbstkritische Deutung, daß nicht er als Individuum, als Mann Anlaß zu soviel Liebesäußerungen sein konnte, schließt sich dann mit Logik die schon erwähnte Überlegung an, hier müsse eine Wiederholung ablaufen, ein Gefühl, das nicht zur Ruhe gekommen war, repetiert werden.

Die Entdeckung des Ursprungs dieses Geschehens war aber noch nicht genug. Jedenfalls hatte diese Einsicht, wenn man sie dem Patienten nahebrachte, keinen merklichen Erfolg – weder auf die Verliebtheit noch auf das Symptom. Die verliebte Patientin (und im Falle des negativen Ödipuskomplexes auch der verliebte Patient) wissen es zunächst einfach besser. Sie spüren ihre Gefühle der Zuneigung, der Bewunde-

---

9 Die Abkunft der Zärtlichkeit aus der Brutpflege ist deutlich; ebenso deutlich ist die intensive Suche nach lustvoller Körpernähe als eines angeborenen Verhaltensschemas. Von seiner Bahnung in frühester Kindheit hängt ab, ob diese lustvolle Körperberührung später differenziert und zur Körpersprache – zum sprechenden Erlebnis des Körpers – werden darf.

10 Studienausgabe Bd. I, S. 425.

rung, sie müssen den Arzt idealisieren. Sie sind auch überzeugt, daß der Analytiker ihre Liebe erwidert und es nur nicht einzugestehen wagt. Der Analytiker ist erst einmal machtlos gegen diese Unzugänglichkeit. Er muß also sein Ziel: »Bewußtmachung des Unbewußten, Aufhebung des Verdrängten, Ausfüllung der amnestischen (d. h. der Gedächtnis) -Lücken«[11], geduldig gegen den Widerstand des Kranken festhalten. Geduldiges Verstehen der hinter der szenischen Wiederholung liegenden Ängste und Konflikte ist hier in der Tat die wichtigste Tugend des Therapeuten. Für den Neurotiker steht auf dem Spiel, ob ihm die Analyse helfen kann oder nicht. Seine Krankheit macht ihn genuß- und leistungsunfähig; »das erstere, weil seine Libido auf kein reales Objekt gerichtet ist, das letztere, weil es sehr viel von seiner sonstigen Energie aufwenden muß, um die Libido in der Verdrängung zu erhalten und sich ihres Ansturmes zu erwehren. Er würde gesund, wenn der Konflikt zwischen seinem Ich und seiner Libido ein Ende hätte und sein Ich wieder die Verfügung über seine Libido besäße«.[12] Dies kann dem Neurotiker ohne Einsicht in die Übertragungsvorgänge, die er unbewußt gebildet hat, aber nicht nach freiem Willen kontrollieren und beenden kann, nicht gelingen. Behutsamkeit in der Deutung, Ausdauer in der Konzentration auf das aktuelle Übertragungsthema auf Seiten des Therapeuten vorausgesetzt, wird es dem an einer Konversions- oder Angsthysterie oder Zwangsneurose Leidenden langsam gelingen, das Rollenhafte seiner Gefühle, ihre automatische Qualität, mehr und mehr einzusehen und Zugang zu den unbewußten Ursachen seiner Symptome und neurotischen Charakterzüge zu gewinnen. Aber das eben nur

---

11 ib., S. 419.
12 ib., S. 436.

in der Gegenwart des in seiner Kritik so behutsamen wie unerschütterlichen Therapeuten.

Freilich muß der Kranke selbst eine Eigenschaft mitbringen, die sehr schwer zu kennzeichnen ist. Am einfachsten wäre es zu sagen, er muß intelligent sein – so intelligent, daß er seine innere Realität von der äußeren zu sondern lernen kann, was manchen Menschen während ihres ganzen Lebens nur mangelhaft gelingt. Das Wort »intelligent« ist wahrscheinlich zu formal-schematisch, um hier angemessen zu sein. Es werde also nur als verkürztes Wortsymbol für eine keineswegs nur nach formal intellektuellem Vermögen beurteilbare Befähigung angewandt.

Diese Forderung mag manchem Leser widersprüchlich erscheinen. Denn gerade die psychoanalytische Erkenntnis einer allgemein vorhandenen Übertragung der kindlichen Erlebnisse auf spätere Ereignisse, mitmenschliche Beziehungen etc. – ist unübersehbar, die Trennung von innerer und äußerer Realität kann immer nur eine relative bleiben. Die Wahrnehmung der äußeren Realität verliert nie ganz ihre subjektive Färbung; sie wird sich von dem Einfluß eigener innerer Konflikte niemals ganz befreien können.

Mit »intelligent« soll hier etwas beschrieben werden, was dem psychoanalytischen Begriff der »therapeutischen Ichspaltung« nahekommt. Das bedeutet etwa, daß ein Anteil des Ich sich im Verlauf einer Analyse so weit von seinen Übertragungserlebnissen zu distanzieren vermag, daß der Patient lernt, mit den Deutungen des Analytikers zu arbeiten und dadurch Sinn und Ursprung seiner Übertragungsgefühle erkennen kann.

Unsere Übersicht, was nun eigentlich Übertragung sei, ist noch recht unvollständig. Es wird da noch unterschieden zwischen positiver (zärtlicher) und negativer (feindlicher)

Übertragung. Jedes dieser Worte aus einer Fachsprache kommt nur dann zu wirklichem Leben, wenn während der Analyse solcher Begriffe klar wird, daß sie aus einer Begriffsfamilie stammen. Das soll sagen, daß sie funktionell miteinander verbunden sind. Viele dieser Worte sind in die allgemeine Sprache eingedrungen, meist jedoch mit einem arg verflachten Bedeutungsgehalt. Wir können das Netzwerk dieser Begriffe jetzt nicht ausführlich klarstellen; wenn sie aber an anderer Stelle mit großem Gewicht wieder auftauchen, werden wir uns an diesen funktionellen Zusammenhalt zu einem einheitlichen Netz theoretischer Annahmen erinnern. Dieser Bezugsrahmen hat den Namen »Metapsychologie«. Freud spricht von Metapsychologie, »wenn es uns gelingt, einen psychischen Vorgang nach seinen dynamischen, topischen und ökonomischen Beziehungen zu beschreiben«.[13]

Dynamisch meint, daß die psychischen Vorgänge »alle von der Natur der Triebe, also organischer Herkunft« sind. »Die ökonomische Betrachtung nimmt an, daß die psychischen Vertretungen der Triebe mit bestimmten Quantitäten Energie besetzt sind und daß der psychische Apparat die Tendenz hat ... die Gesamtsumme der Erregung ... möglichst niedrig zu halten.«

»Die topische Betrachtung faßt den seelischen Apparat als ein zusammengesetztes Instrument auf und sucht festzustellen, an welchen Stellen desselben sich die verschiedenen seelischen Vorgänge vollziehen.«[14]

Diesen metapsychologischen Gesichtspunkten sind mittlerweile noch drei weitere hinzugefügt worden: der struktu-

---

13 G. W. Bd. X, S. 281 (erscheint in Bd. III der Studienausgabe).
14 G. W. Bd. XIV, S. 302.

relle, der genetische und der adaptive. Wenn es uns mit Hilfe der topischen Betrachtung gelingt, zwischen Vorgängen im Bewußtsein und im Unbewußten zu unterscheiden, soll uns die strukturelle Sehensweise lehren, welche psychischen Vorgänge dem Es, welche dem Ich und welche dem Über-Ich zuzuordnen sind. Genetisch – als Begriff neu von H. Hartmann eingeführt – wurde in der Psychoanalyse eigentlich schon immer gedacht. Die genetische Erforschung der Psychoneurosen stand schon früh im Mittelpunkt der Freudschen Untersuchungsmethoden.

Kuiper[15] stellt fest, daß die ökonomische und die adaptive Betrachtungsweise im Grunde Explikationen der dynamischen sind. Denn Motive und Konflikte – eindeutig als dynamisch d. h. triebbestimmt zu definieren – sind ohne Intensität nicht denkbar. Ein Trieb braucht zur Erfüllung seines Zieles in den meisten Fällen aber ein Objekt in der Außenwelt, muß sich also mit Hilfe des Ich an die Außenwelt anzupassen lernen.

Zum Hauptthema der Übertragung zurückkehrend stellen wir fest, daß Gefühle einer oft lange vergangenen Erlebnisepoche in der Analyse wiederaufleben. Als Freud klar wurde, wieviele und wie genaue Erinnerungen in den Übertragungsvorgang einfließen, fand er dies »befremdlich«. Sobald man freilich zu sehen gelernt hat, wie sich Übertragung geltend macht, wird man für die Mühe, die es kostet, die Brücke zwischen den jetzigen und einstigen Gefühlen zu rekonstruieren, reichlich entlohnt. Freud erkannte, daß der Patient uns in der Übertragung »mit plastischer Deutlichkeit ein wichtiges Stück seiner Lebensgeschichte vorführt, über das er uns wahrscheinlich sonst nur ungenügend Auskunft

15 P. C. Kuiper, 1975, Verstehen und Erklären in der Psychoanalyse, unveröffentlicher Vortrag.

gegeben hätte. Er agiert gleichsam vor uns, anstatt uns zu berichten.«[16] Es empfiehlt sich vielleicht, um dies deutlicher werden zu lassen, zunächst an einem kurzen Beispiel die Verschlungenheit der Vorgänge im Übertragungsgeschehen zu skizzieren:

Ein fünfundzwanzigjähriger, eher depressiv wirkender junger Mann kommt mit der heute so häufigen Klage, durch Konzentrationsschwäche an erfolgreichem Arbeiten gehindert zu sein. Er hat sich zwar ein akademisches Ziel gesetzt, kommt ihm aber im Studium kaum näher. Deshalb verdient er seinen Lebensunterhalt seit längerem als Kraftfahrer.

Seine Selbstdarstellung beginnt er mit der Beziehung zwischen sich und seinem Vater, einer strengen, strafenden Figur, die den Sohn zwingt, ihn zu bewundern und zugleich zu fürchten. Das unerfüllte Liebeswerben des Sohnes um den Vater hat nie geendet. Die negativ ödipale Rolle des Patienten wird noch dadurch verstärkt, daß der Vater nicht nur ihm gegenüber gewalttätig ist, sondern sich in Situationen, die dem Kind unverständlich bleiben, zu schweren Mißhandlungen der – wie der Patient später erfuhr – ihm untreuen Frau hinreißen läßt. Der Vater hatte die Eigenart, spätabends in das Zimmer des Sohnes einzutreten, die Bettdecke aufzuheben und sich zu vergewissern, ob der Patient im Schlaf keine Erektion habe. War das doch der Fall, mußte der Patient aus dem Bett aufstehen und auf dem kalten Boden stehen, bis die Erektion vorüber war. Vorwürfe gegen die Mutter und das Kind begleiteten diese Prozedur.

Das Symptom der Konzentrationsschwäche, über die er klagte, machte sich schon in den ersten Schulklassen bemerk-

---

16 G. W. Bd. XVII, S. 101.

bar. Der Patient brauchte damals ganze Nachmittage zur Erledigung seiner Schularbeiten. Die Ermahnungen der Mutter, sich zu beeilen, blieben fruchtlos. Da er nicht arbeiten *konnte* und auch nicht zu den anderen Kindern auf die Straße gehen durfte, langweilte er sich in seinem einsamen Zimmer und brachte sich deshalb heimlich Spielsachen oder Abenteuer-Heftchen mit, die er gierig las. Plötzlich riß dann jedoch die Mutter die Tür auf und kontrollierte seine Arbeit. Fand sie Verbotenes, folgten weitere Strafen.

Alles was später nach »Kontrolle« roch, weckte im Patienten heftigste Wutphantasien, in denen er Prügelszenen mit Vorgesetzen, Lehrern oder mit ungeschickten Verkehrsteilnehmern in Tagträumen durchlebte. Obgleich er leidenschaftlicher Gefühle durchaus fähig war, neigte der Patient dazu, Frauen zu verhöhnen, war sich aber dabei dessen keineswegs bewußt, daß er hier das Verhalten des Vaters wiederholte.

Die analytische Behandlung zeigte, daß die Aggressionen den einfühlungslosen Eltern gegenüber zu Schuld- und Vergeltungsängsten führten und eine selbstbestrafende Wendung der Aggressionen gegen das eigene Ich zur Folge hatten. Depression und Arbeitsstörung waren die äußeren Zeichen dieser Tendenz. Der Patient hatte auch Angst, vom Analytiker überrumpelt und als minderwertig erkannt zu werden. Er hatte längst die Klagen über seine Unfähigkeit, die er in der Kindheit immer wieder gehört hatte, in sein Urteil über sich selbst aufgenommen. In der Behandlung ergab sich weiter, daß der Patient offenbar immer wieder in seinen realen Objektbeziehungen schwer behindert war. Er begegnete Vorgesetzten gemäß dem Greensonschen Übertragungsschema mit der Erwartungshaltung irrationaler Aggressivität und Bösartigkeit. Er erlebte seine affektiven Beziehungen vornehmlich als mürrische Gereiztheit. Konnte er zu solchen Phantasien einmal Distanz gewinnen, so zeigte sich eine ganz andere, heiter-naive, lebensfrohe Persönlichkeit. Da dies eher die kürzeren Phasen seines Lebens waren und fast alle Absichten und Pläne des Patienten von unangemessenen Übertragungen überschattet wurden, geriet er mehr und mehr in eine fast totale Selbstisolierung. In seiner Lastwagenkabine fühlte er sich so einsam wie seinerzeit vor den Schulaufgaben in seinem Zimmer. So legte er sich immer wieder z. B. mit Lehrern an, wobei er dies seiner Meinung nach im Dienste irgendeiner »gerechten Sache« tat. Was echt und überzeugend an seiner Protesthaltung war, wurde jedoch verzerrt-übertrieben aus-agiert, womit er sich dann immer wieder ins Unrecht setzte und offenbar dadurch seine Strafbedürfnisse befriedigte. Daß es um die Verteidigung seiner eigenen gerechten Sache als Kind ging, blieb ihm verborgen. Entsprechend bekam auch der Analytiker mit voller Wucht die Ambivalenz der Über-tragungsgefühle zu verspüren. Behandungsabschnitte mit re-lativ freundlicher Übertragung auf den Arzt wechselten mit solchen, in denen er ihn für sehr sadistisch hielt, ihm zutraute, er wolle ihn, den Patienten, sexuell und moralisch erniedri-gen. Nicht ungeschickt fand er Möglichkeiten und Wege, seinem Analytiker nachzuspionieren in der Hoffnung, die Türe zu dessen geheimen Spielen aufreißen zu können. Es war nicht schwierig, in all den berichteten Situationen zu entdecken, daß es sich um »Neuauflagen, Nachbildungen von den Regungen und Phantasien« handelte, »die während des Vordringens der Analyse erweckt und bewußt gemacht« wurden. Immer wieder erfolgte die »charakteristische Erset-zung einer früheren Person durch die Person des Arztes.«[17]

---

17 Studienausgabe Bd. VI, S. 180.

Auch war nicht schwer zu erkennen, daß es die Imago des Vaters war, die in einer Reihe von sadistisch empfundenen Lehrern wiederkehrte und die er, festgekettet an seinen Wiederholungszwang, auf die Person des Arztes übertragen mußte.

Im Rahmen der Übertragung agierte der Patient also auf das heftigste, und parallel damit entwickelte er im Verhältnis zum Therapeuten eine Übertragungsneurose. Darunter versteht man eine Wiederholung der sonst schon gebildeten Übertragungen, diesmal unter ausschließlicher Konzentration auf den Arzt. Es handelt sich also genau besehen um eine künstliche Neurose, die durch das psychoanalytische Arrangement gefördert wird, die aber eben die Voraussetzung für ein besseres Verständnis der lebensgeschichtlichen Entwicklung des Patienten schafft. Die große Abhängigkeit, die der Patient vom Analytiker in der Phase der Übertragungsneurose fühlt, ist – nebenbei bemerkt – für viele Menschen der stärkste Hinderungsgrund, sich einem analytischen Prozeß zu überlassen. Mit der Entwicklung der Übertragungsneurose in der psychoanalytischen Kur wächst im subjektiven Erleben des Patienten der Arzt zu einer immer mächtigeren Figur. Fast die gesamte Aufmerksamkeit des Kranken gilt ihm und seinem Verhalten, und der Patient neigt zu kritikloser Idealisierung, aber auch, der Ambivalenz der Gefühle entsprechend, zu heftiger Feindseligkeit, je nach dem, welcher Übertragungsaspekt gerade aktualisiert ist.

Wir sprechen so ausführlich von Übertragung nicht allein deshalb, weil sie zu einer so bedeutsamen therapeutischen Hilfe gestaltet werden kann, vorausgesetzt, man versteht sich auf ihre Handhabung, sondern weil sie gleichzeitig einen Markstein der Entwicklung der Psychoanalyse bildet. Das Prinzip der Übertragungen – ich übernehme Freuds gelegentlichen Plural-Gebrauch des Wortes – als solches ist des Nachdenkens wert. Wir alle haben an diesem psychischen Vorgang Anteil. Aber nur jemand, der die stellvertretende Funktion des Symbols zu begreifen vermag, kann verstehen, was dieser Begriff vermittelt. Wir sehen uns in ungezählten Lebenslagen motiviert, ein bestimmtes Verhalten an den Tag zu legen. Wir bilden uns Erwartungsmuster, denen gemäß wir ein Stück psychischer Wirklichkeit interpretieren. Es gehen »Neuauflagen, Nachbildungen der Regungen und Phantasien« mit den Übertragungen einher. Was also in der Übertragung als Inhalt erscheint ist schon einmal erlebt worden und wird jetzt nur aktualisiert. In der Übertragung beobachten wir gleichsam eine szenische Regression – ein Rückerinnern, das aber vom Individuum mit dem subjektiven Gefühl überzeugender Gegenwärtigkeit erlebt wird. Das Gefühl einer sich entwickelnden Verliebtheit in den Arzt, um bei diesem klassischen Beispiel der Übertragungsneurose zu bleiben, zieht die ganze Aufmerksamkeit des Patienten auf sich, so daß er gar keinen Anlaß verspürt, sich an vergangene Gefühle vergleichbarer Art zu erinnern.

Wenn wir dieses triebgespeiste, gefühlshafte Verfallensein an das Objekt (den Therapeuten) betrachten, der seinerseits zunächst ja auch nicht an die Hintergründe des Übertragungsgeschehens gewöhnt war, ist uns verständlich, warum Freud in der Übertragung zuvorderst den Widerstand am Werke sah, nämlich Widerstand gegen die Erinnerung. Erst unter ihrem Einfluß wird es möglich, die unbewußt weiterwirkenden Triebwünsche zu bearbeiten, dem Ich die Angst vor ihnen zu nehmen. Überall dort, wo Regression am Werke ist, muß das Ich lernen, sich schrittweise darauf zu verlassen, daß es mit den Kräften der äußeren Realität wie mit den internalisierten Schuldgefühlen fertig zu werden in der Lage ist. Dem Therapeuten fällt da die wichtige Funktion des Hilfs-Ich zu; das Ich erfährt, nicht mehr so schwach zu sein wie in der Phase des ödipalen Konfliktes. An die Stelle des Wiederholungszwanges tritt das befreiende Gefühl, einer Ich-Leistung fähig geworden zu sein.

Eine Loskettung vom Wiederholungszwang hat noch andere Fortschritte nötig, wenn sie gelingen soll. Don Juan ist für das Verfehlen dieser Befreiung ein extremes Beispiel. Er agiert in den ungezählten Verführungssituationen erinnerungslos in bezug auf den Konflikt, der ihm dieses Agieren aufzwingt. Er benötigt aber eine hohe Lustprämie aus diesem Agieren, um die Unlust überwinden zu können, die mit seinem verdrängten Konflikt (aus seiner passiv-homosexuellen Triebrichtung) verknüpft ist. Nicht so Extremes, aber deutlich genug Vergleichbares trägt sich zu, wenn der Patient seiner Übertragungsverliebtheit auf den Therapeuten nachgeben will. Dann interessiert ihn nicht mehr die analytische Arbeit, er beruhigt sich vielmehr im Schutze seines geliebten Objekts. Don Juan ist nicht zu kurieren, so lange er den Übertragungsmechanismus, der ihn von Verführung zu Verführung treibt, nicht durchschaut.

Ohne Leidensdruck wird also kein Patient auf den Gedanken kommen, einen Psychoanalytiker aufzusuchen. Dieser Leidensdruck wird aber oft vordergründig übertönt von dem Lustgewinn, den er aus seinen triumphalen Verführungen ziehen kann. Hier stellt sich wieder einmal die Frage, wo die Grenze von Normalität und Pathologie verläuft. Was von Don Juan als Kraft und Stärke erlebt wird, ist aus der Sicht der Analyse das Ergebnis eines psychopathologischen Defektes, der in Don Juans ersten Objektbeziehungen zu vermuten ist. Übertragung spielt in seinem Symptom die überragende Rolle.

Nicht jeder Don Juan des Alltags kann sich einen so legendären sekundären Krankheitsgewinn einhandeln wie sein mythisches Vorbild. Dieser sekundäre Krankheitsgewinn ungehemmter Sexuallust kann sich als unübersteigbare Barriere auf dem Heilungsweg erweisen.

Man fragt sich oft, warum Einsichten, die uns die Psychoanalyse eröffnet hat, sich so ungeheuer langsam – wenn überhaupt – ausbreiten. Der Grund ist leicht zu vermuten. Reflexionen über unser Verhalten sind regelmäßig mit Unlust verbunden und werden eher gemieden als gesucht. Wer aber andererseits den – offen zutage liegenden – kulturellen Triebverzicht, an dem wir leiden, mit soviel Geschick umgeht, hat Anspruch, als »Held«, wenn auch nur als »Frauenheld«, bewundert zu werden. Das Publikum verspürt keine Veranlassung, tiefer in die Motive des Helden einzudringen, wo es um den Triumph der Libido geht. Daß nicht freiwilliges Abenteurertum, sondern die unerbittliche Forderung des Wiederholungszwanges die Motivation bestimmt, bleibt ein ungedachter Gedanke. Übertragung und Gegenübertragung geschehen, solange sie, wie Freud, sagte, unerkannt bleiben, besonders ungestört.

Im Hinblick auf ihre Übertragungsleistungen bleiben die Menschen im gegenwärtigen Bewußtseinszustand nicht nur ungewarnt, sie bleiben auch unbelehrt. Denn die sanft beharrliche Rückweisung der Zumutung des Patienten, der Analytiker möge den Ball aufnehmen und entsprechend seinen Übertragungsgefühlen mit ihnen agieren, führt endlich dazu, daß der Patient sich bereit findet, an seinen Idealisierungen, oder was er dem Analytiker sonst zusprechen mag, zu zweifeln. Aber wer geht diesen mühseligen Weg, und vor allem wer kennt ihn? Für die Übertragungsvorgänge gibt es in unserer Gesellschaft kein anerkanntes soziales Arrangement, das den verdrängten und die Übertragung in Gang haltenden Konflikt zu entdecken und zu analysieren vermöchte. Die Beichte wäre ein solches vergleichbares Arrangement, das dem Individuum Anweisungen gibt, wie es seine Schuldgefühle produktiv bearbeiten könnte.

Infolgedessen wird im Freiraum der Gesellschaft nur selten Wirklichkeit, was ein Ziel der psychoanalytischen Behandlung ist: nämlich »eine gemeine Neurose durch eine Übertragungsneurose zu ersetzen«, also eigentlich durch eine künstliche Erkrankung, »von der er (der Patient) durch die therapeutische Arbeit geheilt werden kann«.[18]

Obgleich viele Probleme der Psychoanalyse mit Recht unsere Aufmerksamkeit beanspruchen dürfen, bin ich dafür, daß wir noch zur Diskussion eines Übertragungsaspektes, den wir bisher gar nicht beachtet haben, bei unserem Thema bleiben. Es gilt, ein Phänomen zu besprechen, dessen Erscheinung nicht allzu schwer vorauszusehen war, nämlich die Tatsache, daß der Therapeut anfängt, auf den Patienten zu übertragen, dies zu spät bemerkt und sich unter solch ungünstigen Umständen zu gemeinsamem Agieren mit ihm verleiten läßt. Was soeben von der Schwierigkeit der Ausbreitung psychoanalytischen Wissens gesagt wurde, gilt in etwa auch für den psychischen Prozeß der Übertragung. Die Gefahr der Gegenübertragung war größer, als das Wissen um die Übertragungsphänomene noch sehr lückenhaft war. Aber sie ist keineswegs gebannt. Welche Schwierigkeiten hier entstehen können, zeigt uns ein Beispiel, das gleichzeitig ein Stück Geschichte der Psychoanalyse übermittelt. Es geht um Enttäuschungen, die Carl Gustav Jung von zwei agierenden Pa-

18 G. W. Bd. X, S. 134 f. (erscheint im Ergänzungsband der Studienausgabe).

tienten hinnehmen mußte. Er berichtete darüber an Freud.

Durch sieben Jahre, von 1906 bis 1913, führten Freud und Jung einen intensiven Briefwechsel[19], der sich hauptsächlich auf die Fragen ihrer Wissenschaft erstreckte. Es ist aber auch sehr viel von ihrer Lebens- und Denkungsart, von ihren aktuellen Problemen mit Patienten in diese Korrespondenz eingegangen. Unter diesen aktuellen Themen tauchte einmal eine Begebenheit auf, die als schmerzliches Beispiel einer außer Kontrolle geratenen ärztlichen Gegenübertragung angesehen werden darf.

Jung berichtete Freud über das schnöde Verhalten zweier seiner Patienten. Beide waren hochintelligent und zunächst mit Jung befreundet. Sie waren überdies ärztliche Kollegen. Der erste Patient war ein Mann. Ihn diagnostizierte Jung als Zwangsneurotiker, worin ihn auch Freud bestätigte. Außerdem war er in einen schweren Morphinismus geraten und bedurfte einer Entziehungskur. Der zweite Patient war eine Ärztin, die Jung vor Jahren nach seiner Schätzung unter »größter Hingabe aus schwerster Neurose herausgerissen« hatte. Es bleibt unklar, welcher Art diese Neurose war. Die Patientin scheint unter typischen Merkmalen eines hysterischen Charakters gelitten zu haben. Jedenfalls sprechen die heftigen Übertragungsleistungen sehr dafür. Jung meinte in einem Brief an Freud, die Patientin habe ihm »einen wüsten Skandal ausschließlich deshalb gemacht, weil er auf das Vergnügen verzichtete, ihr ein Kind zu zeugen«. Sie scheint sich außerdem gezielt indiskret auch als Jungs Geliebte ausgegeben zu haben, was diesen nicht zuletzt angesichts der akademischen Verhältnisse im Jahre 1908 ängstigte und empörte.

Als der morphinistische Kollege sich mit einem Behand-

---

19 S. Freud/C. G. Jung, Briefwechsel. Frankfurt 1974.

lungswunsch an Jung wandte, hatte dieser »alles liegen lassen und hatte alle verfügbare Zeit tags und nachts an ihn gewendet, um seine Analyse möglichst zu fördern«. Über das Verhalten der Kollegin konnte Jung besonders betroffen sein, weil er in ihr seinen, wie er sagte, psychoanalytischen »Schulfall« erblickt hatte. Außerdem seien seine »Absichten ihr gegenüber immer rein gewesen«: und trotzdem diese perfide Verleumdung. Freud antwortet, die Patientin habe Jung die neurotische Dankbarkeit der Verschmähten kennen gelehrt.

Was zwang diese beiden Patienten, ihren Therapeuten, der sich so viel Mühe gegeben hatte, »in denkbar verletzender Weise zu enttäuschen«? Hier ist anzumerken, daß junge Analytiker nicht selten, aber auch solche mit langer praktischer Erfahrung, unversehens in ähnliche überraschende Gegenübertragungssituationen geraten können. Sie erleben dann, soweit sie sich den Angeboten zu agieren entziehen, die Gültigkeit des Spruchs, Undank sei der Welt Lohn. Eine solche Redensart klingt wie eine empirisch gesicherte Wahrheit, klärt uns jedoch in keiner Weise darüber auf, was Menschen dazu zwingt, sich dem Spruch gemäß zu verhalten. Wenn wir hören, was Jung Freud über die beiden mitteilte, dann scheint es in der Tat so etwas wie ein innerer Zwang gewesen zu sein, der den einen zur haltlosen Persönlichkeit werden ließ und die andere zu einer Verleumderin, die sehr genau wissen mußte, welchen Schaden sie ihrem Arzt vielleicht zufügen würde. »Keinem von meinen Patienten«, klagt Jung, »habe ich dieses Maß an Freundschaft gegeben und von keinem habe ich ähnlichen Schmerz geerntet.«

Wir haben gelernt, daß man mit der gewöhnlichen, moralisch wertenden Betrachtung solchen Verhaltens nicht viel über dessen Genese in Erfahrung bringt. Daß die Patientin agiert, wohl zunächst im Rahmen einer positiven, dann einer wachsenden negativen Übertragungsneurose, ist kaum zu bezweifeln. Schwieriger ist es, das süchtige Verhalten des Patienten zu beurteilen, der Jung durch seine große Intelligenz und psychologische Intuition zu bestricken wußte, dann aber, als Jung ziemlich sicher war, wesentliche Arbeit mit ihm geleistet zu haben, ohne einen Blick zurück die Mauer der Anstalt überkletterte und verschwand. Man gewinnt den Eindruck, daß die »Untreue« dieses Patienten kein konversionshysterisches Symptom darstellt, sondern einer anderen Gruppe der Neurosen zuzuzählen ist, nämlich den narzißtischen. Das Verhalten dieses Patienten war offensichtlich dadurch charakterisiert, daß es ihm nicht gelang, Übertragungsbeziehungen von Dauer herzustellen. Erfahrungsgemäß kann solche narzißtischen Patienten, wie wir später noch sehen werden, nichts binden; sie können einfach die angebotene Hilfe nicht festhalten. Trotz der enormen Mühe des Therapeuten, trotz der äußerst intensiven Kooperation zwischen Arzt und Patient ist bei solchen Kranken alle Liebesmühe vergebens, sie von ihren Symptomen zu befreien. Diesmal sind es nicht, wie bei Don Juan, Omnipotenzphantasien, die einer Kastrationsangst entgegengestellt werden und die den Patienten unanalysierbar machen. Vielmehr sind es egoistische Zwänge, gegen die er keine emotionellen Bindungen mobilisieren konnte. Eine scheinbar grenzenlose Freiheit stellt in diesem Fall den sekundären Krankheitsgewinn dar.

Der Unterschied zwischen Übertragungsneurosen und narzißtischen Neurosen, in denen der Patient letztlich nur für sich selbst Interesse aufbringt, war in der damaligen Zeit, als diese Briefe geschrieben wurden, noch nicht klar genug erarbeitet. Aber diese Differenzierung ist hier nicht der springende Punkt. Wir müssen vielmehr korrespondierend zu dem agierenden Übertragungsverhalten der Patienten fragen, welche Gegenübertragung agierte eigentliche Jung? Das Unangemessene seiner Bemühung, das übergroße Opfer, das er bringt, Tag und Nacht für diesen einen Kranken da zu sein, die tiefe Enttäuschung, die ihm die Patienten dann bereiten, machen uns klar, daß auch er in einem ihm verborgenen pathologischen Gegenübertragungsvorgang befangen ist. Wenig erfreuliche Konsequenzen entstehen aus diesen Opfern. Im besten Sinne hingebungsvolles ärztliches Verhalten erzielt nicht den erwarteten Erfolg. Das neurotische Verhalten des Patienten wird mit dem des Arztes verwoben, dabei behält der Widerstand des Kranken die Oberhand. Der Arzt agiert die Helferrolle, der Patient jene Figur seiner Biographie, die einen nachhaltigen traumatischen Einfluß auf ihn ausgeübt hat. Es ist wahrscheinlich, daß Jung zu jener Zeit bewußt und unbewußt besonders empfänglich für Verehrung und Anerkennung war. Diese Thematik spielte ja auch in seinem späteren Bruch mit Freud keine untergeordnete Rolle. Die Allmachtsphantasien der Patienten beantwortete er in seiner Gegenübertragung mit einem wahren furor sanandi, einer Heilungswut.

Eine Episode wie diese, die mit so bitteren Enttäuschungen endet, bestätigt implizite die Notwendigkeit sorgfältiger psychoanalytischer Ausbildung und zeigt, mit welchen Risiken die Pioniere der Psychoanalyse arbeiten mußten. Wer nicht in eigener Analyse mit seinen Komplexen bekannter geworden ist, steht in Gefahr, Übertragungsverliebtheiten und ähnliches zu spät wahrzunehmen und sie nicht auf die ihnen angemessenen Dimensionen bei der Bearbeitung zu reduzieren.

Der Hinweis auf die notwendige Lehranalyse des Arztes wird auch den Laien beruhigen können; denn als potentieller Patient wird er dazu neigen, diese Analyse jetzt, nachdem er von Jungs Enttäuschungen erfahren hat, der Entzauberung einer menschlichen Tugend, nämlich der ärztlichen Hilfsbereitschaft, zu bezichtigen. Gegen diese Tugend wird gewiß niemand Einspruch erheben. Freilich kann sie manchmal ganz anders motiviert sein, als es sich in der Selbstwahrnehmung des Arztes darstellt, der im Gegenteil mit seinen Konzessionen und außergewöhnlichen Bevorzugungen einzelner Patienten diesen keinen so guten Dienst erweist, wie es zunächst den Anschein hat. Die Übertragungsproblematik ist eben ein Teil der unbewußten Problematik menschlichen Handelns. In ihm begegnen sich die miteinander rivalisierenden Triebwünsche, Erwartungshaltungen, Arrangements und welcherlei strategische Waffen es sonst noch im Bereich unbewußter Triebwünsche gibt.

Das Wort »unbewußt« spricht sich leicht aus. Ganz allgemein und auch spezifisch im Rahmen unseres Themas als unbewußte Übertragung. Wie unterscheidet sich eigentlich unbewußte Übertragung von der, die uns bewußt ist oder jederzeit bewußt werden könnte? In seiner immer wieder bewundernswerten Einfachheit hat Freud diesen Unterschied in wenigen Sätzen dargestellt. In dem kurzen Essay »Erinnern, Wiederholen, Durcharbeiten« schreibt er: »Der Analysierte erzählt nicht, er erinnere sich, daß er trotzig und ungläubig gegen die Autorität der Eltern gewesen sei, sondern er benimmt sich in solcher Weise gegen den Arzt. Er erinnert nicht, daß er in seiner infantilen Sexualforschung rat- und hilflos stecken geblieben ist, sondern er bringt einen Haufen verworrener Träume und Einfälle vor, jammert, daß ihm nichts gelinge, und stellt es als sein Schicksal hin, niemals eine Unternehmung zu Ende zu führen. Er erinnert nicht, daß er sich gewisser Sexualbetätigungen intensiv geschämt und ihre Entdeckung gefürchtet hat, sondern er zeigt, daß er sich der Behandlung schämt, der er sich  jetzt unterzogen hat und sucht diese vor allen geheim zu halten usw.«[20] All dies Verhalten hat die Qualität eines Symptoms. Wir erinnern, daß der Patient für entscheidende Fakten erinnerungslos sein muß, um Übertragung und Übertragungsneurose bilden zu können. Um diese Achse von Erinnern, Erraten und Festhalten des Erinnerten gegen den nicht leicht auflösbaren Verdrängungsvorgang dreht sich der Heilungsvorgang in den Übertragungsneurosen. Einfaches intellektuelles Datenerinnern genügt nicht, es muß gelingen, mit der Erinnerung ein Stück realen Lebens heraufzubeschwören, emotionelle Erfahrungen nachzuerleben.

Um abschließend noch einmal auf die Formen der pathologischen Übertragung und Gegenübertragung zurückzukommen: Die Befangenheit des Arztes in seinen eigenen Gegenübertragungsreaktionen schadet natürlich der unparteiischen Realitätsanalyse, für die er alle Aufmerksamkeit braucht und deren Vorbedingung die frei schwebende, ungestörte Aufmerksamkeit für alles ist, was ihm der Patient anbietet. So stellte es sich z. B. heraus, daß Jung in überaus sympathischer Offenheit sich und Freud eingesteht, daß er ungeprüfterweise jenes »herumschwirrende Gerücht«, die erwähnte Patientin habe sich als seine Geliebte bezeichnet, übernommen hatte. Er mußte später erfahren, daß die Nachrede gar nicht von ihr selbst herrührte. Jetzt beklagt Jung seine eigenen Sünden und spricht von einer »durch die Angst eingegebenen Schufterei«. Wieviel Klatsch des täglichen Lebens mag durch solche unbewußten Übertragungs- und Gegenübertragungsvorgänge herbeigeführt und als eine Art Kommunikationsgift wirksam werden. Man kann das aus der unangemessenen Heftigkeit,

---

20 G. W. Bd. X, S. 129 f. (Erinnern, Wiederholen . . .) (erscheint im Ergänzungsband der Studienausgabe).

mit der Behauptungen über Personen aufgestellt und als Beschreibung von Realität angeboten und heftig verteidigt werden, ablesen. Eben diese Exaltiertheit gehört zum Wesen des Agierens. Es hat sich gezeigt, daß am Übertragungs- und Gegenübertragungsvorgang im Laufe der wachsenden psychoanalytischen Erfahrung wesentliche Substrukturen entdeckt werden konnten. Sie haben für die Patienten des Kreises der Übertragungsneurosen eine wesentlich bessere Verständigungsbasis geschaffen und den Analytiker gelehrt, seine Gegenübertragung therapeutisch nutzbar zu machen.

Die Gegenübertragung wird heute nicht mehr ausschließlich als Störungsfaktor in einer psychoanalytischen Behandlung angesehen, wie das noch zu Zeiten Freuds weitgehend der Fall war. Als Ferenczi[21] sich bei Freud beklagte, er habe in seiner dreiwöchigen Analyse versäumt, Ferenczis verdrängte Feindseligkeit Freud gegenüber zu analysieren, erwähnte dieser in seiner Antwort seine Gegenübertragung: er habe in Ferenczi einen Sohn gesehen. Sandler[22] stellt zur Diskussion, ob diese Gegenübertragung Freuds nicht im Grunde Ausdruck der Übertragungswünsche Ferenczis gewesen sei, auf die Freud nur entsprechend reagiert habe. Heutzutage – so offenbart es auch diese Diskussionsbemerkung – ist der Analytiker durchaus geneigt, seine Gegenübertragungsgefühle daraufhin zu untersuchen, ob sie nicht Ausdruck der Gefühle und Konflikte seiner Patienten sind. Es ist klar, der Analytiker ist nicht nur der Spiegel, der die Erwartungen, Projektionen und Externalisierungen des Patienten widerspiegelt; der

---

21 Brief an Freud, 17. 1. 1930, zit. aus Jones, Leben und Werk von Sigmund Freud, Bd. III.
22 J. Sandler, Diskussionsbemerkung, Londoner Kongreß über Countertransference, Herbst 1974.

übertragende Patient ist in manchen Augenblicken durchaus in der Lage, Gefühle im Analytiker entstehen zu lassen, die eigentlich Gefühle des Patienten selber sind. Um aber in solchen schwierigen psychischen Interaktionen zwischen Patient und Analytiker sich – als Analytiker – nicht zu einem Ausagieren der eigenen Gegenübertragungswünsche verleiten zu lassen, hilft nur – so auch Paula Heimann[23] – eine fortgesetzte Selbstanalyse und immer neues Lernen aus seiner Arbeit mit den Patienten.

Freud sprach 1910 (veröffentlicht 1911) zum ersten Mal von der Gegenübertragung, »die sich beim Arzt durch den Einfluß des Patienten auf das unbewußte Fühlen des Arztes einstellt«[24], und meinte, daß der Arzt diese Gegenübertragung in sich bewältigen müsse. Trotz des vertieften Verständnisses der Gegenübertragung und der größeren Möglichkeit, sie therapeutisch zu nutzen, besteht diese Forderung nach wie vor. In der psychoanalytischen Behandlung sind Widerspiegelung der unbewußten Erwartungen und Konflikte des Patienten eng mit einer gegenseitigen unbewußten Beeinflussung von Analytiker und Patient verbunden, einer Beeinflussung, die erkannt werden muß, damit sie der Analyse dienen kann und nicht zu einem unbewußten Agieren neurotischer Gegenübertragungsgefühle des Analytiker oder zu einer folie à deux führt.

Fügen wir noch einen Kurzbericht über den arbeitsgehemmten Studenten an, der sich als Lastwagenfahrer über Wasser hielt. Er durchlief in seiner analytischen Behandlung die Phase der vorwiegend positiven Übertragungsneurose mit

---

23 P. Heimann, Bemerkungen zur Gegenübertraung. In: Psyche XVIII, S. 483 – 493.

24 S. Freud, Die zukünftigen Chancen der psychoanalytischen Therapie. In: G. W. Bd. VIII, S. 108.

der hochgradigen Idealisierung des Analytiker. Jener war die erste Autorität, der er mit freundlichen, ja bewundernden Gefühlen begegnen konnte. Patient und Therapeut erlebten dann aber auch mit voller Wucht und als sehr massiven Widerstand die Rückkehr brutaler tagträumerischer Phantasien, in denen auch dem Analytiker wenig Schonung widerfuhr. Als langsam der Gedanke für den Patienten ertragbar wurde, daß sein Vater nicht omnipotent war, daß vielmehr seine Schwäche ihn brutal machte und daß deshalb die unangemessenen Reaktionen von Vater und Sohn beide miteinander verbanden und dabei Übertragungsklischees folgten, wie sie zu ihrer Zeit im Schwange waren: als er dies alles zu sehen gelernt hatte, konnte er sich auch langsam rührender und friedfertiger Szenen im Leben mit den realen Eltern erinnern, er sah z. B. seine Mutter in langen Nachtwachen während schwerer Krankheiten an seinem Bette sitzen. Der Patient lernte es, freundliche Aspekte der Eltern neben den ihn so schwer verstörenden in der Erinnerung festzuhalten und sein einfühlendes Verständnis an die Stelle langgehegter Verachtung treten zu lassen. Mit dem Aufbau realer, einfühlender Objektbeziehungen lernte es der Patient, auf Übertragungsklischees und automatisierte Erwartungshaltungen zu verzichten und als Anzeichen seiner inneren Neuorientierung ernsthafte Zukunftspläne zu machen und sich um ihre Verwirklichung zu bemühen.

Wie viel besser stünde es um die Menschheit, wenn es uns gelänge, Übertragungen, Gegenübertragungen und Wiederholungszwänge besser zu verstehen; wenn es gelänge, die schicksalhaften Vorbilder der Kindheit durch eine spätere vorbildlichere Affektkultur zu ersetzen, d. h. den Umgang zwischen »groß« und »klein«, erfahren und unerfahren wo nötig zu mildern und zu korrigieren.

# VII
## Triebtheorie I
## (Libido)

Wir wissen nur bruchstückweise, wieviel von dem Gedankengut der Psychoanalyse verändernd auf das öffentliche Bewußtsein eingewirkt hat. Sicher ist das Spektrum der Meinungen sehr breit, ist die Zahl der Mißverständnisse sehr groß, und sicher überwiegen sie die tatsächlichen Einsichten bei weitem. Das kann man schon daraus erkennen, daß fast alle Informationen (z. B. in Zeitschriften und Massenmedien), die für die breite Öffentlichkeit bestimmt sind, Unrichtiges enthalten, was leicht zu korrigieren gewesen wäre.

Das Thema freilich, das wir in diesem und im folgenden Kapitel behandeln wollen, ist in der Tat schwierig. Wer hier Irrtümern anheimfällt, muß deshalb keineswegs ein Ignorant sein. Wir werden von der Triebtheorie der Psychoanalyse handeln und uns dabei auf drei Fragen konzentrieren:

1. Was ist ein Trieb?
2. Was ist Libido?
3. Was ist Aggression?

Auch wenn man nur ein entferntes Wissen von Psychoanalyse hat, wird einem beim Aufzählen dieser drei Fragen klar sein, daß bei der Antwort Vorsicht am Platz ist und daß man keinesfalls beim Leser die Erwartung erwecken darf, die kurzen, bündigen Fragen würden ebenso kurze und bündige Antworten erfahren. Das ist leider nicht zu erhoffen. Das Thema ist vielmehr so komplex wie nur denkbar. Es führt hart an schwierigste erkenntnistheoretische Probleme heran, die die Natur des Menschen uns stellt.

Was den Sexualtrieb betrifft, der in der Geschichte der Psychoanalyse eine der großen Hypothesen fast von Anfang an gewesen ist, so wird von ihm allgemein zugegeben, daß es sich um einen echten Trieb handelt. Nach Freuds Vorstellungen sind es eine ganze Reihe von Voraussetzungen, die erfüllt sein müssen, um einen Trieb als solchen zu qualifizieren. Da ist einmal die Konstanz der Wirkung, die den Trieb auszeichnet. Er vollzieht sich als ein rhythmisches Geschehen; mit zunehmender Spannung steigt die Unlust, die nach der Entspannung in das Lustgefühl einmündet. Wobei wir nicht übersehen, daß Spannung in erträglichem Ausmaß durchaus mit Lustgefühlen einhergehen kann oder diese vor und während der Entspannung zu steigern vermag.

Eine der wichtigsten Kennzeichnungen des Triebes ist seine »Herkunft von Reizquellen im Innern des Organismus«. »Unter einem ›Trieb‹ können wir zunächst nichts anderes verstehen als die psychische Repräsentanz einer kontinuierlich fließenden innersomatischen Reizquelle, zum Unterschied vom ›Reiz‹, der durch vereinzelte und von außen kommende Erregungen hergestellt wird.« Trieb ist also einer der Begriffe der Abgrenzung des Seelischen vom Körperlichen. Es wäre am einfachsten, meint Freud, den Trieb gleichsam als eine Arbeitsanforderung des Organischen an das Psychische zu verstehen. »Die einfachste und nächstliegende Annahme über die Natur der Triebe wäre, daß sie an sich keine Qualität besitzen, sondern nur als Maße von Arbeitsanforderung für das Seelenleben in Betracht kommen. Was die Triebe voneinander unterscheidet und mit spezifischen Eigenschaften ausstattet, ist deren Beziehung zu ihren somatischen Quellen und ihren Zielen. Die Quelle des Triebes ist ein erregender Vorgang in einem Organ und das nächste Ziel des Triebes liegt in der Aufhebung dieses Organreizes.«[1]

In der Welt der Organismen ist die Bindung von Triebobjekt und auslösendem Schlüsselreiz sehr eng und unwandelbar verknüpft. Hierin liegt ein grundlegender Unterschied zum Menschen und dessen viel unspezifischerer Triebkonstitution. In diesem Unterschied zum Tier manifestiert sich offenbar eine der entscheidenden Freiheiten, die in der menschlichen Konstitution verankert sind. Man kann aber auch, statt idealisierend von »Freiheit« zu sprechen, eine umgekehrte Wertung heranziehen und statt von Freiheit vom »Defizit« in der Triebausstattung sprechen. Dann ist die relative Leichtigkeit, mit der Triebobjekte ausgetauscht, aufgegeben und wieder besetzt werden können, als kompensatorische Leistung zu verstehen; statt der statischen Wiederholung des Gleichen in der definitiv differenzierten und fixierten Instinkthandlung werden zwischen Menschen unzählbar viele Konfliktlösungs-, überhaupt Entscheidungsangebote gemacht.

Wir wiederholen also: es hat nur einen Sinn, von Trieb zu sprechen, wenn man seine Manifestationen, seine Repräsentanzen mit in die Betrachtung einbezieht. Der Trieb meldet sich durch den zunächst lustvollen, mit zunehmender Spannung jedoch Unlust erzeugenden Drang. Die Triebentlastung kann auf vielfältigen Wegen durch relativ leicht austauschbare Objekte zum Ziel geführt werden; vor allem aber ist zu

---

1 Studienausgabe Bd. V, S. 76 f.

beachten, daß es einer innersomatischen Reizquelle bedarf, um von Triebhandlungen sprechen zu können.

Obgleich diese Definition einleuchtend ist, schätzt Freud die von ihm geschaffene Trieblehre zwar als »das bedeutsamste, aber auch unfertigste Stück der psychoanalytischen Theorie«[2] ein. Um die eminente »Arbeitsanforderung« verstehen zu können, welche die Triebtheorie an ihren Entdecker gerichtet hat, muß man sich vergegenwärtigen, daß Freud noch 25 Jahre nach der eben zitierten Feststellung schreibt: »Die Trieblehre ist sozusagen unsere Mythologie. Die Triebe sind mythische Wesen, großartig in ihrer Unbestimmtheit. Wir können in unserer Arbeit keinen Augenblick von ihnen absehen und sind dabei nie sicher, sie scharf zu sehen.«[3]

Es ist zweifellos verständlich, zu sagen, der Mensch mit seinem Trieb »besetze« ein Objekt, von dem er Abfuhr der Erregung und damit Befriedigung erwarte. Der gedachte Energiestrom fließt dann von der Triebquelle zum Triebobjekt[4]. Es war aber wiederum ein Erkenntnissprung, als Freud entdeckte, daß die sexuelle Triebkraft – die Libido – nicht nur Objekte in der Außenwelt besetzt, sondern daß unser Selbst zu einem Objekt unserer eigenen Triebe werden kann. Der Energiestrom läuft in umgekehrter Richtung vom bis dahin libidinös (oder aggressiv) besetzten Objekt zurück in unser Selbst. Die so entstehende Libido nennen wir Ich-Libido oder narzißtische Libido. Die Beweglichkeit der Besetzungs-

---

2 ib., S. 77.

3 Studienausgabe Bd. I, S. 529.

4 Daß hier Metaphern für menschliches Verhalten benutzt werden, die aus der Physik stammen, ist vielen ein Ärgernis. Dennoch helfen sie uns, typische psychische Verhaltensweisen überhaupt abstrakt beschreiben zu können, zumindest fehlen uns bisher alternative Begriffe, die das besser zu leisten vermöchten.

vorgänge kann dabei sehr wechseln. Eine stetige hochgradige Besetzung unseres Selbst mit narzißtischer Libido ist eine Möglichkeit, eine andere liegt in der gleichermaßen möglichen ruhigen und dauerhaften Besetzung eines Objekts in der Außenwelt. Diese Besetzungsform kann jedoch, wie angedeutet, sich verändern, indem Objekte in der Außenwelt aufgegeben werden. Die Besetzungsenergie strömt dann zurück auf das Selbst und verwandelt sich in narzißtische Libido.

Zum Verständnis menschlicher Motivationen ist es unerläßlich, analysieren zu können, um welche Form von Objekt- oder Selbstbesetzung libidinöser Art es sich im jeweiligen Augenblick handelt. Es kann, wenn wir diese Theorie akzeptieren, sich um primär-narzißtische Libido handeln, Libido also, die immer das Ich oder Selbst besetzt gehalten hat: ohne ein gewisses Maß von Selbstliebe keine leib-seelische Gesundheit. Wenn diese narzißtische Libido zu sehr reduziert wird, kümmert das Individuum, das sich nicht selbst auf natürliche Weise annehmen kann. Oder es geschieht eine sekundäre narzißtische Besetzung: durch Libido, die aus aufgelassenen Objektbeziehungen entstanden ist. Die primäre und die sekundäre narzißtische Libido sind Teil unterschiedlicher Situationen. Im Besetzungsvorgang kann sich Objektlibido in Ich-Besetzung umwandeln und umgekehrt.[5]

Als beispielhaft für die Art eines psychoanalytischen Theoriestreits über primären Narzißmus oder »primäre Liebe« sei hier ein Problem angeführt: Ist die Libido tatsächlich primär, d. h. nach der Geburt, wenn noch keine definitive Wahrnehmungstrennung zwischen Ich und Außenwelt für den Säugling möglich ist, im Organismus des Kindes versammelt? Es

---

[5] G. W. Bd. XIII, S. 231.

würde sich dann um narzißtische Libido handeln. Oder gibt es, wie es Michael Balints[6] Auffassung war, so etwas wie primäre Liebe, dergestalt, daß vom Lebensbeginn an wechselseitige Objektbesetzungen zwischen Mutter und Kind stattfinden? In diesem Streit, der besonders von Willi Hoffer und Michael Balint in den fünfziger Jahren geführt wurde, ist abzusehen, daß er kaum zu einem eindeutigen »Sieg« auf der einen oder anderen Seite geführt werden könnte. Es spiegeln sich in ihm aber zwei Grundauffassungen wider: ist der Mensch ein primäres Individuum oder ein primär gruppenbezogenes Wesen? Dieser Streit wird sich, wie gesagt, nicht schlichten lassen. Aber daß diese unterschiedlichen Auffassungen mit Leidenschaft vertreten wurden, beweist, daß die Frage offen ist. Mancher mag dies als ein überflüssiges Renkontre ansehen, manch anderer aber darin eine ihm notwendige Zielorientierung erblicken.

Unsere zweite Frage drängt: Was ist Libido? Trotzdem noch der Hinweis auf die Erscheinungsform der Primär- und Sekundärprozesse, die man mit Charles Brenner als »Funktionsmodi des psychischen Apparates«[7] bezeichnen kann. Der Trieb leistet seine Funktion im Rahmen des »psychischen Apparates«. Die Vorstellung des »psychischen Apparates« steht für alle Seelentätigkeit, in der energetische Probleme eingeschlossen sind. »Der Primärprozeß erhielt seinen Namen, weil Freud ihn für die ursprüngliche oder primäre Funktionsweise des psychischen Apparates hielt.«[8] Der Primärprozeß gehorcht den Bedürfnissen, wie sie aus dem Unbewußten, dem Es, unzensiert auftauchen. Ihre Funktions-

---

6 Vgl. M. Balint, Die Urformen der Liebe und die Technik der Psychoanalyse. Frankfurt 1967.
7 Charles Brenner, Grundzüge der Psychoanalyse. Frankfurt 1967, S. 58.
8 ib., S. 58/59.

weise ist offensichtlich nicht an Raum und Zeit gebunden, sie folgt vielmehr der Wahrnehmung triebhafter Bedürfnisse, ohne Orientierung an der äußeren Realität. Stünden uns nur Primärprozesse zur Verfügung, so wäre unsere Spezies zweifellos längst ausgestorben. Mit dem Lustprinzip allein sind offenbar die Probleme des Überlebens nicht zu meistern. Unter Sekundärprozeß verstehen wir alle jene seelischen Äußerungen, an denen der Einfluß unseres Ich entsprechend der Vielfalt seiner Leistungen deutlich zu erkennen ist.

Im Gegensatz zum Primärprozeß, an dem keine Spuren der Entwicklung zu entdecken sind, entwickelt sich der Sekundärprozeß »allmählich und fortschreitend während der ersten Lebensjahre und ist für die Operationen des verhältnismäßig reifen Ich charakteristisch«.[9]

Die folgende Kennzeichnung der Triebqualitäten leitet bereits zu den Problemen der Libido über. Es geht um die Frage der Urtriebe. Freud sagt: »Ich habe vorgeschlagen, von solchen Urtrieben zwei Gruppen zu unterscheiden, die der Ich- oder Selbsterhaltungstriebe und die der Sexualtriebe.«[10] Diese Unterscheidung hat Freud bei seiner langen theoretischen Arbeit selbst nicht immer befolgt. Nach der Einführung des Narzißmuskonzepts ließ sich die Unterscheidung von Ich- und Sexualtrieben nicht länger aufrechterhalten, denn auch die narzißtischen Ich-Triebe erwiesen sich als libidinös: man liebte dabei nur das eigene Ich oder Selbst anstatt eines Objekts.

Vorübergehend ordnete Freud die Aggression den nicht-libidinösen Ich-Trieben, der Selbsterhaltung, zu. Mit »Jenseits des Lustprinzips«[11] beginnt die letzte Phase seiner Triebtheo-

---

9 ib., S. 59.
10 G. W. Bd. X, S. 216/217 (erscheint in Band III der Studienausgabe).

rie: die Unterscheidung zwischen Lebens- und Todestrieben. Die Sexual- und Selbsterhaltungstriebe wurden dem Lebenstrieb zugeordnet, die Aggression galt jetzt als nach außen gewendete Äußerung des Todestriebes. Aggression ließe sich im übrigen nur in ihrer Mischung mit Libido beobachten – so Freud –, eine Mischung, die stabil, aber auch sehr locker sein und dann zu einer relativen Entmischung führen könne.

Es ist im Augenblick nicht notwendig, diese Modelle näher zu untersuchen, wir werden noch darauf zurückkommen. Nur so viel bleibt festzuhalten: Freud hat den Dualismus in seiner Triebtheorie bei aller Arbeit an ihr nie aufgegeben. Dabei distanziert er sich bei Gelegenheit aber von seinen eigenen theoretischen Anstrengungen. Die Einteilung in zwei Gruppen von Urtrieben erklärt er als »eine bloße Hilfskonstruktion, die nicht länger festgehalten werden soll, als sie sich nützlich erweist, und deren Ersetzung durch eine andere an den Ergebnissen unserer beschreibenden und ordnenden Arbeit wenig ändern wird«.[12] Wieder einmal muß man die Gelassenheit Freuds, die aus diesen Sätzen spricht, bewundern.

Die Gegenüberstellung einiger seiner Ansätze zur Definition der Libido läßt erwarten, daß etwas von seinen Anstrengungen, triebhaftes Verhalten auf den Begriff zu bringen, spürbar wird. In jedem Fall werden wir mit diesen Probedefinitionen auf spezifische Merkmale der Libido aufmerksam gemacht. So heißt es etwa: »Der Sexualtrieb, dessen dynamische Äußerung im Seelenleben ›Libido‹ genannt sei, ist aus Partialtrieben zusammengesetzt, in die er auch wieder zerfallen kann.«[13]

---

11 G. W. Bd. VI, 1920.
12 G. W. Bd. X, S. 217.
13 G. W. Bd. XIII, S. 220.

Das dualistische Triebmodell schließt also Triebmischung wie -entmischung ein. Die Intensität dieser Vorgänge ist ein wichtiges Unterscheidungsmerkmal. Das Ziel der Lebenstriebe ist die Mischung, die Bindung, das der Todestriebe die Entmischung, Zusammenhängendes wird aufgelöst, letztlich wird das Leben zerstört. »Veränderungen im Mischungsverhältnis der Triebe haben die greifbarsten Folgen. Ein stärkerer Zusatz zur sexuellen Aggression führt vom Liebhaber zum Lustmörder, eine starke Herabsetzung des aggressiven Faktors macht ihn scheu und impotent.«[14] Mit der Triebmischung haben wir uns auch bei der Besprechung der Funktionsweise des Primärprozesses beschäftigt. Je kraftvoller das zur Integrationsleistung befähigte Ich sich dem primärprozeßhaften Drang von Libido und Aggression gegenüber bemerkbar machen kann, desto größer wird die Spanne sein, bis zu der Triebaufschub ertragen wird; um so stabiler auch deren Mischung. Bei der Mischung eines stürmischen, in Primärprozessen sich kundgebenden Verlangens nach momentaner Triebabfuhr mit einer sekundärprozeßhaften Kontrolle der Lage durch das Ich hängt die Entscheidung natürlich vom relativen Kräfteverhältnis der Primär- und Sekundärvorgänge ab. Jedermann kennt von sich selbst, was mit Triebmischung und -entmischung gemeint ist. Wenn es uns endlich gelungen ist, einen Affekt in uns niederzukämpfen zugunsten einer unparteiischeren, vielleicht auch toleranteren Betrachtung der Lage, dann ist das offenbar ein Erfolg für den Einfluß der beteiligten Sekundärprozesse. Ebenso offenbar haben wir es, um bei diesem Beispiel zu bleiben, mit einer Entmischung von Aggression und Libido zu tun, wenn bei einer neuerlichen Beleidigung unserem psychischen Apparat

---

14 G. W. Bd. XVII, »Abriß der Psychoanalyse«, S. 71.

jetzt die Erledigung dieser neuen Erregung nur noch auf primärprozeßhafter Ebene gelingen will. Normalerweise ist dieser Modus der Erregungsabfuhr für das unreife Ich charakteristisch. Der Wutanfall des Kindes, das seinen Willen nicht durchsetzen kann und das sich auf den Boden wirft, der legendäre Biß in den Teppich, sind markante Anzeichen der Triebentmischung. Und diese kann bei »Hochspannung« häufig nur eine Niederlage für die Sekundärprozesse mit sich bringen.

Wir lernen also zweierlei: die dynamische Repräsentanz des Sexualtriebes wird »Libido« genannt; aber Libido ist nichts Einheitliches. Sie setzt sich aus Partialtrieben zusammen.

Es sei noch ein Gesichtspunkt zum besseren Verständnis der Vorgänge angefügt. Die Partialtriebe haben – wie der definitiv unter der genitalen Vorherrschaft integrierte Sexualtrieb – ihre Quellen in den erogenen Zonen des Organismus. Die sexuelle Libido integriert ihre Kraft gemäß den Phasen des individuellen Wachstums. In den erogenen Zonen werden stufenweise Lusterfahrungen erlebt.

Bei der Verteidigung der Grundlagen seiner Lehre gegen verleumderische Verfälschungen hat Freud immer an der Bezeichnung »sexuell« für beides festgehalten: zur Bezeichnung der infantilprägenitalen Phasen der Libidoentwicklung wie für ihr definitives Erscheinungsbild. Er hätte in eine unverbindlichere Namensgebung ausweichen können, hätte damit aber das revolutionäre Konzept einer sich stufenweise integrierenden Sexualentwicklung geschwächt.

Die orale Libidobefriedigung ist die älteste. Sie wird durch das Saugen an der Mutterbrust und an Ersatzobjekten erreicht. Der Brust bleibt die Qualität der erogenen Zone erhalten, auch wenn die Reifung weiterschreitet und wenn dann die Empfindungen einer anderen erogenen Zone im Vordergrund stehen.

Je verständnisvoller die Lusterfahrungen in den verschiedenen Abschnitten der Reifung von der Umwelt ermöglicht werden, desto befriedigender ist das orale oder anale oder phallische Erinnerungsbild und desto tiefer prägt es sich ein, gibt dem Charakter vitalen Reichtum, ohne daß dieser in seiner Entwicklung durch übermäßige Fixierung an die prägenitalen Partialtriebe behindert wird.

Wenn freilich die End-Lust (das Erreichen des Orgasmus) in der Herrschaft eines der Partialtriebe verbleibt, dann entsteht eine pathologische Situation, ein pathologischer Entwicklungsstillstand. Als Beispiel dafür seien der Fetischismus und Perversionen sadistischer oder masochistischer Natur angeführt. Ein »Übergangsobjekt«, wie Winnicott die Lieblingsspielsache oder sonst einen Gegenstand nannte[15], mit dem das Kind magischen Schutz verbindet – ein Stofftier oder nur der Zipfel der Bettdecke, an dem sich saugen läßt –, ein solches Übergangsobjekt wird im Fetischismus endgültiger Vertreter des Sexualpartners. Mit ihm ist nun die End-Lust verknüpft, mit einer Gummiunterlage, mit Unterwäsche, Schuhen. Diese und andere Objekte bilden die leblose Welt der Fetische. Bei solcher Fixierung auf eine Partialstufe, eine Teilentwicklungsstufe der Libido kann es dann nicht mehr zur Integration aller Partialtriebe unter der genitalen Vorherrschaft kommen.

Am Begriff der Libido muß man demnach eine Unterscheidung treffen. »Den Kern des von uns Liebe Geheißenen bildet natürlich, was man gemeinhin Liebe nennt und was die

---

15 Vgl. D. W. Winnicott, Übergangsobjekte und Übergangsphänomene. In: Psyche XXIII, 1969, S. 666–681.

Dichter besingen, die Geschlechtsliebe mit dem Ziel der geschlechtlichen Vereinigung. Aber wir trennen davon nicht ab, was auch sonst an dem Namen Liebe Anteil hat, einerseits die Selbstliebe, andererseits die Eltern- und Kindesliebe, die Freundschaft und die allgemeine Menschenliebe, auch nicht die Hingebung an konkrete Gegenstände und an abstrakte Ideen . . .« »Wir meinen also«, fährt Freud fort, » . . . daß die Sprache mit dem Wort ›Liebe‹ in seinen vielfältigen Anwendungen eine durchaus berechtigte Zusammenfassung geschaffen hat.«[16]

Die Analyse spielt sich weder in der Therapie noch in der Begriffsklärung und Theoriebildung, in einem Feld affektloser Denkvorgänge ab. Das erkennen wir neben vielen anderen Situationen an Freuds Bericht über die Reaktion auf die umfassende Verwendung eines Sexualitätsbegriffs in der Forschung: »Die Mehrzahl der ›Gebildeten‹ hat diese Namengebung als Beleidigung empfunden und sich für sie gerächt, indem sie der Psychoanalyse den Vorwurf des ›Pan-Sexualismus‹ entgegenschleuderte.«[17] Davon zeigt sich Freud nicht übermäßig beeindruckt; er bleibt bei seinem Vorsatz, »Konzessionen an die Schwachmütigkeit« zu vermeiden; »man gibt zuerst in Worten nach und dann allmählich auch in der Sache«.[18]

Nachgeben konnte wirklich nicht in Frage kommen. Freud hatte ein titanisches Ringen um die Grundlagen der psychoanalytischen Einsicht hinter sich. Mehr als ein Jahrzehnt forschte er in vollkommener Einsamkeit. Das gewaltige Oeuvre kam Schritt für Schritt zustande. Man vergißt nur

---

16 Studienausgabe Bd. IX, S. 85.
17 Studienausgabe Bd. IX, S. 86.
18 ib., S. 86.

allzu leicht, mit welcher Anstrengung jeder einzelne dieser Schritte verknüpft war. James Strachey[19] machte auf die überraschende Tatsache aufmerksam, die man beim beiläufigen Lesen übersieht, daß sämtliche Abschnitte über die Sexualtheorien der Kinder und über die prägenitale Libidoorganisation (beides in der zweiten Abhandlung) erst 1915, zehn Jahre nach der Erstveröffentlichung, den »Drei Abhandlungen zur Sexualtheorie« hinzugefügt wurden. Auch die Theorie von der Ich-Libido – des Narzißmus – ist später entstanden und wurde in der dritten Auflage in den Text aufgenommen. Das ganze Jahrzehnt gehörte weiteren klinischen Beobachtungen und unablässiger Arbeit an der Theorie.

In bezug auf diese Theorie war es wohl nicht unbegründet, daß in den letzten Jahrzehnten die stärkste Aufmerksamkeit unter den psychoanalytischen Theoretikern, aber auch unter ihren Kritikern, unter psychoanalytisch orientierten Soziologen, Ethnologen, Verhaltensforschern vornehmlich den Problemen der Aggression gewidmet war. Diese Probleme und ihre Einordnung in neurotische Zustandsbilder finden in Freud einen Beobachter, der weit über den Behandlungsraum des Arztes hinausblickt. »Freud gibt zu«, berichtet sein Biograph Ernest Jones, »daß die kulturellen Errungenschaften der Unterdrückung der Triebe zu verdanken sind, aber er wirft die Frage auf, ob die Grenze dieses Vorgangs nicht erreicht sei und ob das, was die Kultur gewonnen habe, nicht schon durch den Schaden, den sie anrichte, aufgewogen werde.«[20] Das ist eine Einschätzung, deren Präzision sich von Jahr zu Jahr deutlicher bestätigt und die man durchaus mo-

---

19 Editorische Vorbemerkung zu den »Drei Abhandlungen zur Sexualtheorie«, Studienausgabe Bd. V, S. 40.
20 E. Jones, Sigmund Freud, Bd. II, S. 348.

dern, zeitgemäß nennen kann.

Wo das Verhältnis von Sexualität und Aggression behandelt wird, drängt ein Aspekt des Trieb-Dualismus nach dem anderen darauf, mit berücksichtigt zu werden. Trotz der Beschränkungen unserer Beobachtung auf das Nächstliegende war von einzelnen Hauptfragen der Aggressionstheorie überhaupt noch nicht die Rede: zum Beispiel wie die Triebmischung zwischen Aggression und Libido vor sich geht. Welche Triebfusionen sind haltbar, in welche brechen leicht Störungen durch Primärprozesse ein?

Am beunruhigendsten ist die tiefgreifende Ungleichheit des Triebpaares Libido und Aggression. Zu Anfang erinnerten wir an Freuds These, daß ein von innen kommender Organreiz, eine stetig fließende Triebquelle die Voraussetzung für ein Triebgeschehen bilden. Unter dieser Voraussetzung war es zweifelhaft, ob man im Hinblick auf Aggression von einem *Trieb* sprechen könne. Das stetig aggressive Energie produzierende Organ haben wir nicht entdeckt. Wenn man die These von der im Organismus gelegenen Triebquelle ernst nimmt, muß eine immanente psychoanalytische Kritik die Triebthese eher verwerfen – wenn sich nicht doch noch Indizien für ein Triebgeschehen finden, das sich freilich sehr vom Bild der Libido und ihrer Aktivität unterscheiden dürfte.

Aggressives Verhalten des Menschen ist aus drei theoretischen Ansätzen zugänglich. Unserer Auffassung nach kann man mit keinem dieser drei Ansätze allein das Phänomen erklären. Freud ging mit seinen Überlegungen zunächst von einem biologischen Konzept aus. Seiner Allgegenwart entsprechend setzte sich Leben durch Wendung eines Teils seiner Selbstdestruktivität nach außen fort. Die triebhafte Selbstzerstörung ist der »kontinuierlich fließenden Triebquelle« im Falle der Libido zu vergleichen. Die urtümliche

Situation, in welcher das Leben sich selbst zu zerstören trachtet, nannte Freud den »primären Masochismus«. Der nicht nach außen gewandte Teil der Destruktivität (bzw. Aggressivität) muß in Freuds theoretischem Ansatz eine Mischung mit der Libido eingehen, um die selbstzerstörerischen Kräfte abzufangen. Die zentrale These ist, daß sich Aggression in biologischen Prozessen – und setzen wir hinzu: ubiquitär – regeneriert. Damit ist theoretisch die Voraussetzung geschaffen, von einem fortwährenden Prozeß der Triebbildung zu sprechen. Das Überraschende an dieser Theorie ist die Auffassung von Leben als eines veränderlichen, labilen Gleichgewichts von Entstehung und Zerstörung.

Dem Ich fällt, je mehr es Einfluß auf biologische Prozesse gewinnt, die fragwürdige Freiheit zu kreativer wie destruktiver Einflußnahme zu.

Einer zweiten Auffassung gilt die Aggression als Ausdruck der Enttäuschung über das Ausbleiben erwarteter Befriedigung. Für diese sogenannte Frustrationstheorie ist es also die Friktion von Erwartung und Enttäuschung, die aggressives Verhalten weckt und konstelliert. Die Frustrationstheorie arbeitet nach dem Reiz-Reaktions-Schema. Im Gegensatz zur Triebtheorie kommt der Reiz bei ihr vorwiegend aus der Außenwelt. Aber es gibt auch Enttäuschungen über sich selbst, die gegen dieses Selbst gerichtete Aggressionen wecken können.

Für eine dritte Theorie ist Aggression ein erlerntes Verhalten. Der von seiner Gesellschaft abhängige Mensch lernt frühzeitig und gründlich, daß man sich in der Gesellschaft nur mehr oder weniger aggressiv behaupten kann, was mit ihren idealen Normen in Widerspruch steht und in den einander folgenden Generationen junge Menschen wahlweise traurig oder wütend stimmt. Böte die Gesellschaft in ihren Konflikten weniger aggressive Vorbilder an, ginge sie also nicht mit destruktiven Beispielen voran, dann wäre aggressives Verhalten vielleicht leichter einzudämmen. Freilich ist Leben ohne Mitwirkung der Zerstörung nicht denkbar – jedenfalls in Freuds theoretischem Entwurf.

Erstaunlicherweise wurden relativ wenige Anstrengungen unternommen, diese drei Theorien zu integrieren. Die Psychoanalyse kann für sich beanspruchen, eine Triebtheorie der Aggression – wenn auch nicht von gleicher Schärfe wie die Libidotheorie – entwickelt zu haben. Das war ohne Zweifel ein großer Beitrag zum Wissen der Menschheit, und setzen wir hinzu: der Beitrag ist noch längst nicht ausgeschöpft. Aggression und Selbstdestruktion in allen Verkleidungen, in aller Nacktheit breitet sich kaum behindert aus.

Wir haben mit einfachen Fragen begonnen – z. B. was ein Trieb sei –, und wir enden bei dem Bewußtseinszustand, in dem nichts mehr einfach, selbstverständlich ist – so sehr wir es auch wünschen. Wir sind uns (so ist zu hoffen) schrittweise darüber klarer geworden, daß das Netz wechselseitiger Einflußnahmen sehr eng geknüpft ist.

Eine Fülle neuerer Literatur zeigt, wie unabgeschlossen die psychoanalytische Trieblehre ist, wie heftig gestritten wird. Vielleicht ist dies ein Anzeichen dafür, daß viele Zeitgenossen gerüstet sein wollen gegen libidinöse Verheißungen, die sich dann nicht erfüllen, und auch denkend gerüstet sein wollen gegen aggressive Übergriffe. Mehr als einen Denkanstoß vermochten auch wir nicht zu geben.

Vielleicht paßt die Bemerkung Goethes zu Eckermann vom 6. Mai 1827 nicht schlecht hierzu: »Die Deutschen sind übrigens wunderliche Leute! Sie machen sich durch ihre tiefen Gedanken und Ideen, die sie überall suchen und überall hineinlegen, das Leben schwerer als billig.« Angesichts des gewaltigen Mißverhältnisses zwischen den Chancen unserer Einsicht, die so begrenzt ist, und der Möglichkeit, die Auskunft, die man über sich selbst sucht, zu verfehlen, die so groß ist, kann man ein ironisches Glanzlicht wie das Goethesche gut gebrauchen, zumal wenn man sich an den Ausspruch Nestroys erinnert, den Freud so gern zitiert hat: »Ein jeder Fortschritt ist nur immer halb so groß, als wie er zuerst ausschaut.«

# VIII
## Triebtheorie II
## (Aggression individuell und kollektiv)

Wir haben im letzten Kapitel von der psychoanalytischen Triebtheorie gesprochen und dabei Libido und Aggression als Einzeltriebe behandelt. Zudem erwähnten wir, daß die Triebtheorie Freuds im Grenzgebiet zwischen Psychologie und Biologie angesiedelt sei. Die Alltagsrealität kommt aber unter dem Einfluß von Triebmischung und -entmischung zustande. Jetzt geht es uns um die Interaktion der beiden Grundtriebe, wobei wir bedenken, daß es nicht definitiv geklärt ist, ob Aggression unmittelbar vergleichbar der Libido ein Triebgeschehen darstellt oder ob sie einem anderen, unsere Psyche beeinflussenden Leistungsprinzip angehört. Wir stellen diese letztere Frage zurück und gehen von der klassischen Hypothese der dualistischen Triebtheorie aus.

»Gefühle von Liebe und Haß finden sich im menschlichen Seelenleben untrennbar verbunden und von Beginn aller Objektbeziehungen auf die gleichen Personen gerichtet. Auch das Kleinkind besetzt die Mutter, entgegen allen Erwartungen, nicht nur mit positiven, sondern auch mit negativen Gefühlen.«[1] Die funktionelle Verschlungenheit der beiden

1 A. Freud, Notes on Aggression, Bulletin of the Menninger Clinic, 1949/50, S. 147.

Grundtriebe – und das nicht nur in den Anfängen der Entwicklung des Individuums – macht es schwer, Aggression von den verschiedenen Stufen der Sexualität zu trennen. So lange eine klare Abgrenzung des Ich von der Umwelt nicht existiert und so lange keine bewußt erlebte Identifizierung mit nächsten Beziehungspersonen, also keine Du-Erfahrung, besteht, ist die Aggression ungezügelt und rücksichtslos und hat die Tendenz, sich selbstzerstörerisch gegen die eigene Person auszuwirken. Von den Bewegungskoordinationen her gesehen, die notwendig sind, um das Triebobjekt zu erlangen, kann man deskriptiv von ungekonnter Aggression sprechen. »Die psychischen Abkömmlinge von Libido und Aggression treten in keine Beziehung zueinander, solange das Denken vom Primärvorgang beherrscht ist. Erst nach dem Aufbau des Ichs, der Strukturierung der Persönlichkeit und der Entwicklung des Sekundärvorgangs kommt es im Bewußtsein zu einer zentralen Synthese aller Triebregungen, die ihre Unverträglichkeit aufzeigt und die innere Konflikte zur Folge hat.«[2]

Der erste große Aggressionskonflikt findet sich in der anal-sadistischen Phase. Das Kind muß sich Korrekturen oft schmerzlicher Art von der Realität gefallen lassen. Der Begriff »anal-sadistisch« zeigt jedoch auch, daß die Beziehungspersonen die Aggressivität des Kindes meist allzu leicht als »böse« einzuschätzen bereit sind und das Kind diese Einschätzung angsterfüllt übernimmt. Je intoleranter den Bewegungsbedürfnissen des Kindes begegnet wird, desto gehemmter das freie Erfahrungsspiel eines expansiven Eindringens in die Umwelt. Erst in der Phase des Ödipuskomplexes wird der Aggressionskonflikt der Reflexion einigermaßen zugänglich.

---

2 ib., S. 144.

Hier erscheint er in den schuldhaft verarbeiteten Todeswünschen gegen einen Elternteil, der zugleich auch geliebt wird. Die Aggression ist nun vor allem auf ein Objekt gerichtet, und auch noch in der Phantasie wird sie als schuldhaft erlebt.

Bis zu dieser Entwicklungsstufe wird Aggression wegen der mangelnden Ich-Kontrolle in den spontanen Interaktionen zwischen Erwachsenem und Kind häufig als früh sich äußernder, also vererbter Charaktermangel mißverstanden. Die Art, wie kindliche Lebensäußerungen einfühlend oder verständnislos gedeutet werden, hängt u.a. auch von den objektiven Umweltfaktoren ab. Je bevölkerter der Ort ist, an dem ein Kind aufwächst, desto geringer ist seine Aktionsfreiheit, desto stärker wird das Abklingen seiner Bewegungsunruhe als Zeichen der »Gutartigkeit« und als vorbildlich interpretiert. Der kritische Beobachter aber muß genauer zwischen Aggression und Aktivität unterscheiden, wobei im Wortsinn das zerstörerische Zugreifen als Aggression im engeren Sinne vom Tun zu trennen wäre. Die Aktivität ist sicher etwas Triebhaftes; dem klinischen Beobachter drängt sich dieser Eindruck auf. Der Organismus stellt Handlungsorgane bereit, die dem anfänglich diffusen Tätigkeitstrieb Ausdruck und Entspannung ermöglichen. In langsamen Schritten verwandelt sich ungekonnte, schlecht koordinierte Aggression in gekonnte, vielleicht sogar artistisch gekonnte. Das fördert die Triebverschränkung. Die libidinös besetzte, sublimierte Aggression kann ein starkes Lusterlebnis vermitteln.

Es hat wenig Sinn, neue Grundbegriffe einzuführen. Will man also bei der Benennung der triebhaften Tätigkeit als Aggression bleiben, so sollte diese Begriffserweiterung deutlich markiert werden, wie es bei dem anderen Grundtrieb, der Sexualität bzw. der Libido, auch geschehen ist. Unterscheidet man hier prägenitale von genitaler Sexualität, so sollte man bei der Aggression mit ebenso deutlicher Abgrenzung die ungekonnte von der gekonnten abheben. Die letztere wäre die ziel- oder sachgerechte Aktivität. Es gibt also nicht zwei Aggressionen, eine »ungekonnte« und eine »gekonnte« Aggressivität, sonder im Zuge der Reifung verschiebt sich bei Verhältnissen, die dem Kind günstig sind, das Bild langsam in der Richtung einer vollständigeren und befriedigenderen Kontrolle bzw. Transformation der ursprünglich primärprozeßhaften Äußerungen in Sekundärprozesse. Unter dem Einfluß des Ich koordinieren sich Aggressions- bzw. Aktivitätsleistungen. Wenn wir Phänomene der Entmischung der beiden Grundtriebe beobachten, dann geschieht dies meist unter starkem Affektdruck. Es kommt zu regressiven Beeinflussungen unseres Verhaltens, etwa von der Art des im letzten Kapitel besprochenen Wutanfalls. Prinzipiell sind regressive Akte in der Ausdruckssphäre der Aggressivität ebenso wie in jener der Sexualität möglich. Sie ließen sich dann als sach- und zielungerechte, undifferenzierte Handlungen begreifen. Freilich brachten diese Handlungen auf früheren Entwicklungsstufen manchmal durchaus befriedigende Entspannung.

Nach der Änderung der Triebtheorie, der Aufstellung eines Sexual- und eines mit Aggression sich äußernden Todestriebes war dieser zum Repräsentanten der eingeborenen, zerstörerischen Tendenzen geworden. Freud hat, wie erwähnt, die beunruhigende Auffassung vertreten, daß der Todestrieb sich zunächst gegen das eigene Selbst richtet und erst im Laufe der Entwicklung nach außen gewendet wird, wo er sich eben als Aggression, oft als destruktive Aggression äußert.

In der täglichen Beobachtung können wir also weder Sexualität noch Aggressivität in reiner Form untersuchen. »Die zwei Grundtriebe bilden vereinte Kräfte oder handeln gegeneinander und gerade durch diese Kombination entstehen die Phänomene des Lebens.« Jedenfalls scheint festzustehen, »daß ohne die Beimengung von Aggression die sexuellen Antriebe unfähig zur Erreichung irgendeines ihrer Ziele bleiben«, schrieb Anna Freud.[3]

Es gibt also zwei Zielsetzungen: die Aggression einmal phänomenologisch und triebdynamisch verfeinert zu beschreiben und zum anderen die Frage aufzuwerfen, welche Reifungen des psychischen Apparates vorausgegangen sein müssen, damit die differenzierteren Ausdrucksformen des Triebgeschehens die weniger differenzierten ablösen können. Wenn Aggression der libidinösen Strebung beigemengt sein muß, damit diese ihr Ziel, die Entspannung, erreicht, so mildert umgekehrt der Zuschuß von Libido, wie dies Freud betont hat, die aggressiven Impulse. Das heißt: nur die doppelte Umfassung des Triebobjektes, aggressivaktiv und libidinös (im Sinne sexueller oder sublimierter Zuwendung), bringt die optimale, Aktion mit Einfühlung verschmelzende Spannung hervor, der eine das Ich und das Es befriedigende Entspannung folgen kann.

Umgekehrt bleiben für das Individuum die nicht ganz zu verschmerzenden Hemmungen seiner frühen ungezügelten und noch ungekonnten Aktivitätsäußerungen nicht ohne Rückwirkung auf seine libidinöse Triebreifung. Dem Kind, das gehindert wird, expansiv sich zu verhalten, wird gleichzeitig verwehrt, Realität zu testen und in ihren Gesetzen zu erfahren. Mit jeder Objekteroberung wird ein Stück Welt für das Kind zur Wirklichkeit. So überwindet es seine primärnarzißtische Selbstbezogenheit. Bei dieser langsamen Ent-

---

3 ib., S. 147.

wicklung zur bewußten Auffassung einer Viel-Personen-Situation spielen Reaktionsbildungen in den Handlungspartnern eine wichtige Rolle. Da ist zunächst die übertriebene Abhängigkeit (mit ihrer unbewußt bleibenden Ambivalenz) beim Kind zu erwähnen. Sie ist das Anzeichen für Überidentifikation, wie wir früher sahen, für Übergehorsam, und wirkt sich damit als motorische Einschüchterung aus.

Andererseits kann das krankhaft gesteigerte Streben der Eltern, das Kind durch vielfältige Verbote vor Gefahren zu schützen, zu einer qualvollen Einschränkung von dessen motorischem Bedürfnis führen. Hinter dem elterlichen Verhalten mag sich eine pathologische Abwehr eigener destruktiv-aggressiver Neigungen verbergen. Blickt man über das Kindheitsschicksal des einzelnen, in dessen Verlauf sich seine Verhaltensmuster prägen, hinweg auf den großen Gang der Geschichte, in dem in »ewiger Wiederkehr des Gleichen« (Nietzsche) libidinöse Strebungen von aggressiven durchkreuzt werden, in welchem kollektive Ausbrüche der destruktiven Triebtendenzen friedliche Gegenwünsche und Gegenbesetzungen überwältigen, so scheint die Annahme eines primären Destruktionstriebes hinreichend gerechtfertigt. Hier erhebt sich allerdings die Frage, ob das Vorherrschen zerstörerischer, haßvoller Antriebe im Verhalten vieler Menschen mit deren nur partiell erfolgreicher Triebregulation in Zusammenhang steht. Der fortwährende Umbau der kulturellen Umwelt nötigt zur Aufgabe überlieferter Leistungsformen, um neuen Forderungen nach Anpassung Raum zu geben. Das macht klar, warum die Kontroverse, die unter den Psychoanalytikern seit Freuds Theorie des Todestriebes stattfindet, sich nicht eindeutig schlichten läßt. Ist die destruktive Aggression frühe Reaktion, ist sie primäre Triebqualität?

Neben diesen offen bleibenden Grundfragen steht nun die sichere Erfahrung, daß ein flexibles Antworten, ein verstehendes Eingehen, Empathie für die Bedürfnisse des Kindes gerade in den allerersten Lebensabschnitten unersetzlich sind. In der »ungekonnten Aggressivität« repräsentieren sich die primärprozeßhaften Strebungen, die einerseits auf den Gegendruck der kulturellen Sozialordnung stoßen, andererseits von dieser herausgefordert, ja geradezu gefordert werden können.

Das Problem scheint uns unlösbar, ob das Anerkennen primärer Aggressivität als Trieb notgedrungen die Theorie vom Todestrieb stützt. Nicht zu unterschätzen ist indes die Chance, daß dieser Todestrieb in der Verschränkung mit libidinösen Objektbesetzungen gezwungen werden kann, dem Eros als der großen Gegenkraft zu dienen und daß eben darin – in der Entwicklung von »Daseinspraktiken« (Hans Thomä), welche diese Legierung fördern – die überindividuelle Kulturaufgabe besteht. Das bedeutet einmal, daß Beimengungen von destruktiven Tendenzen beim Kind selbst wie bei den Erwachsenen ertragen werden können, ohne daß sie zu große Angst wecken; zum zweiten, daß die Erziehungsstrategie unvermeidlich das Kleinkind frustrieren muß und daß dessen relative Hilflosigkeit nicht mit den aggressiv-destruktiven Tendenzen des Erwachsenen gegen das Kind sich verquicken dürfen. Die Frustration, die zur Realitätsanpassung gehört, muß sozial- und sachbezogen sein. Nur dann entfaltet sie ihre kreativ stimulierende Wirkung. Dazu ist anzumerken, daß niemandem dies zu allen Zeiten und gleich erfolgreich gelingt. Wohl fällt aber ins Gewicht, ob der störende Affekt als solcher vom Erwachsenen selbst kritisch wahrgenommen wird. Erst diese innere Erfahrung bahnt dem Kinde den Weg, durch Identifikation entsprechende Erfahrungen an sich selbst zu machen.

Diese beiden Verhaltensaspekte, die wir erst auf Grund der psychoanalytischen Einsicht in die Mannigfaltigkeit triebdynamischer Abläufe als erlernte (nicht nur als kategorisch geforderte) erkannten, zeigen die eigentliche, aktuelle Schwäche unserer kollektiven Verhaltensprägung. Wir sind weit entfernt von einer Ich-Stärke oder einer Bewußtseinsweite, die uns relativ angstfrei und gegen destruktive Triebansprüche überlegen erscheinen ließe, so daß Anpassung, die wir sozial fordern müssen, einer Anpassung an »Reife«, d. h. an relativ vorurteilsfreie Lebensformen entspräche. So lange aber Anpassung vor allem darin besteht, Abwehrmechanismen gegen Triebregungen schlechthin zu erlernen – und gerade dies als »Daseinspraxis« von den Erwachsenen vermittelt wird –, so lange bleibt die Wahrnehmung elementarer Bedürfnisse ein verdächtiges Verlangen, von dem man nicht einfach sagen kann, ob es berechtigt oder antisozial ist. Lernende Anpassung führt dann zu Formen der Partialsozialisierung, bei welcher der nicht-sozialisierte Hintergrund nicht etwa in einem natürlichen Urzustand, sozusagen reines Es, bleibt, sondern vielmehr bestimmt ist durch die Verdrängung von deformierten, energiebesetzten Inhalten, welche die Kommunikation des Es mit dem Ich wenn nicht blockieren, so doch erschweren.

Eine beständige, gegen Frustrierung wie Versuchung widerstandsfähige Anpassung an den sozialen Kodex kann nur gelingen, wenn ein Kern primärer aggressiver Triebrichtungen und -befriedigungen kulturell anerkannt ist. Das totale Abdrängen jeder sexuellen naturhaften Äußerung, z.B. in den Bereich des Wertlosen, Wertwidrigen, »Niedrigen« – eine derart überspannte Sublimierungs- und Neutralisierungsforderung, wie sie etwa in den großen protestantischen Sekten kulturbestimmend war –, führt nicht nur zu einer lebenszerstörenden kollektiven Neurotisierung mit faktischer Doppelmoral, sondern auch zu einer ungezügelten (entmischten, libidinös ungebundenen) Aggressivität. Diese hat zwar die Dynamik des technischen Fortschritts beschleunigt, aber auch die Ideologie des »Besitzanspruchs« gefördert. Und auf Triebentmischung geht wohl auch die grausame Indifferenz in den Beziehungen zu »unterentwickelten«, d.h. schwächeren Partnern zurück. Nachweisbare unerträgliche und pervertierte Frustrierungen und Einschüchterungen des Kindes als eines »schwächeren Partners« haben die ungekonnte destruktive Aggression in unserer christlichen Kultur aufs schrecklichste allgegenwärtig gemacht. Die Aggression, die an das Es gebunden blieb, und die Aggression, die im Über-Ich gegen das Selbst gerichtet ist, haben uns den Reichtum, den die technische Zivilisation schuf, kalt und höchstens manisch erleben, kaum aber genießen lassen.

Die Rolle tolerabler Frustrierungen in der menschlichen Gesellschaft zu erkennen, wird zur obersten Aufgabe zeitgenössischer Kultur- bzw. Sozialanalyse. Nicht jede schwere Versagung braucht zur Enthemmung der Aggression oder zu einer verhängnisvollen innerseelischen Auswirkung, z.B. zu Apathie, Resignation, Depression oder gar zu einer Psychose zu führen. Kollektiv sich demonstrierende Asozialität, das Verkümmern der Einfühlung, der Rückzug in sekundären Narzißmus – all das hat seine Grundlage überwiegend in der sozialen Konstellation, welche das Individuum vorfindet, und nicht in seiner psychischen Erbkonstitution. Die Einsicht in die Formen des nicht-artspezifisch geregelten, sondern entwicklungsoffenen Sozialverhaltens hat den Mythos der Erblichkeit von Charakterstrukturen wenn auch nicht endgültig zerstört, so doch erheblich geschwächt. Dies scheint uns nach wie vor eine vertretbare Einstellung. Die Aufmerksamkeit der Forscher hat sich, in Konsequenz der psychoanalytischen Funde, immer nachdrücklicher auf die Früherfahrungen in der Kindheit und ihre Folgen gerichtet.

Die Veränderungen der zivilisatorischen Umwelt im ganzen haben die Situation gewandelt, in die das Kind hineingeboren wird und in der seine ersten Lebensjahre verstreichen. Geburt im Krankenhaus, die Mutter ohne Rückhalt im Sippenzusammenhang und dessen Tradition, Beschränkung des Aktionsradius des Kleinkindes in der städtischen Wohnung, verringerte Anregung zur Beobachtung der außerhäuslichen Arbeitsvorgänge, häufige Ortswechsel, das weitgehende Unsichtbarwerden des Vaters und mehr und mehr auch der Mutter, das Eindringen mechanischer Spielwaren in die Welt des Kindes – dieser gesamte Umbau der Erfahrung ist zu berücksichtigen, wenn von Frustration gesprochen wird. Denn es könnte sich erweisen, daß die affektive Anregung, die im ersten Lebensabschnitt immer noch fast ausschließlich von der Mutter her erfolgt, ihre Zuwendung, die sie leisten, und die Art der Verbote, die sie setzen soll, die durchschnittliche Leistungsfähigkeit einer einzelnen Person übersteigt. Wenn alles auf die eine Beziehung Mutter-Kind ankommt, dann muß deren Versagen katastrophale Folgen zeitigen. Das ist wohl auch der Anstoß zur Bildung vieler Wohnkommunen oder Wohngemeinschaften gewesen, denn in der normalen Umwelt des heutigen städtischen Kindes sind keine adäquaten Ersatzfiguren vorhanden.

Es ist keine böse Absicht, wenn Mütter und Väter heute den Kindern nur mangelhafte Identifikationsmöglichkeiten bieten. Vielmehr hängt dieser Mangel an innerer Sicherheit mit dem gesamtgesellschaftlichen Prozeß des Übergangs von einer technisch-revolutionären Veränderung der Umwelt in eine andere zusammen. Daher ist es ohne moralische Wertung gemeint, wenn wir feststellen, daß Erziehung häufig auf eine vom Kind als sinnlos erlebte Frustration hinausläuft, daß so etwas wie ein »frustration behaviour« (Norman Maier) um sich greift. Eine Art Kaspar-Hauser-Situation entsteht durch die mangelnde affektive Anregung, und durch Einschüchterung (aufgeklärte Eltern stellen eine winzige Minorität dar) wird die Fixierung auf primär-narzißtische Triebbefriedigungen begünstigt. Affektstumpfheit, Lernhemmung, Rücksichtslosigkeit drücken mangelnde Ichleistungen und das Insistieren auf sofortiger Triebbefriedigung aus. Die Unfähigkeit, Triebaufschub zu ertragen, erzeugt ein unplastisches, eher regressiv-zielloses Verhalten. Diese Veränderungen der äußeren und der inneren Welt der Objekte sind oft und nicht nur für unsere Zeit beschrieben worden. Die Häufigkeit und progressive Vermehrung dieses Verhaltens ist kaum zu bestreiten. Auf die Entwicklung der Ichfähigkeiten kommt es jedoch an. Es mag sein, daß frühere Epochen Grausamkeit, Haß, Sadismus schamloser ausagiert haben, als wir es heute noch ertragen können. Der Hinweis darauf ist erlaubt, wenn wir die Ausstattung des Menschen mit einem arteigentümlichen und formbaren Aggressionstrieb betonen und unterstreichen, daß hier eine Daueraufgabe der Formung des Selbst vorliegt. Nicht erlaubt ist der Hinweis jedoch, wenn damit der Humanisierung der Aggression als einem historischen Prozeß die Aussicht auf Erfolg fatalistisch bestritten werden soll.

Unleugbar wird bei diesen Überlegungen die Grenze sichtbar, die der psychologischen Hilfe gezogen ist. Nicht wenige traumatisierende Faktoren liegen in den »Umständen«, die sich die Gesellschaften geschaffen haben. Die psychologische Analyse dieser Verhältnisse bringt – sehr langsam – eine

Erweiterung des Bewußtseins mit sich, die es gestattet, das Prekäre der gesellschaftlichen Realität und der von ihr geforderten, oft intolerablen Zumutungen zu erkennen, vielleicht sogar den falschen Zirkel von Reiz und Reaktion, von Versagungen und Enthemmungen, der auf diese Weise in Gang kommt. Die Apotheose des »integralen Menschen«, die keine Zeichen des Leidens mehr an ihm wahrhaben möchte, eines »well adjusted member of the society«, ist ein Wunschbild der Ideologie mit »objektiv verdeckender Funktion« (Adorno).[4] Sieht man genauer zu, so entdeckt man, daß dieser friedliche, mit der Gesellschaft versöhnte Prototyp sowohl für die freie als auch für die diktatorisch unterjochte Welt attraktiv ist. Einmal soll sich Triebverhalten in beschützter Freiheit von selbst den Realforderungen einfügen, das anderemal soll der Mensch ein Wesen sein, das nichts anderes als eiserne Strenge zu seinem Glück braucht.

Bezogen auf die Gegenwart kann das nichts anderes heißen, als daß die Mobilisierung und Spezialisierung, die aus der Massenhaftigkeit und den Bedürfnissen der Industrialisierung sich ergeben haben, durch seelische Konfektionierung zu ergänzen seien, als müßten nur einige Frustrierungen gemildert werden, um ein praktikables Arbeits- oder Konsumindividuum heranzuzüchten, das leicht zu manipulieren und jederzeit »einsatzfähig« ist. Adorno sagt im Hinblick auf diesen »überwältigten« Menschen, er »verwechsle die zufällige Chance seiner seelischen Ökonomie mit dem objektiven Zustand«, »seine Integration wäre die falsche Versöhnung mit der unversöhnten Welt, und sie liefe vermutlich auf ›Identifikation mit dem Aggressor‹ hinaus«.[5] In allen den Diktatu-

---

4 Th. W. Adorno, Zum Verhältnis von Soziologie und Psychologie. In: Sociologica I, Frankfurt 1955, S. 33.
5 ib., S. 33.

ren, in denen kaum ein Ansatz zu einer kritisch sich fundierenden Denkopposition besteht, also die Möglichkeit zu Glaubensabweichungen, wurde bislang die Psychoanalyse verboten. Das kann nur bedeuten, daß sie als Mittel gegen verdeckende und das Bewußtsein verfälschende Manipulation gefürchtet wird. Die »integrale Persönlichkeit« mag es in Ausnahmefällen geben, als geplantes Wesen kann sie nur eines sein, das sich selbst mit der Propaganda, die mit ihm gemacht wird, verwechselt. Für die gegenwärtige Gesellschaft wie für alle vorangegangenen gilt: je stärker der Zwang zum Konformismus ist, vorbezeichnete Teile der Realität zu leugnen, desto unausweichlicher ist Leiden, z. B. Isolierung als Ketzer, als Feind, mit der Aufhebung der Verdrängung verbunden.

Aggressionsmeisterung ist eine der wichtigsten Aufgaben, deren Erfüllung Erziehung und kollektive Bräuche übernehmen und die schließlich dem reifen, mündigen Individuum selbst übertragen wird. Aber ist Aggression, fragen wir noch einmal, ein Trieb, etwas Ursprüngliches, oder ist sie reaktiv – also doch vermeidbar? Die Antwort auf diese Frage war immer widersprüchlich. Wenn wir die großen, die klassischen und kulturbestimmenden, Zeitbilder betrachten, die Menschen von sich selbst gemacht haben, so kann man sie nach Weisheitslehren und nach Wunschsystemen trennen. Den ersteren zufolge ist der Mensch liebend und zerstörerisch, die letzteren verlangen von ihm, daß er »gut« sei. Zu dieser Güte gehört freilich, daß er zuweilen für seinen Gott, für seinen Herrn, für eine Idee zu rauben, zu morden, zu schänden und zu zerstören bereit ist. Durch einen spezifischen seelischen Prozeß wird dieser Widerspruch aufgehoben, nämlich durch den *Gehorsam*. Er ist unbedingtes Vollzugsorgan der Anpassung. Das Kriterium der menschlichen Güte wäre demnach der Gehorsam, passive Anpassung. Das Faktum ist: Weisheitslehren, die das zerstörerische Denken zulassen, ohne es als Sünde zu verdammen, die es durch Einsicht, Wissen, Leiden überwinden wollen – in einer Überwindung der natura humana –, haben sich nirgendwo in der Welt als soziale Organisationsprinzipien durchsetzen können. Das ist der Grund, warum z. B. nicht die Heiligen die Kirchen regieren. Man muß zur menschlichen Lebenswirklichkeit die Lust an Krieg, Verbrechen, Grausamkeit, Heimtücke ebenso hinzurechnen wie Friedfertigkeit, Steuerehrlichkeit, Vertrags- und Freundschaftstreue, Rücksicht und Vorsicht, Liebeslust. Beide Seiten scheinen starker organisierender Zugriffe zu bedürfen, Zugriffe, die das Energiefeld der Person mit drastischen und mit magischen Praktiken ordnen. Wir neigen zur Auffassung, Aggression gehöre zum Wesen des Menschen wie die Organe, deren sie sich bedient. Sie könne nur gemildert werden.

Denken bedeutet immer Eroberung von Unabhängigkeit. Unabhängigkeit heißt aber nicht Realitätsverleugnung, sondern erweiterte Realitätseinsicht. Dabei bleibt die Erlebnisrealität immer noch von den emotionellen Urerfahrungen geprägt. Das Denken vermag nur sehr schwer an der zwingenden Kraft, die von diesen Erfahrungen ausgeht, d. h. an den Erwartungshaltungen einschließlich der Vorurteile, zu rütteln. Wer nicht in den Perioden seines Lebens, die vor den bewußten Erfahrungen liegen, »Urvertrauen« in einer Phase extremer Abhängigkeit erlebt hat, wird sich dieses Geborgenheitsgefühl später nur mit unsäglicher Mühe erwerben können, wobei der Hebel zum Erfolg im Training der Denkfreiheit liegt – allerdings nur dann, wenn dieses Training die wichtigen mitmenschlichen Beziehungen stabilisiert und sie nicht, was durchaus auch der Fall sein kann, zerstört.

Die Aufgabe für die Zukunft besteht darin, sich nicht mit der Frage zu verzetteln, ob Aggression angeboren sei oder nicht, sondern sie zu untersuchen, wie sie in den verschiedenen Phasen der menschlichen Entwicklung von der Geburt an aussieht. Wir stoßen überall auf sie. Wir halten das, was der Aggression als motorische und belebende energetische Grundkraft innewohnt, für ein nicht weiter auflösbares Phänomen, wie auch die muskuläre Motorik des Menschen natürliche Ausstattung ist. Dabei vergewissern wir uns noch einmal, daß »Triebe« theoretische Begriffe sind. Man sieht sie nicht, man muß sie denken. Da der Triebbegriff in letzter Zeit generell kritisiert wurde (insbesondere von philosophierenden Ärzten), muß man sich vergegenwärtigen, daß er der Praxis dient. Diese Praxis will menschliches Verhalten ändern, aber nie – und das ist der springende psychoanalytische Punkt – ohne die Sonde der Selbstkritik anzulegen.

Unser kurzer Blick in die Triebtheorie, in die Problematik von Libido und Aggression, hat uns gezeigt, daß tieferreichende Wahrnehmungen menschlicher Motivationen eine unerläßliche Aufgabe für die Menschen der Zukunft darstellt. Wer in einer überaus komplizierten sozialen Welt aktiv an deren Kontrollsystemen teilhaben will, muß, gemessen an der Vergangenheit, von einer viel tiefer reichenden Selbstwahrnehmung ausgehen, als es die zahlenmäßig so viel kleinere Menschheit vor 500 oder 5000 Jahren mußte.

# IX
# Psychosomatische Medizin –
# ein Beispiel angewandter Psychoanalyse

Der Kernbereich der Psychoanalyse ist Neurosenlehre. Es werden ihr jedoch immer neue Anwendungsgebiete erschlossen. Pädagogik, Strafrecht und Strafvollzug, Sozialpsychologie, das breite Spektrum psychotherapeutischer Verfahren. Die Liste ist damit keineswegs vollständig. Wir wählen als Beispiel das noch kaum erschlossene Gebiet der psychosomatischen Medizin: Organkrankheiten als Konsequenz unbewältigter seelischer Konflikte. Da wir dieses Wissens- bzw. Nicht-Wissensgebiet herausgegriffen haben, beginnen wir mit dessen Schwierigkeiten und den irrationalen Widerständen, denen es begegnet. Wie eingangs des Kapitel I erwähnt, gibt es nicht nur zwei psychosomatische Medizinen. In der Praxis haben sie weniger miteinander zu tun, als man meinen möchte. Die eine folgt den Experimentalmethoden der an der Physik orientierten Naturwissenschaft; sie ist weitgehend als Pharmakopsychologie und Streß-Forschung zu bezeichnen (d. h. als Psychologie der Drogen und als Überlastungspsychologie). Die andere versucht eine *Naturwissenschaft des Menschen als erlebendes Subjekt* zu entwickeln. Sie bedient sich dabei hermeneutischer, verstehender Methoden. Ihre Selbst-kontrolle stellt ein schwieriges Methodenproblem dar.

Wir möchten annehmen, daß es dieser Umstand war, der die verstehende Psychosomatik vielen naturforschenden Ärzten zumindest fremdartig erscheinen lassen mußte.

Es soll uns jedoch noch ein weiteres Thema beschäftigen. Wir fragen uns nach den Gründen für das Schattendasein, aus dem beide psychosomatische Medizinen, sicher aber die verstehende, nicht herausfinden. Wir nehmen es als selbstverständlich hin, daß außerordentliche wissenschaftliche und finanzielle Anstrengungen im Dienste der Krebsbekämpfung unternommen werden. Ähnliches für die psychosomatisch Kranken gibt es nicht. Sie machen aber zusammen genommen etwa fünfzig Prozent aller Krankheitsfälle aus. Meist bleiben diese Kranken ungenau diagnostiziert und unzureichend behandelt. Mit dieser Unaufgeklärtheit, die oft die Qualität ärztlicher Ignoranz erreicht, findet sich unsere Öffentlichkeit ab.

Die psychosomatische Forschung und überhaupt ihre Entwicklung sind demnach sehr deutlich mit sozialen Faktoren verknüpft: z. B. dem Selbstverständnis des Arztes, wie es ihm unsere Gesellschaft nahelegt, mit berufsständisch tradierten Vorurteilen und ähnlichem. Ich habe deshalb in der Darstellung versucht, beide Aspekte, den medizinischen und den psychosozialen, nicht auseinanderzureißen, sondern so nebeneinander zu belassen, wie sie sich uns täglich aufdrängen.

Im Alltag hat sich folgende Lage hergestellt: Zwar führen außerhalb der Universitäten psychoanalytisch ausgebildete Ärzte psychotherapeutische Behandlungen durch, bei psychosomatisch Kranken wird aber gerade dann eine Therapie unmöglich, wenn eine Koordination psychoanalytischer und klinischer Arbeit notwendig wäre. Die Not der Kranken, die eingesehen haben, daß sie einer psychotherapeutischen, oder noch mehr: einer psychoanalytischen Behandlung bedürfen, ist sehr bewegend. Das zeigt zum Beispiel der Brief eines Vaters: »Seit zwei Jahren bemühen wir uns, unsere 18jährige Tochter einer psychosomatischen Behandlung zuzuführen. Sie leidet an einer Magersucht (Anorexia nervosa), die durch eine juvenile Zuckerkrankheit kompliziert ist. In der ersten psychosomatischen Klinik entgleist der Stoffwechsel innerhalb von 12 Stunden, weil niemand da ist, der mit dem Problem der Stoffwechselführung vertraut ist. In die medizinische Klinik abgeschoben, erfährt sie keine (ursprünglich avisierte) konsiliarische psychosomatische Therapie. Die zweite psychosomatische Klinik lehnt eine Aufnahme a priori ab. Sie empfiehlt eine medizinische Klinik der gleichen Universität, in der unser Kind auch psychosomatisch behandelt werden könne.« »Nach nun mehrwöchiger Behandlung mit schweren Zwischenfällen«, schreibt der Vater weiter, »müssen wir mit Besorgnis feststellen, daß in dieser Klinik die wesentlichen Voraussetzungen (zur Behandlung) fehlen. Dies ist nicht verwunderlich, wenn man die Einstellung des Klinikdirektors zur Psychoanalyse und analytischen Therapie kennenlernt. Verwunderlich ist aber, daß Psychosomatiker Patienten an Somatopsychiker abgeben, als ginge es dabei nur um eine kleine Verschiebung der Prioritäten.«

Wir wollen nicht dramatisieren. Aber jeder Arzt, der schwere psychosomatische Fälle behandelt, hat zahlreiche Erfahrungen ähnlicher Art gemacht. Es scheint uns deshalb durchaus berechtigt, laut und deutlich von der Institution »Klinische Medizin« Auskunft darüber zu fordern, mit welcher Begründung sie die Entwicklung der psychosomatischen Medizin abgelehnt hat und faktisch weiter ablehnt. Wir stehen nicht an, das jahrzehntelange Versäumnis, das durch kein Angebot von psychotherapeutischer Seite zu verhindern war, skandalös zu nennen. Da die psychosomatische Medizin erst seit kurzem in der Grundausbildung, kaum in der klinischen Lehre und in der Fortbildung Fuß fassen konnte, kam es nie zu einer klinischen Überprüfung der Beobachtung psychoanalytisch oder psychotherapeutisch arbeitender Ärzte. Dieser objektive Mangel wurde dann von den Kliniken ohne Skrupel den Psychosomatikern vorgehalten als Begründung für die eigene Zurückhaltung.

Diese immer wieder mißglückende Kommunikation verlangt nach der Analyse ihres Zustandekommens und ihrer Stabilität. Wir vermuten, daß es sich hierbei weniger um ein primär medizinisches Problem handelt (etwa verschiedene Schulauffassungen in der Beurteilung pathologischer Befunde), sondern – ich betone es noch einmal – um ein Problem der Soziologie in der Medizin. Die wenig tolerante Behandlung von Minoritäten im ärztlichen Berufsstand hat nicht erst mit der Psychoanalyse begonnen.

1949 konnte die psychosomatische Medizin sich erstmals auf einem deutschen Internistenkongreß artikulieren. Victor von Weizsäcker hat damals drei Thesen formuliert. Sie sind für die folgenden Jahrzehnte programmatisch geblieben:

1) »Die psychosomatische Medizin muß eine *tiefenpsychologische* sein oder sie wird nicht sein.«[1]

2) »Körper und Seele *sind* keine Einheit, aber sie gehen miteinander *um*.«[2]

3) »Die rechtverstandene psychosomatische Medizin hat einen umstürzenden Charakter.«[3]

Was die erste These betrifft, so haben sich grosso modo zwei Richtungen entwickelt. Eine, die dem Quantifizierungs-

---

1 Psyche III, 1949/50, S. 334.
2 ib., S. 335.
3 ib., S. 339.

bedürfnis aller Naturwissenschaften folgt. Sie sieht den psychosomatischen Zusammenhang vordringlich bei der meßbaren Veränderung physiologischer Regulationen unter seelischer Reizeinwirkung. Wir haben dies als Affektphysiologie gekennzeichnet. Seit Claude Bernard, Pawloff, Cannon, Selye ist dieser Richtung viel Erfolg beschieden gewesen. Therapeutisch hält sich dagegen der Erfolg in Grenzen. Sie kann kaum kausal wirksame Therapie anbieten.

Die zweite, die tiefenpsychologische Richtung, arbeitet mit den Methoden des Sinnverständnisses. Dies läßt sich nur erreichen, wenn es gelingt, unbewußte Motive mit den pathologisch veränderten Organfunktionen in Wirkungszusammenhang zu bringen. Damit stieß diese zweite Richtung in mehrfacher Hinsicht auf große Schwierigkeiten: die psychischen Determinanten, welche pathologische Syndrome erzeugen, sind in das gesamte Geflecht der seelischen Entwicklung – von Konflikt, Widerstand und Abwehrprozessen – und in die oft rigiden Charakterformationen und -deformationen eingebettet. Das zu entwirren ist schwierig, aber nicht unmöglich.

Die psychoanalytische Methode, ursprünglich für die Therapie von Psychoneurosen entwickelt, hat sich bei der Suche nach der Herkunft psychosomatischer Krankheiten erneut bewährt. Wir vertreten die Auffassung, daß chronische psychosomatische Leiden immer eine psychoneurotische Vorgeschichte haben und in einem zweiphasigen Ansatz zur Entwicklung gelangen: zunächst ist die Symptomatologie klassisch neurotisch, auch verschwommen dysfunktionell, ohne nachweisbare organische Korrelate. In einer zweiten Phase, mit erneuter Konfliktabwehr, findet eine Somatisation, eine Regression der Konfliktdarstellung auf körperliches Leiden statt.

Die introspektive, subjektgerichtete Psychoanalyse hat diese Aufschlüsse gebracht. Die Verbreitung dieses Wissens blieb begrenzt. Thure von Uexküll hat auf das Dilemma hingewiesen: »Psychoanalytische Interpretationen sind ... für den Außenstehenden oft schwer akzeptabel. Ihnen fehlt die Evidenz psychologischer Deutungen, die auf den Schatz uns allen geläufiger Erlebnisse und Erfahrungen zurückgreifen können. Erfahrungen mit dem Unbewußten haben nur wenige. Sie setzen eine besondere Beschäftigung mit ihm voraus.«[4] Da dieser Umgang mit Repräsentanzen des Unbewußten immer auch in die Nähe eigener Konflikte führen wird, ist dies ein Teil der Erklärung für die schwache Resonanz unter Ärzten, die doch meist mit ihrer Heilerrolle, nicht jedoch auch mit der Rolle des Leidenden identifiziert sind.

Das Haupthindernis der verstehenden Psychosomatik ist zwiefach: einmal die lange Dauer (und die damit verknüpften hohen Kosten) der therapeutischen Aufarbeitung seelischer Konflikte und der sie verursachenden Fehlentwicklungen; zum zweiten die soeben angedeutete klinische Behinderung breiter Nachprüfung psychosomatischer Behandlungsergebnisse. Natürlich bezieht sich diese Behinderung nicht nur auf die Erfolgskontrolle, sondern ebenso auf eine großzügige Forschungsplanung.

Von Weizsäckers zweite These, Körper und Seele gingen miteinander um, ist, wie die These von der Sinnhaftigkeit körperlicher Symptome, ein Hauptsatz der theoretischen psychosomatischen Medizin. Wir können nur bekennen, daß wir unverändert zu ihm stehen, ohne in diesem Augenblick das Thema weiterverfolgen zu können.

---

4 Thure von Uexküll, Grundfragen der psychosomatischen Medizin, Hamburg 1963, S. 61.

Schließlich die dritte These: Sarkastisch zugespitzt könnte man sagen, sie ist die Parole einer Revolution, die wir analytischen Psychosomatiker nicht zustande gebracht haben im seither verstrichenen Vierteljahrhundert. Auch dies mag zunächst auf sich beruhen. Kehren wir zur Bemühung zurück, die Verständnisbrücke zwischen psychoneurotischen und psychosomatischen Symptomen herzustellen.

Es wurde bald evident, daß das psychoanalytische, an der Hysterie entwickelte Konversionsmodell nicht ausreichte, um schwere destruktive psychosomatische Prozesse richtig zu interpretieren. Ursprüngliche Theorien psychoanalytischer Forscher, vor allem Franz Alexanders[5], gingen in Richtung auf die Konfliktspezifität einzelner psychosomatischer Syndrome. Das führte zu unterschiedlich beurteilten Ergebnissen. Bestimmte Persönlichkeitsprofile – wie der »Unfäller« (accidentproneness) oder neurosenstrukturelle Zuordnungen (zur Hysterie, Depression, Zwang etc.) – ließen sich mit der Vielzahl psychosomatischer Krankheitsbilder nicht unmittelbar korrelieren. Andererseits gelang es Franz Alexander, ein Modell der psychosomatischen Ulkusentstehung zu entwickeln, das an einem spezifischen oralen Konfliktgeschehen orientiert war und mit dessen Hilfe es für A. Mirsky bei Berücksichtigung seiner Befunde der angeborenen unterschiedlichen Magensäureaktivität (Hyper- bis Hyposecreter) möglich wurde, zuverlässig vorauszusagen, wer in seiner Versuchsgruppe von Soldaten unter dem Streß der Ausbildung ein Magenulkus bekommen würde.[6]

---

5 vgl. F. Alexander, Psychosomatische Medizin, Grundlagen und Anwendungsgebiete. Berlin 1971.
6 A. Mirsky, Körperliche, seelische und soziale Faktoren bei psychosomatischen Störungen. In: Psyche XV 1961/62, S. 26–37.

Bei anderen psychosomatischen Erkrankungen steht diese lückenlose, stringente Ergänzungsreihe von angeborenen somatischen Faktoren, neurotischer Entwicklung der Persönlichkeit und aktueller Streß-Belastung noch aus. Aber selbst dieses Modell wird von der Schulmedizin nicht zur Kenntnis genommen und die biochemischen und psychodynamischen Befunde werden einer Nachprüfung in größerem Rahmen nicht für wert gehalten.

Auf dem gerade skizzierten Erfahrungshintergrund der psychosomatischen Forschung haben wir, wie schon erwähnt, ein Modell der zweiphasigen Abwehr bei der Entstehung psychosomatischer Krankheiten entwickelt.[7] Zunächst wird unbewußt vom Patienten der Versuch unternommen, seinen Konflikt mit Hilfe neurotischer Symptombildung zu bewältigen; wenn diese nicht mehr ausreicht, folgt die körperliche Symptombildung oft schwerster Art. Psychoneurotische Fehlentwicklungen bilden eine unerläßliche Vorbedingung für die große Zahl jener sich chronifizierenden Organkrankheiten, bei denen wir traumatische Erlebniseinflüsse als bedeutsam zu erkennen gelernt haben. Mit der Arbeitshypothese der zweiphasigen Abwehr wird es möglich, einen Krankheitsprozeß, der auf zwei Ebenen verläuft (zunächst mit einer psychischen, dann mit einer somatischen Symptombildung), besser zu verstehen. Konstitutionelle Varianten, insbesondere solche, die sich in Triebbedürfnissen repräsentieren – oder mit ihnen in Konflikt geraten –, erweisen sich häufig als spezifische Determinanten des Krankheitsgesche-

_____

7 A. Mitscherlich, Zur psychoanalytischen Auffassung psychosomatischer Krankheitsentstehung. In: Psyche XII, 1953/54, S. 561.
A. Mitscherlich, Krankheit als Konflikt. Studien zur psychosomatischen Medizin Bd. II. Frankfurt 1967.

hens (im Fall des Magengeschwürs z. B. die angeborene Übersekretion von Magensaft). Solche unterschiedlichen Einflüsse machen für primäre Lernvorgänge der Sozialisation besonders empfindlich oder unempfindlich. Das Ich findet diese Gegebenheiten vor und ist vor schwierige Anpassungsaufgaben gestellt, wobei auch die Ichfähigkeiten zum Teil als variierende Begabungsqualitäten aufgefaßt werden müssen.

Die Interaktion der strukturgebenden Instanzen Es, Ich, Über-Ich und Ideal-Ich ist Schicksalen, d. h. Wandlungen, unterworfen. Das Über-Ich repräsentiert verinnerlichte Befehle gemäß dem sozialen Wertgefüge. Das Es repräsentiert die Aktivität der Triebe mit ihren qualitativen und quantitativen Variablen. Dem Ich fallen die Integrationsaufgaben zu. Gemeinsam formieren sie die Charakterstruktur und bereiten ihre Belastbarkeit für Traumen vor, sei es etwa im Sinne des Objektverlustes, sei es der Einbuße an narzißtischen Gratifikationen. Gelingt wegen der Überbelastung eines Faktors in dieser Interaktion ein Ausgleich der unterschiedlichen Interessen von Es, Ich und Über-Ich nicht mehr, dann resultiert neurotisch deformiertes Verhalten. Die sich bildenden Abwehrformationen dienen jetzt nicht mehr der Lösung sich wandelnder Anpassungsaufgaben, vielmehr sind sie nach unserer Theorie der zweiphasigen Abwehr die Vorbedingung für den Übergang des alloplastischen (an den Objekten angreifenden) in das autoplastische (am eigenen Organismus angreifende) Krankheitsgeschehen. Aktivität ist dann nicht mehr vorwiegend auf Objekte in der Umwelt gerichtet, sondern der eigene Körper wird zum alles beherrschenden Objekt libidinöser und aggressiver Triebbesetzung.

Chronische psychosomatische Krankheiten entwickeln sich nach unserer Erfahrung immer dann, wenn die Versuche des Individuums, Konflikte abzuwehren, mit den gewohnten psychischen Mitteln nicht mehr gelingen. Die dann eintretenden Rückschritte verstärken die Wiederbelebung der starken körperlichen Beteiligung bei entstehenden Affekten (M. Schur)[8]. Es wird der Versuch gemacht, eine vergangene Körperlichkeit und damit konflikthafte Gefühle auszudrücken, wiederherzustellen, wobei zu betonen ist, daß das gereifte Individuum im Akt der Regression niemals zum ursprünglichen, infantilen psychosomatischen Gesamtmilieu zurückfinden kann. Denn der gereifte Organismus hat andere Aufgaben, er ist unfähig geworden, das biologisch infantile Korrelat der Emotion zustande zu bringen; beispielsweise können wir als Erwachsene nicht mehr jederzeit weinen, wie wir das als Kinder konnten. Deshalb nehmen wir an, die in der Phantasie erstrebte Rückkehr zu einer infantilen Körpersprache der Affekte mache krank, weil sie nicht gelingen kann. Was allein erreichbar ist, ist eine pathologische Leistungsveränderung.

Die Brauchbarkeit dieses Modells der zweiphasigen Abwehr haben wir in kasuistischen Arbeiten expliziert (z. B. über Magersucht, Asthma bronchiale, Magengeschwür, Ekzem, Regelstörungen). Dabei zeigte sich deutlich, daß insbesondere frühe Störungen in der Beziehung zwischen Mutter und Kind mit ihren traumatischen Wirkungen auf die Trieb-, Ich- und Über-Ich-Entwicklung zu Formen charakterneurotischer Abwehr geführt haben, die unter der Last aktueller Konflikte unzureichend wurden und zu den soeben skizzierten Kompromißversuchen auf biologischer Ebene führten.

Die regressiven Anstrengungen der psychosomatisch Kranken zielen auf das Wiedererreichen frühinfantiler Erleb-

---

8 Vgl. Max Schur, Zur Metapsychologie der Somatisierung. In: K. Brede (Hrsg.), Einführung in die psychosomatische Medizin. Frankfurt 1974.

niszustände, die einst offenbar mit Wohlbehagen erlebt wurden. Affektives Erleben wird dann erneut zu einem stark körperlich betonten Simultangeschehen; das Ich wird wieder vorwiegend Körper-Ich. Noch weiter zurück in der regressiven Wiederbelebung früher Biographie werden die Partner nur als bedürfnisbefriedigende Teilobjekte erfahren: als Brust, Wärmespender usw.

Wieweit solche Patienten therapeutisch zugänglich sind, läßt sich oft schon im Interview erkennen. Ein Beispiel:

Eine unverheiratete Frau mittleren Lebensalters, von Beruf Sozialarbeiterin, war zwei Jahre zuvor an Asthma bronchiale mit lebensbedrohenden Anfällen erkrankt. Ihr Leben lang hatte sie sich bemüht, ein Minimum an Sicherheit und Anerkennung dadurch zu erreichen, daß sie sich für andere Menschen aufopferte. Ihre Krankheit brach aus, als sie realisieren mußte, daß sie mit diesem defensiven »Lebensstil« scheiterte. Es überrascht nicht zu hören, daß sie von einer gefühlsdistanzierten Mutter nie in ihrem Leben zärtliche Zuwendung erfahren hatte, daß aber auch sie selbst sich trainiert hatte, keinerlei zärtliche Bedürfnisse mehr wahrzunehmen. Während ihrer Krankheit lernte sie einen älteren Mann kennen, der sie in ihrer Regression wie ein kleines Kind liebevoll umsorgte. Als sie berichtete, daß sie in zwei Tagen seinen Besuch erwarte, bekam sie subjektiv das Gefühl von Enge in Hals und Brust, und die typische asthmatische Atmung setzte ein. Gefragt, warum die Erwartung seines Besuches sie so ängstige, meinte sie, er könne nie verstehen, daß sie, wenn er nach längerer Zeit mal wieder zu Besuch komme, nicht gleich mit zärtlicher Hingabe auf ihn zueile, so als sei er erst gestern dagewesen; sondern daß sie Zeit brauche, um sich nach dem Alleinsein wieder langsam an ihn zu gewöhnen. Auf Grund des Wissens des Therapeuten um ihre gestörte Mutter-Kind-

Beziehung und um die Bedeutung ihrer Ambivalenz von unbewußter, unkontrollierbarer Aggression und ebenso heftigen Verschmelzungswünschen (mit der infantilen Mutter-Imago, die der Freund für ihr Unbewußtes repräsentierte) sagte er zur Patientin: Ich kann Ihre Stimmung gut verstehen. Es sieht so aus, als sei auch ich Ihnen hier unversehens zu nah gekommen, darauf wollen wir achtgeben.[9] Mit dieser Bemerkung hatte sie die Sicherheit, das Maß von Nähe und Distanz mit Hilfe des Therapeuten kontrollieren zu können. Im gleichen Augenblick normalisierte sich die asthmatische Atemstörung. Nähe und Distanz spielen für das innere Erleben des Asthmatikers eine Schlüsselrolle. Wird die Distanz zu groß, fühlt er sich fallen gelassen und schreit im Symptom nach der Mutter; wird die Nähe zu eng, droht der beklemmende Selbstverlust.

Wie vorsichtig man bei der Übernahme von nosologischen Einheiten, d. h. definierten Krankheiten, aus der am organischen Symptom orientierten Klinik sein muß, erwies sich erneut an den Untersuchungen an Patientinnen mit Amenorrhoe (Verlust der Monatsregel), über die Rosenkötter 1968 berichtete.[10] Die Beobachtungen ergaben, daß bei gleichem Symptom zwei deutlich differente Gruppen zu unterscheiden waren. Auf der einen Seite Patientinnen mit konfliktarmer Vorgeschichte. Sie haben nur das eine Symptom, fühlen sich sonst wohl, sind aber mit psychoanalytischer Therapie schwer zu erreichen. Auf der anderen Seite solche, die neben der Amenorrhoe auch andere neurotische

---

9 Clemens de Boor: mündliche Mitteilung.
10 Lutz Rosenkötter et al., Psychoanalytische Untersuchungen von Patientinnen mit funktioneller Amenorrhoe. In: Psyche XXII, 1968, S. 838–860.

Symptome zeigten und bei denen ganz klar eine ödipale Konfliktthematik vorlag. Das heißt, es waren Konflikte in einer Dreipersonenbeziehung und mit genital-sexuellen Triebregungen. Inzestwunsch und Inzestangst waren die Inhalte der unbewußten infantilen Phantasien. Die Kranken dieser Gruppe hatten starken Leidensdruck, ihr Konfliktbewußtsein war entwickelt. Es waren also solche Kranken, bei denen der Reifungsgrad des psychischen Apparates die Voraussetzung für ein psychoanalytisches Vorgehen bot. Mit ihrer Methode des Durcharbeitens kann die Psychoanalyse pathologische Über-Ich-Faktoren abbauen, das Ich stärken, von Fixierungen an infantile Sexualobjekte und Sexualziele befreien. Sie ist also keineswegs nur eine »nutzlose Theorie«.

Im Verlauf der weiteren Untersuchung und Behandlung zeigte sich bei der ersten Gruppe, daß zwar Konflikte auf der ödipalen Beziehungsebene nicht vorlagen; statt dessen wurden hinter der scheinbaren Konfliktarmut Störungen in der älteren Zweipersonenbeziehung, im Verhältnis zur Mutter erkennbar. Wir sahen keine gelungenen Identifikationen mit der Objektrepräsentanz »Mutter«, vielmehr eine sehr qualvolle symbiotische Abhängigkeit von ihr. Das Fehlen ihrer zärtlichen Zuwendung und ihre mangelhafte affektive prägenitale Versorgung wurde oft beklagt. Waren die Patientinnen verheiratet, so hatten sie sich einen Mann zum Partner gewählt, der als »guter Mann« die Funktion einer guten Mutter zu erfüllen geeignet war und mit dem sie sich in einer ausschließlichen Zweierbeziehung wie in einem präödipalen Paradies eingerichtet hatten. Ein Kind hätte dieses Paradies nur zerstört. Insofern glaubten wir, in dem psychosomatischen Symptom der Amenorrhoe das Ergebnis eines zweiten, nun auf der biologischen Ebene wirksamen Abwehrschrittes zu sehen.

Das klinische Bild in der Untersuchung war unverdächtig. Es hätte leicht zu dem Irrtum führen können, daß hier nichts Psychisches im Spiele sei.

Es war unsere Absicht, von der Psychoanalyse her die tief in die Institution reichende Kontroverse zu beleuchten, die durch sie in der Medizin entstanden ist. Sie läßt sich in einem Satz zusammenfassen, der in der klassischen Schulmedizin lauten würde: Krankheiten sind Ergebnis im Körper beginnender Leistungsveränderungen. Das Geschehen ist anonym. Der Kranke wird und ist betroffen. In der psychosomatischen Medizin würde die Auskunft lauten: psychosomatische Krankheiten entwickeln sich extern im Streit von Individuen und intern im Kampf zwischen Ich und Es. Das reflektierende Individuum ist zu gleicher Zeit auch erbgenetisch regulierter Organismus. Es wird gleichsam von diesem seinem Organismus gelebt, und es erfährt einen Teil seiner inneren Auseinandersetzung »veräußerlicht« (externalisiert) im Symptom. Aber: das Individuum ist nicht nur passiv betroffen, es sollte mit Ausdauer nach einem Schlüssel suchen, einem Schlüssel, der zuverlässige Einsicht erschließen kann in seine unbewußten seelischen Konflikte. Denn von ihnen ist das Individuum tatsächlich ebenso betroffen wie von einem anonymen Naturgeschehen.

Von alledem ist in der Schulmedizin nur selten die Rede. Der Arzt in der Praxis ist dadurch offenbar stärker beunruhigt als die Klinik, die sich mit technischen Mitteln gegen jedes Verfahren abschirmen kann, und tatsächlich auch abschirmt, das nicht von ihr selbst entwickelt wurde.

Ein praktischer Arzt schrieb an eine medizinische Zeitschrift[11]: »Was dem Leser und Beobachter der derzeitigen

---

11 Dr. med. Johann Rausch, Selecta 1975, S. 2345.

medizinischen und gesundheitspolitischen Diskussion am meisten Kopfzerbrechen bereitet, ist der offenbar abgrundtiefe Graben zwischen organmedizinisch und psychosomatisch-psychotherapeutisch denkenden und tätigen Ärzten... In den Beschlüssen des Deutschen Ärztetages (1975)... fehlt die klare Aufforderung, in die Fortbildung zunehmend mehr psychosomatisches Wissen einzubauen. Dies ist höchst verwunderlich in Anbetracht der großen Zahl psychosomatisch Kranker. Es kann m. E. nur als bewußte Negierung des tatsächlichen Umfanges dieses Problems verstanden werden. Die zunehmende Verteuerung des gesamten Gesundheitswesens resultiert nicht zuletzt daraus, daß psychosomatische Zusammenhänge tabuisiert werden und dann falsch und teuer behandelt wird. Ich frage mich, wie lange wir uns das leisten können.«

Das der Lösung harrende Problem ist zwiefältig: Zunächst hat angewandte Psychoanalyse mit der Frage zu tun, warum die unbewußt bleibenden Identifikationen mit dem beruflichen Idealbild den Arzt für Jahrzehnte zu einer über-konservativen Figur deformieren konnten. Seine Ablehnung jedes Lernens auf psychologischem Gebiet entfremdet ihn mehr und mehr den Nöten und Leiden seiner Patienten.

Die angewandte Psychoanalyse kann im zweiten Teil der Problemanalyse die Medizinsoziologie unterstützen, und zwar in der Suche nach den Strukturen der medizinischen Institutionen. Dabei handelt es sich um »sociology in medicine«. Die individuelle und die berufstypische »Erziehung«, die der Arzt erfährt, macht ihn sicher. Sicherheit, Ruhe sind Persönlichkeitsmerkmale, die vom Patienten beim Arzt gesucht werden. Der Arzt versucht, diese Rolle zu erfüllen. In Wirklichkeit scheint er aber diese Charakteristika nur um den Preis erheblicher Angstverleugnung erwerben zu können. In der Tat, die Quote neurotischer Persönlichkeiten unter Ärzten ist keineswegs geringer zu veranschlagen als in anderen verantwortungsbelasteten Berufen. Aber auch diese Einsicht gelingt nur wenigen Ärzten. Obwohl es doch einleuchtend ist, daß ohne zureichendes Selbstverständnis kaum hilfreiches Verständnis des Patienten gelingen kann.

# X
# Massenpsychologie

Wir fragen uns zunächst, ob es einen Sinn hat, eine Massenpsychologie von der Psychologie anderer Kollektiverscheinungen auszusondern. Um das Ergebnis vorwegzunehmen: wir bejahen diese Frage. Freuds berühmter Essay »Massenpsychologie und Ich-Analyse« ist in den entscheidenden Passagen unverändert gültig. Das Thema zieht nicht nur Fachleute an, sondern darüber hinaus viele psychologisch Interessierte, denen der Mensch als (sich entfremdetes) Massenwesen eine unheimliche Erscheinung geblieben ist.

Wir werden vornehmlich physisch anschaubare und erregte Massen in ihrem Einfluß zu betrachten haben wie auch Massen, die nicht in corpore vor unseren Augen auftauchen. Von letzteren erfährt man durch die dauernden Bemühungen, Einfluß auf sie zu gewinnen. Ein Beispiel ist »die Masse der Werktätigen«. Solche Massen sind Sender und Empfänger zugleich; sie unterliegen Einflüssen etwa von Glaubenslehren und Ideologien, aber sie üben umgekehrt auch Zwänge auf die Massenglieder zum Aufrechterhalten des kollektiven Verhaltens aus. Das Verhalten im Konsumzwang kann das deutlich machen. Bei unserer Untersuchung werden wir auf das sadomasochistische Band zwischen dem Massenführer und seiner

Gefolgschaft stoßen. Er wird zur Inkarnation des Über-Ich und des Ich-Ideals der Masse.

Zunächst müssen wir uns aber vergegenwärtigen, daß im täglichen Sprachgebrauch das Wort Masse quantitativ auf sehr verschieden große Ansammlungen von Menschen angewendet wird. Beispielsweise können wir zwei Freunde beim Betreten eines Fußballstadions begleiten. Das Oval ist berstend voll. Es herrscht große »Stimmung«. Deutlich hingerissen und bewundernd entfährt es dem einen: »Was für eine Masse Menschen!« Die gleichen Freunde treffen beim nächsten Spaziergang auf einem Waldweg, der meist menschenleer ist, zwei oder drei Trüppchen anderer Spaziergänger. Da sagt wieder einer, diesmal deutlich irritiert: »Was für eine Masse Leute!« Es läßt sich offensichtlich nicht festlegen, bzw. ist von den Situationen und den ihnen zugehörigen Erwartungen und Gefühlen abhängig, wann man im Hinblick auf Menschen von Masse als einer Vielzahl sprechen kann.

Beim Versuch, zu einem psychologischen Verständnis der Massen zu kommen, gilt es also stets, mindestens zwei Seiten des Phänomens im Auge zu behalten: die Masse Menschen und die Reaktion bzw. die Gestimmtheit dessen, der auf eine Vielzahl von Menschen stößt. Bei den Spaziergängern handelte es sich quantitativ ganz gewiß nicht um eine Masse. Die Freunde scheinen sich aber in einer Stimmung zu befinden, in der sie sich durch die Gegenwart anderer Leute gestört fühlen. Sie schieben nun andere Argumente in den Vordergrund als im Stadion: das Plebejische, das Unartige, was erregte Massen rücksichtslos zu erkennen geben, wird auf die wenigen Gegen-Spaziergänger übertragen. Sie werden so hingestellt, als wären sie ebenso lästig, wie es ein ganzes Stadion voller lärmender und singender Fußballfans für denjenigen ist, der sich als Außenstehender fühlt und sich mit ihnen nicht identifizieren, nicht lustvoll in der Masse untertauchen kann. Denn einmal reagieren wir allergisch, abwehrend; bei der nächsten Gelegenheit aber machen wir begeistert mit.

Um groben Mißverständnissen bei der Behandlung unseres Themas vorzubeugen, empfiehlt es sich, unser Urteil über Massen – oder über das, was wir als Massen empfinden – stets relativ zum Hintergrund zu sehen, aus dem sie entwachsen sind oder mit dem sie kontrastieren.

Eine naheliegende Frage über das Wesen der Masse dürfte sein, was sie eigentlich über kürzere oder längere Dauer so geeint, so homogen erscheinen läßt. Um diese Frage beantworten zu können, müssen wir festlegen, von welchem Typus Masse wir sprechen wollen. Es gibt offensichtlich verschiedene Grundtypen. Wir benennen zwei. Da sind erstens Massen, deren Mitglieder starke Affekte miteinander teilen; die Masse ist affektiv eingestimmt. Indem der Einzelne sich anschließt, anerkennt er, was die mehr oder weniger große Zahl von Massengliedern in affektive Erregung versetzt und eint und was sie dabei tut. Das gemeinsame Ziel kann etwa die Beseitigung einer als ungerecht erlebten Gewaltherrschaft sein; oder es ist die massenhafte Identifizierung mit einer idealisierten Führerfigur, mit deren Wünschen und Ideologien, die so viele Menschen zu einer Masse zusammenfügt und in einem Daueraffekt befangen hält.

Wir sprechen zweitens aber auch von Massen, wenn wir in unserer industrialisierten und technisierten Gesellschaft auf Institutionen stoßen, in welchen unübersehbar viele für die Erledigung bestimmter Funktionen der Gesellschaft zusammengefaßt, manchmal zusammengepfercht werden, z. B. in Massenverkehrsmitteln. Was uns hier den Eindruck von Massenhaftigkeit vermittelt, hat primär gar nichts mit gemeinsamer Gemütserregung zu tun, sondern zunächst nur mit der

Tatsache, daß die Gesamtpopulation mancher Kontinente oder Subkontinente ins Unübersehbare gewachsen ist und weiter wächst. Dieser bedrängende Wachstumsprozeß ängstigt uns. Proportional zu dem Bevölkerungszuwachs sind in unserer westlichen »verwalteten Welt« und in den Bürokratien der östlichen Weltmächte mammuthafte Institutionen entstanden, welche die technischen oder politischen Aufgaben des Zusammenlebens so vieler Menschen zu lösen haben. Wo wir zu einer Hochhausfassade hinaufblicken, die durch einen Raster von hunderten gleichförmiger Fenster gebildet wird, hinter denen wir Menschen vermuten dürfen, erschrecken wir über diese Uniformität. Sie ist jedoch Funktion des neuen Phänomens von Ballungszentren gigantischen Ausmaßes und nicht Funktion menschlicher Affekte.

Vielleicht schließen sich die Angestellten dieser Organisationsriesen, wenn die Lebensbedingungen, die sie anbieten, bedrückend und entwürdigend sind, einmal zu affektiven Einheiten zusammen. Vielleicht bildet sich dann aus ihrem massenhaften Dasein das Erlebnis massenhafter affektiver Homogenität. Dann mag sich auch jenes sieghafte Gefühl einstellen, das Massen zum Glauben an ihre Allmacht stimuliert. Bis es dahin kommt, muß eine mehr oder weniger lange Anlaufsfrist von Enttäuschungen und Erniedrigungen erlebt worden sein. Denn Massen zeigen zunächst oft große fatalistische Geduld. Dazu kommt noch, daß die Unterdrücker, die Organisatoren menschenunwürdiger Lebensweise nicht mehr so einfach wie noch im 19. Jahrhundert in Person ausfindig zu machen sind. Unsere Vorfahren haben im 19. Jahrhundert eine Wohlfahrt begründet, die auf ausgeübter Fremdherrschaft beruhte. Schließlich haben dann aber die Unterdrückten genau das getan, was ihre Unterdrücker ihnen vorgemacht hatten. Sie haben sich national zur Verfolgung ihrer Ziele organisiert. Allenthalben kommen im Gefolge der Auflehnung gegen Ausbeutung durch Fremdherrschaft nationale Massenbewegungen auf, sie sind aber oft genug begleitet von Massenaffekten der Intoleranz, die neue Inhumanität heraufbeschwören. In solchem Aufruhr können dem Einzelnen große Opfer abgefordert werden. Vielleicht trägt gerade das dazu bei, daß er ein individuelles Wertgefühl entwickeln und einen Lebenssinn entdecken kann, den er mit anderen teilt. Wenn das zutrifft, ist der Einzelne an einer Grenzscheide zwischen Massendasein und gemeinsam verantwortetem Gruppenleben angelangt.

Unsere Beobachtungen beziehen sich vor allem auf diese akuten Massen mit großer Dynamik der Affekte. Gemeint sind jene Massen, die von Zeit zu Zeit in der Geschichte auftauchen, meist als Sturmwarnungen oder Sturmboten.

Der französische Soziologe Gustave Le Bon (gestorben 1931) hat in seinem Buch »Psychologie der Narren« bereits 1895 eine Verhaltenseigentümlichkeit der Massen beschrieben, die später von Freud bestätigt und psychologisch genauer analysiert wurde: es ist das sehr merkwürdige Absinken der individuellen Intelligenzleistung in der Masse – und zwar unabhängig vom erreichten Bildungsgrad des Individuums – und die gleichzeitige Steigerung der affektiven Erregbarkeit aller Mitglieder der Masse. Freud griff Le Bons Gedanken auf, in den Massen werde »der psychische Oberbau, der sich bei den Einzelnen so verschiedenartig in ihrer Lebensgeschichte entwickelt hat, abgetragen, entkräftet«. Es komme »das bei allen gleichartige, unbewußte Fundament« zur Wirkung.[1] Damit treten die Züge der individuellen Persönlichkeit zurück, statt dessen erfolgt eine »Ansteckung« mit Verhal-

1 S. Freud, Studienausgabe Bd. IX, S. 69.

tensweisen der Masse. Das Modewort, das diesen Vorgang begleitete, hieß damals »höhere Suggerierbarkeit«. Heute würden wir eher von Ich-Schwäche sprechen. Die Analogie eines gleichartigen auffälligen Verhaltens mit der Ansteckung durch eine Infektionskrankheit betont zunächst das Regelhafte des Verlaufs. Das Unisono von Parolen, auf die sich eine fünfzig- oder mehrtausendköpfige Menschenmenge einstimmt – bei sonntäglichen Fußballspielen oder bei politischen Demonstrationen –, hat in der Tat etwas von den Schreien eines riesenhaften Fabelwesens an sich. Le Bon spricht deshalb den Menschen »durch den bloßen Umstand ihrer Umformung zur Masse eine ›Kollektivseele‹ zu«.[2]

Dieser Mythologie einer Kollektiv- oder Massenseele kann man sich heute kaum mehr anschließen. Gleichartigkeit des Verhaltens, z. B. große Erregbarkeit, läßt auf Identifikationen der Massenmitglieder untereinander schließen. Das Individuum gerät dann »in der Masse unter Bedingungen, die ihm gestatten, die Verdrängungen seiner unbewußten Triebregungen abzuwerfen«[3]. Nach wie vor bleibt aber die Frage offen, ob es nicht zu den Grundbedürfnissen des Menschen als eines Gruppenwesens gehört, von Zeit zu Zeit in »Feststimmung« zu geraten oder solche herzustellen. Zu einer solchen Feststimmung gehört auch die Verschmelzung des Individuums mit den Empfindungen größerer oder kleinerer Gruppen, in denen es aufgehen kann.

Aber was haben wir unter »Umformung zur Masse« eigentlich zu verstehen? Offenbar Vorgänge der Identifizierung. Wie alle sozialen Gruppierungen vollzieht sich auch Massenbildung durch Identifikationen. Freud hat bei seinen

---

2 S. Freud, Studienausgabe, ib. S. 68.
3 S. Freud, Studienausgabe Bd. IX, S. 69.

Beobachtungen der dynamischen Entwicklung des Kindes vor der Konstituierung des Ödipuskomplexes entdeckt, daß »die Identifizierung die früheste und ursprünglichste Form der Gefühlsbindung ist«.[4] In dieser vorödipalen Periode identifiziert sich z. B. der Knabe intensiv mit seinem Vater, möchte so sein wie dieser und liebt seine Mutter, ohne daß deshalb Rivalitätskonflikte entstehen würden. Erst mit der »unaufhaltsam fortschreitenden Vereinheitlichung des Seelenlebens«[5] – wir würden heute sagen: mit der Reifung der Ich-Funktionen, z. B. der Wahrnehmungsfähigkeit – merkt der Sohn, daß ihm der Vater bei der Mutter im Wege steht.

Neben der Identifizierung, d. h. der Angleichung an bewunderte oder doch zumindest als mächtig erlebte Personen, entwickelt sich die zweite Beziehungsform, die der »Objektwahl«. In der Identifikation ist ein geringerer Grad von Freiheit enthalten. Man kann sich in diesem primären Versuch, sich völlig dem Vorbild anzugleichen, nur mit Menschen identifizieren, mit denen man in den ersten Kinderjahren aufwächst, die einem schicksalhaft vorgegeben sind. Bei der späteren Objektwahl ist die Möglichkeit von Suchen und Finden schon mehr gegeben. In der Identifikation will man sein wie ein Vorbild, es kann auch ein negatives sein. In der Objektwahl will man etwas haben, eben ein Objekt. Im ödipalen Konflikt will der Sohn die Mutter, die Tochter den Vater haben, und Zufriedenheit hängt ganz vom Gefühl des Besitzens ab.

Die Identifizierung hilft mit, den persönlichen Überbau zu gestalten. Das sich identifizierende Individuum übernimmt die Eigentümlichkeiten des Vorbilds und macht sie zu seinen

---

4 S. Freud, Studienausgabe Bd. IX, S. 99.
5 S. Freud, G. W., Bd. XIII, S. 115.

eigenen. Das endgültige Charakterbild wird von der Aufeinanderfolge von Vorbildern bestimmt, die sich dem Individuum während seines Lebenslaufs zur Identifikation angeboten haben.

Freud unterscheidet drei Formen der Identifizierung: 1. Identifizierung als »früheste und ursprünglichste Form der Gefühlsbindung« und 2. Identifizierung als Ersatz für eine aufgegebene Objektbindung. Das entspricht einer psychischen Rückwärtsentwicklung, einer Regression. Die Identifizierung tritt dann an die Stelle der Objektwahl. Das Individuum kehrt von einer späteren zur früheren Objektbeziehung zurück.[6] 3. unterscheidet er die partielle Identifizierung, die vorübergehend mit Personen eingegangen wird, bei denen man Gemeinsamkeiten mit eigenen Wünschen und Idealen, Verhaltensnormen und ähnlichem feststellt oder glaubt, feststellen zu können; übrigens ohne daß diese Menschen »Objekte der Sexualtriebe« sind. Freud nahm an, daß diese dritte Art der Identifizierung bei der gegenseitigen Bindung der Massenindividuen eine wichtige Rolle spielt und daß deren affektive Gemeinsamkeit in der Bindung an den »Führer« zu suchen sei.[7]

Der Aufbau der Persönlichkeitsstruktur auf dem Weg vielfältiger Identifizierungen ist, wenn die Entwicklung erwünscht verläuft, von steigendem Bewußtsein begleitet, so daß die Identifikation nicht mehr so zwanghaft, so unbewußt und unkontrolliert verlaufen muß wie am Anfang des Lebens,

---

6 Die *progressive* Bedeutung der Identifikation, die Rolle des sekundären, postödipalen Identifizierungsprozesses für den Aufbau einer selbständigen psychischen Struktur: die Verinnerlichung des Objektes und seiner Eigenschaften fand damals bei Freud noch nicht die ihm zukommende Würdigung.

7 S. Freud, G. W., ib. S. 118.

wenn keine Alternativen gegeben sind. Die Übernahme von Persönlichkeitsmerkmalen eines Mitmenschen in mein eigenes Innere oder auch in mein Verhalten vollzieht sich meist unbeobachtet und nicht allzu schnell. Eines Tages bemerkt dann ein anderer überrascht diese Veränderung und Angleichung. Man selbst bemerkt sie als erster nur in den seltensten Fällen. Weil sich dieser Prozeß der Übernahme von Persönlichkeitszügen so unbemerkt vollzieht, bot sich zunächst als Erklärung die Annahme vererbter Eigenschaften an. Ohne solche gänzlich ausschließen zu wollen, haben die neueren Beobachtungen jedoch ergeben, daß Übereinstimmungen in den Charaktermerkmalen auf dem Wege der Sozialisierung, der Einpassung des neu angekommenen Individuums in die Gesellschaft erfolgen.

In der Massenbildung sehen wir nun aber einen Vorgang, der gegenläufig zur Persönlichkeitsentwicklung erfolgt. Viele Individuen präsentieren sich als etwas Einheitliches, als hätten sie die gleiche persönliche Vorgeschichte, als strebten sie nach dem gleichen Ziel, nach der gleichen Befriedigung und wechselseitiger Verständigung. Wir wissen aber, daß diese Art von Massenangleichung einem optischen Trugschluß unterliegt. Andererseits haben Zeitgenossen in der Tat auch gleiche oder mindestens vergleichbare Schicksale, leiden unter vergleichbaren Lasten und sind deshalb auf vergleichbare Weise zu verführen, ganz zu schweigen von den kollektiven Zwangsschicksalen wie Krieg, Inflation oder Arbeitslosigkeit. Ohne eine innere Resonanz wären die Übereinstimmungen nicht augenfällig. Es muß also ein gleichmachender Einfluß beispielsweise bei jenen stabilen Massen am Werk sein, die sich um ein religiöses oder pseudoreligiöses Bekenntnis gebildet haben. Freuds sicher noch unverändert gültige Auffassung war, daß durch die gemeinsame affektive Bindung an

Massenführer oder eine von den Massen aufgegriffene Leitidee eine Identifizierung der Massenmitglieder untereinander und dadurch der Eindruck einer gleichartigen Menschenmasse entsteht.

Es ist dennoch notwendig, zwischen individueller Psychologie, Gruppenpsychologie und Massenpsychologie zu unterscheiden, denn durch pure Addition von mehr oder weniger selbständigen Individuen kommen wir nicht von der Individual- zur Gruppen- und Massenpsychologie. Das Individuum, das dem umformenden Griff, den akute oder dauerhafte Massendrohungen ausüben, erliegt oder sich ihm zu entziehen vermag, gerät nie in diese Auseinandersetzung, ohne vorher während seines ganzen Lebens sozial, d. h. durch Gruppen, geformt worden zu sein. Freud und seinen Zeitgenossen war es selbstverständlich, die Massenpsychologie unmittelbar aus der Individualpsychologie hervorgehen zu lassen; er sprach sogar gelegentlich von der Familie als Masse oder verstand die Masse, als wenn sie aus der Familienkonstellation zu begreifen sei. Es ist ihm deswegen vorgeworfen worden, das Weltgeschehen auf eine »konfliktreiche Familiengeschichte« reduziert zu haben. Auch Otto Fenichel, einer der frühen Schüler, warnte vor einer »unberechtigten Gleichsetzung von Individuum und Gruppe« (wobei er noch nicht zwischen Gruppe und Masse unterschieden hat).

Viele der kollektiven Phänomene verlangen tatsächlich ein anderes Verständnis, als es etwa in der individuellen Neurosenbehandlung erarbeitet worden ist. So haben zum Beispiel die Verhaltensweisen der deutschen Bevölkerung während der Naziherrschaft und danach gezeigt, wie präformierte Charakterstrukturen, gemeinsame Phantasiebildungen usw. mit aggressiven Propagandatechniken sich in spezifischer

Weise verzahnen konnten.[8] Eine Reihe solcher Reaktionen, die früher zur Massenpsychologie gerechnet wurden – oder genauer zu Anzeichen der »Kollektivseele«–, würden wir heute im breiten Feld von Gruppenreaktionen unterbringen. Gruppenpsychologie war aber, als die klassischen Beiträge zur Massenpsychologie erarbeitet wurden, erst sehr unvollständig entwickelt.

Die Abgrenzung zwischen Gruppen- und Massenpsychologie fällt in unserem Zusammenhang nicht sehr schwer. Wir können uns an zwei wesentliche Unterschiede halten, von denen schon mehrfach die Rede war. Als Glied einer Gruppe widerfährt mir weder, was mir regelhaft als Massenmitglied begegnet, nämlich das Abaissement du niveau mental (die Erniedrigung des geistigen Niveaus), noch gerate ich in jene typische Erregung, in welcher Primärprozesse zur Befriedigung gebracht werden sollen.

Da aber auch Gruppen von unterschiedlicher Größe und verschiedener innerer Struktur sind, also sowohl Gruppe wie Masse sein können, wird man nicht erwarten dürfen, daß beide, Gruppe und Masse, begrifflich durchweg scharf voneinander zu trennen sind. Schließlich sind auf dem Wege der Identifikation viele Gruppenerfahrungen in die Charakterstruktur des Individuums aufgenommen worden und bestimmen sein Verhalten in den verschiedenen Situationen des sozialen Lebens.

Zum Verständnis der massentypischen Schädigung der kritischen Selbstwahrnehmung, die man als Massenglied erleidet, bietet sich vergleichsweise das Phänomen der Verliebt-

---

8 O. Fenichel, Über Psychoanalyse, Krieg und Frieden. In: Int. Ärztl. Bulletin, 2. Jahrgang 2/3, Prag 1935, S. 30–40.
A. Mitscherlich, Psychoanalyse und die Aggression großer Gruppen. In: Psyche XXV, S. 463–475.

heit an und damit – bei aller Vorsicht – der Vergleich mit typischen Entwicklungsstufen der individuellen Persönlichkeit. Manche Verhaltensweisen von Massenmitgliedern gleichen denjenigen zahlreicher Pubertierender, deren ständig wechselnde Verliebtheiten nicht als Liebesbeziehungen im Sinne der Objektbeziehungen des Erwachsenenalters zu begreifen sind. Vielmehr erweisen sie sich als »Identifizierungen primitiver Art, wie wir sie von den ersten Entwicklungsschritten des Kleinkindes her vor Beginn aller Objektliebe beobachten können«.[9] Diese Verliebtheit läßt sich als ein Zustand beschreiben, in welchem stark affektive Regungen mit regressiver Tendenz zur präödipalen Entwicklungsperiode vorherrschen. In der Verliebtheit vermag das Ich den Affekt nicht zu kontrollieren, und damit verknüpft sich ein Unzugänglichwerden für kritische Einwendungen bis zur Verblendung.

Wie kommt diese Regression mit ihrer massiven Abwehr gegen alle Argumente der Vernunft zustande, die vom Ich kritische Realitätsprüfung verlangen würden? Offensichtlich wird das bewußte, eben das kritische Ich von den Triebkräften, dem Es, überwältigt. Wir müssen annehmen, daß eine solche Regression im Dienste des Es den Bedürfnissen zahlreicher Menschen entgegenkommt. Denn es bedeutet für jedermann eine ziemliche Anstrengung, die kritische und selbstkritische Kontrolle des Ichs auch dann noch aufrechtzuerhalten, wenn massive Triebbefriedigungen in Aussicht stehen oder Regressionen en masse gefördert werden. Wenn das Über-Ich diese Kontrolle dem Ich nicht mehr abverlangt, im Gegenteil die Sicherheit der Person um so besser garantiert

---

9 Anna Freud, Das Ich und die Abwehrmechanismen. München 1974, S. 132.

erscheint, je kritikloser sie die Meinung der Massenautorität übernimmt, dann wird die Regression en masse unaufhaltsam.

Freuds Auffassung war es, daß die Identifikation der Massenmitglieder untereinander deren festen inneren Zusammenhalt bewirkt. Sie verbinden sich weiter mit dem Führer, indem sie dessen Vorbildlichkeit – wie makaber sie dem objektiven Betrachter auch scheinen mag – an die Stelle ihres Ich-Ideales und ihres Über-Ichs setzen. Dadurch wird der Einfluß des Massenführers auf seine Anhänger noch einmal wesentlich gesteigert. Der Führer ist dann quasi nicht nur ein Hilfs-Ich, sondern wird zu einem Teil des Ichs, sogar zu einem besonders hoch geachteten Teil, das unbedingten Gehorsam fordern darf und ihn auch findet. In diesem Prozeß der Externalisierung eigener Ich-Anteile verkörpert der Führer schließlich das Über-Ich der Masse.

Man kann also die Frage, was eine Masse sei, dahingehend beantworten, daß sie von Menschen geformt wird, die ein gemeinsames externalisiertes Über-Ich gebildet haben. Dieses Über-Ich kann wichtige ältere Ich-Anteile überrumpeln. Man hat in der Geschichte des Nationalsozialismus sehr deutlich verfolgen können, wie verschiedene Ebenen der Ich- und Über-Ich-Entwicklung in Individuen nebeneinander wirksam waren. Normalerweise müßte dies zu inneren Widersprüchen geführt haben. Aber es ist für das Massenindividuum gerade charakteristisch, daß es aus »Momentpersönlichkeiten«[10] mit eingeschränkter Selbst- und Realitätskontrolle besteht.

Eine andere Ursache für das zwiespältige und uneinheitli-

10 A. Mitscherlich, Auf dem Weg zur vaterlosen Gesellschaft. München 1963, und A. und M. Mitscherlich, Die Unfähigkeit zu trauern. München 1967.

che Verhalten des Massenindividuums läßt sich auf sein externalisiertes, oft terroristisch forderndes Über-Ich zurückführen, das eine tiefe Spaltung der Persönlichkeit hervorruft.[11] Sie kann in einem Augenblick vom Gehorsam gegen den Führer und seine Wertordnung bestimmt sein, im nächsten Augenblick scheinbar beziehungslos von den hergebrachten moralischen Richtlinien, mit denen man bisher konform war oder mindestens konform zu erscheinen sich bemühte.

Es ist wohl eben diese Bindungsschwäche, die besonders nachhaltig die intellektuelle Konsistenz der Persönlichkeit in der Masse untergräbt und den Eindruck unerwartet primitiver rationaler wie moralischer innerer Orientierung hinterläßt.

Dieser intellektuelle Abstieg durch Zugehörigkeit zu einer virulenten Masse ist also das Ergebnis einer Regression der kritischen Ich-Fähigkeiten, der Externalisierung des Über-Ich und der damit zusammenhängenden inneren Spaltung der Persönlichkeit. Das Ich muß fortwährend ausgleichend auf Über-Ich-Einflüsse einwirken. Aber in Wahrheit kann hier nichts harmonisiert werden. Vielmehr werden je nach Situation Abwehrmechanismen in verschiedener Reihenfolge ausgeübt: Verleugnung, Isolierung, Idealisierung; wobei das Ich nicht in der Lage ist, sich mit rationaler innerer Konstanz gegen die in Wahrheit unvereinbaren Einflüsse durchzusetzen.

Hier muß uns massenpsychologische Forschung in Zukunft noch weiterhelfen. »Es ist die Beobachtung der veränderten Reaktion des Einzelnen, welche der Massenpsychologie den Stoff liefert.«[12] Freuds Darstellung des Verhaltens von

---

11 vgl. nächstes Kapitel.
12 S. Freud, ib. S. 77.

Massen ist von einem merklichen Ton der Verachtung begleitet. Darin stimmt er mit Le Bon, Sighele, McDougall überein. Freud war durch die Ich-Schwäche beunruhigt – jenen tiefen und oft nicht willkürlich korrigierbaren Verlust an kritischer Selbständigkeit des Einzelnen in der Masse. Vielleicht spielt hier auch seine Zugehörigkeit zum Judentum herein. Er hatte an dessen gruppenspezifischer Geschichtserinnerung Anteil, die ihm sagte, wie leicht Vernunft und auf ihr basierende Toleranz in affektiv geeinten Massen verlorengehen kann. Der Abbau der intellektuellen Leistung arbeitet der Wankelmütigkeit in die Hände. Beispielsweise wird sexuelle Schamhaftigkeit, welche sonst als starke Verhaltensschranke zu funktionieren pflegt, außer Kraft gesetzt. Was bisher als schamlos galt, wird nun um so intensiver zur Schau gestellt und genossen. Das gilt nicht nur für das libidinöse Triebschicksal, sondern gleichermaßen für die Hemmung »grausamer, brutaler, destruktiver Instinkte«. In beiden Fällen rechtfertigen die Massen ihr Tun mit dem Hinblick auf den Führer.

Wir müssen uns jedoch erneut an unsere Rolle eines unparteiischen Beobachters erinnern, um die historisch bedeutsame Funktion von Massen nicht einseitig zu beurteilen. Freud war – trotz einer offensichtlichen Geringschätzung der Massenreaktionen – dennoch der Auffassung, man könne zuweilen »von einer Versittlichung des Einzelnen durch die Masse sprechen«.[13] Die Richtigkeit auch dieser Auffassung ist uns in einem lebenslangen eindrucksvollen Anschauungsunterricht bestätigt worden. Eine Vielzahl nationaler Massenbewegungen fordert vom Einzelnen Opfer großen Stils, denn diese Kämpfe werden mit grausamster Aggression geführt. Sie stoßen auch in der eigenen Gruppe weder auf äußere Kontrolle

---

13 S. Freud, Studienausgabe Bd. IX, S. 73.

und Strafandrohung, noch wird ersichtlich, daß die Kämpfer in solchen Kriegen und kriegsähnlichen Zuständen ihre Taten vor einer persönlichen Gewissensinstanz zu verantworten haben. Es scheint nur darauf anzukommen, unter dem Gebot des Überlebens der Brutalität des Gegners zuvorzukommen. Auch hier ist also die Spaltung des Über-Ichs, seine Externalisierung und Verkörperung durch äußere Führer und sein Aufgehen in eine Massenidentifizierung, nicht zu übersehen.

Die Umstände, aus denen Selbstlosigkeit wie Grausamkeit der »Freiheitskämpfer« entstanden sind, lassen sich rational nur ungenügend auflösen. Das entschuldigende Argument, daß nationale Freiheit den Einsatz jedes Mittels lohne, kann uns kaum recht überzeugen. Zu oft haben wir in diesen Jahrzehnten erlebt, daß die Ansätze zu einer freiheitlichen Gesellschaft noch während des Befreiungskrieges verloren waren und daß einer Gewaltherrschaft ohne zeitliche Zäsur eine nächste folgte. Wenn dem so ist, kann das ethische Motiv eines solchen Befreiungskrieges nicht die gesamte Szenerie der Gewalttaten erklären, geschweige entschuldigen. Wir stoßen vielmehr auf die soeben beschriebene Momentpersönlichkeit, die ohne zeitlichen Aufschub von einer ethischen Motivation in eine andere, von der moralgerechten zur massenidealgerechten springen kann. Die Gehirnwäsche ist die hochentwickelte Methode, die alten moralischen Bindungen des Individuums völlig zu zerstören und durch eine neue Ideologie, die ihm ein höchstes Maß an Loyalität abverlangt, auszuwechseln.

Mit der kritischen Analyse idealisierter Unabhängigkeitskämpfe, die tatsächlich von außergewöhnlichen Mutleistungen begleitet sein können, wird man sich kaum beliebt machen. Je zweifelhafter die Motive sind, die zur Rechtfertigung der Grausamkeit gegen Artgenossen dienen sollen, desto wütender pflegt das Pochen auf die gute Absicht zu sein, in deren Namen alle Greuel geschehen. Daß oft windige Argumente willig hingenommen werden und als Entschuldigung gelten, ist ein eindrucksvolles Beispiel für die Senkung des kritischen Intelligenzniveaus durch Teilhabe an akuten Massenbildungen und Massenideologien.

Zu einem eindeutigen Urteil über die Bedeutung von Massenbildungen in einer Zeit allgemeinen Umbaus des Selbstverständnisses wird man kaum gelangen können. Prinzipiell sollten wir die Forderung nach mehr Vernunft besonders dort aufrechterhalten, wo – mit welchen Argumenten auch immer – mehr Gewalt verlangt wird.

Urteilsschwäche und Wankelmütigkeit von Massenbewegungen, denen historisch bedeutende Aufgaben zugefallen waren, sind im Laufe der Geschichte immer wieder beobachtet worden. Es sind eben nicht in langem Sozialisierungsprozeß, in langer Tradition erworbene Fähigkeiten, Altruismus und Egoismus gegeneinander abzuwägen, die wir beobachten können. Die Sittlichkeit des Massengliedes rührt nicht aus langen Identifikationen her. Vielmehr ist der Einzelne gleichsam in einen Sog, in eine Trift geraten, in der ihm sowohl sittliche Großtaten abverlangt als auch die Risiken einer hochgradig ungewissen Zukunft zugeschoben werden. Moralischer Aufschwung revolutionärer Bewegungen zersetzt sich meist rasch. Die primitiv egoistische Korruption, die eben noch mit Verve bekämpft wurde, kehrt als Herrschaftsmethode in die ihr von früher bekannten Fußstapfen zurück. Die Geschichte der nationalsozialistischen Massenbewegung und die Entfaltung des Stalinismus im Sowjetsystem – in beiden Fällen millionenfache Ausbreitung eines paranoiden Wahnsystems – zeigen, wie freiwilliges Engagement, Aufopferungsbereitschaft, politischer Idealismus geradezu mühelos in Terror umschlagen können, der auf die Freiheitsrechte des Individuums dann nicht mehr die geringste Rücksicht nimmt.

Eine Sozialpsychologie, die ihren Ausgang bei der Psychologie des Individuums nimmt und von ihm her zum Verständnis des massenhaften Verhaltens vordringen will, muß sich über die Einschränkung ihres Blickwinkels im klaren sein. Der Einfluß ökonomischer Lebensbedingungen z. B. bleibt zunächst noch unberücksichtigt. Die Integration der Untersuchungsergebnisse ist freilich das Zukunftsziel. So sehr dieses Wissen auch heute schon benötigt wird, wir besitzen es leider noch nicht. Die psychologisch größte Wissenslücke in der Massenpsychologie ist zunächst noch die Problematik der Aggressivität. Die nicht zu bändigende zerstörerische Leidenschaft macht die massenpsychologischen Probleme so bedrückend und gefährlich. Die mangelhafte Realitätsprüfung im Zeichen der Erregungssteigerung in den Massen leistet der Destruktion Vorschub.

Wir können das Problem der Ambivalenz der Gefühle hier nicht weiterverfolgen. Es ist und bleibt von größter Bedeutung für jede Planung zur Vorbeugung gegen Massenreaktion und schließt die Frage ein, wieweit wir Erschütterungen unseres Selbstwertes zu ertragen in der Lage sind. Die Teilhabe an Akten, die eine *libidinöse* Entspannung zum Ziel haben, wird offenbar unter bestimmten, uns keineswegs genügend bekannten Umständen von dem Streben nach einer kollektiven *aggressiven* Entladung übertroffen. Dafür gibt es zahlreiche Beweise. Tagtäglich werden uns von den Kriegsschauplätzen aus menschenreichen Städten die Bilder von Detonationswolken, von verelendeten Menschen und zerstörten Behausungen übermittelt. Dabei kann nicht übersehen werden, daß diese Schreckensbilder auch auf lustvolle Gefühle der Menschen stoßen bzw. solche erwecken, ganz gegen die Forderungen unserer Moral. Und es wäre Selbstbetrug, wollte man die Ambivalenz der Gefühle angesichts der potenten Monotonie in den zerstörerischen Detonationen verleugnen. Diese Bilder wecken gemäß dem Einfluß unseres Über-Ichs Empfindungen des Bedauerns, aber eben auch Lust an der Zerstörung, zumindest Lust am passiven Teilnehmen an der Zerstörung anderer.

Was sind das für Motivationen, welche die Moral, die Sittlichkeit nicht nur einzelner Menschen, sondern insbesondere großer und größter Gruppen zu erschüttern vermögen? Warum genießen der Zeitungsleser und der Fernsehteilnehmer in einem verborgenen Winkel ihrer Seele das Unglück und die Zerstörung anderer? Woher stammt die Gleichgültigkeit der Großstadtbewohner, wenn neben ihnen einer nach Hilfe schreit, vor ihren Augen ermordet wird? Das alles ist schwer zu beantworten und übersteigt den Rahmen des Themas, das wir hier zu behandeln haben, aber wir können an diesen Fragen auch keineswegs stumm vorbeigehen.

Um wenigstens einen Hinweis zu geben, sei es erlaubt, noch einmal auf die Funktion des Führers in einer von Affekten und Ideologien bestimmten Masse zurückzukommen. Wir sagten schon, darin Freud folgend, daß das idealisierte Bild des Führers an die Stelle des Ideal-Ichs der Mitglieder der Masse tritt. Von einer Umformung einer Vielzahl von Menschen zu einer affektiv in sich geschlossenen Masse kann man wohl nur dann sprechen, wenn das Einsetzen eines Führers an die Stelle des Über-Ichs seiner Gefolgschaft getreten ist. Es muß aber noch ein weiterer Umstand hinzukommen, damit das große Massenerlebnis zu einer Art Naturereignis werden kann. Der Erfolg des »charismatischen« Führers, des begnadeten und skrupellosen Demagogen, beruht sehr stark darauf, daß seine Phantasien und Wunschträume die Phantasien und

Rachebedürfnisse der Masse treffen, daß er ihnen glaubhaft versprechen kann, er werde ihre Ohnmacht mächtigen Opponenten gegenüber in Übermacht verkehren. Im Allmachtsrausch, der Jugendphase politischer Massenbewegungen, wird diese wie selbstverständlich erlebte Übereinstimmung mit dem Führer als Schutz empfunden. Die Massen genießen die Regression in die Verantwortungslosigkeit, die er ihnen einräumt, wenn sie ihm bedingungslos zu folgen bereit sind. Bei kaum einem Führer ist dies so deutlich geworden wie bei Adolf Hitler.

Zusammenfassend müssen wir auf Grund unserer Überlegungen bestätigend sagen, daß die Unterscheidung zwischen Gruppen- und Massenexistenz sinnvoll ist. Wir haben beobachtet, daß die seit langem bekannten Eigentümlichkeiten der Massenbildung – die Einbuße an kritischer Urteilskraft, die erhöhte Ansprechbarkeit der Affekte, die Exaltiertheit der Reaktionen, unverändert als Massenverhalten gültig geblieben sind. Wenn man einen Vergleich gebrauchen darf: der Aggregatszustand der Massenbildung unterscheidet sich offenbar von dem anderer Gruppenformen. Und das zuletzt besprochene Merkmal: die Übereinstimmung der Phantasien des Massenführers mit den Phantasien seiner Anhänger scheint uns für eine Massen*psychologie* von großer Bedeutung.

Einsichten solcher Art haben zwar unsere Kenntnisse vermehrt, aber das bedeutet noch lange nicht, daß wir einen nennenswerten Einfluß auf das Geschehen der Massenbildung gewonnen hätten, daß wir Vorbeugung betreiben könnten. Der Grund dafür ist eine Ich-Schwäche[14], die sich in den

---

14 James Henderson (Object relations and the doctrin of ›original sin‹, Int. Rev. Psa., 1, 1975) kommt zu dem Schluß, daß es keine angeborene Aggression, wohl aber eine angeborene Ich-Schwäche gibt, die er als

letzten Jahrzehnten nicht nennenswert verändert hat. Offenbar stößt hier Psychologie auf ihre Grenzen. »Die Massenpsychologie, obwohl erst in ihren Anfängen befindlich, umfaßt eine noch unübersehbare Fülle von Einzelproblemen und stellt dem Untersucher ungezählte, derzeit noch nicht einmal gut gesonderte Aufgaben.«[15] Wir müssen zugeben, daß sich an dieser Lage nicht viel geändert hat. Wenn es tatsächlich zu verführerischen Massenbildungen in einer Gesellschaft kommt, haben die Wenigen, die dann nicht den Kopf verlieren, einen zu schwachen Einfluß, um sich zur Wehr zu setzen – auch noch bevor die Massenübereinstimmung zur Kaderbildung, zur Organisation der in den Massen potentiell stets vorhandenen Gewalt fortgeschritten ist. Solange es bei Aufmärschen bleibt, ist noch nicht alles verloren. Wenn die Aufmärsche in Uniform geschehen und schließlich im Stechschritt der Parade, hat sich die Niederlage der Vernunft vollzogen.

Der gegenwärtige Zustand unserer Gesellschaft ermöglicht offenbar keine konstruktive Abwehr von Massenbildungen. Diese Abwehr könnte nur durch ein unbeirrbares Ich-Bewußtsein bewerkstelligt werden; mit anderen Worten: durch eine bisher nie erreichte kollektive Ich-Stärke. Aber offenbar kollidieren die Wünsche nach lustvoller Verschmelzung mit den Massenphantasien und dem Vernunftanspruch. Letzterer

---

Ursache für die Neigung zum Schwarz-weiß-Sehen oder für die Spaltung in gute und böse Objekte ansieht. Diese Ich-Schwäche sei es, die zu denen regressiven Phänomenen großer Gruppen führe, und nicht – wie oft angenommen – eine angeborene Aggression. Nur die Bewußtmachung solcher Spaltungstendenzen unseres schwachen Ich könne uns vor schädlichen Massen- oder entsprechenden Einzelregressionen bewahren.

15 S. Freud, G. W. Bd. XIII, S. 75.

unterliegt, weil die Vernunft nicht so leicht libidinös zu besetzen ist: »Die Massen haben nie den Wahrheitsdurst gekannt«,
sagt Le Bon, »sie fordern Illusionen, auf die sie nicht verzichten können. Das Irreale hat bei ihnen stets den Vorrang vor
dem Realen, das Unwirkliche beeinflußt sie fast eben so stark
wie das Wirkliche. Sie haben die sichtliche Tendenz, zwischen beiden keinen Unterschied zu machen.«[16] Selbst wenn
wir uns in der Zukunft gerechtere Gesellschaften als die gegenwärtigen denken, bleibt es offen, ob unser Ich definitiv an
Stärke gewinnen kann.

Das letzte Kapitel unserer Überlegungen wird deshalb der
Untersuchung des Ich gewidmet sein. Von ihm allein ist jener
Reifungsschritt zu erwarten, der es erlaubt, mehr vom Es in
das Selbst zu integrieren. Dabei wird nun in der Richtung der
Vernunft die Frage zu stellen sein, ob die Hoffnung auf eine
fortschreitende Ich-Entwicklung eine Illusion ist. Die Entscheidung fällt, wenn die Frage entschieden ist, ob es gelingt,
»das größte Hindernis der Kultur, die konstitutionelle Neigung der Menschen zur Aggression gegeneinander, wegzu-
räumen«.[17] Dagegen ist noch keine Theorie, noch weniger
eine Praxis gewachsen.

---

16 Le Bon, zitiert nach Freud, G. W. Bd. XIII, S. 85.
17 S. Freud, G. W. Bd. XIV, S. 503.

# XI
## Anmerkungen zur Ich-Psychologie

Mit der Behandlung der analytischen Ich-Psychologie als Schlußthema unserer Überlegungen haben wir uns eine sehr unvollständig zu bewältigende Aufgabe gestellt. Es ist dem Autor unmöglich, die wichtigsten Eigenschaften und Funktionen, die wir mit der Entstehung und Ausformung unseres Ich in Zusammenhang bringen, auch nur einigermaßen vollständig zusammenzustellen. So muß es bei einer fast zufälligen Benennung von Einzelthemen bleiben in der Hoffnung, der Leser werde hier und dort Lücken zu schließen wissen.

Beginnen wir mit der Frage, die sich kaum beantworten lassen wird und die doch sinnvoll gestellt werden kann. Es ist bekannt, daß Freud an den theoretischen Grundlagen der Psychoanalyse lebenslang gearbeitet hat. Welche Bedeutung mag dem zukommen, daß er bei einer neuerlichen Revision seiner metapsychologischen Positionen für die Benennung der drei großen Strukturbereiche des Psychischen – Ich, Über-Ich und Es – Pronomina gewählt hat? Hängt das mit der Ungreifbarkeit des Psychischen zusammen, daß man sich die wachsenden Erkenntnisse nur in einer neuen sprachlichen Form, in neuem grammatikalischen Zusammenhang vorstellen kann? Wie erinnerlich,[1] hielt Freud das Pronomen »Es« für besonders geeignet, die Ichfremdheit des Unbewußten zu benennen. »Wir stellen uns den unbekannten Apparat, der den seelischen Verrichtungen dient, nämlich wirklich wie ein Instrument vor, das aus mehreren Teilen aufgebaut ist, die wir ›Intanzen‹ heißen«.[2] Freud will seine Hilfsvorstellungen offensichtlich in konkreten Situationen erproben. Solche Hilfsvorstellungen tauchten – meint er – auch in anderen Wissenschaften auf. Er beruft sich dabei auf den Philosophen Hans Vaihinger, der »den Wert einer solchen ›Fiktion‹ davon abhängig machen würde, wieviel man mit ihr ausrichten kann«.[3]

Ein Blick auf die mannigfachen Aufgaben, welche der Instanz »Ich« zufallen, sagt uns, daß eine mit räumlichen Vorstellungen arbeitende Theorie manche Vorteile bietet. Freilich spukt da eine andere Gefahr. Je anschaulicher solche Hypothesen ausfallen, desto leichter gerät man in der Psychologie in Versuchung, sich die für uns so rätselhafte Psyche konkretistisch verdinglicht auszumalen. Selbst Freud geht manchmal nahe an solcher vereinfachenden Verbildlichung vorbei; z. B. sagt er in dem Gespräch, das er in dem Aufsatz »Zur Laienanalyse« mit einem erdachten Partner führt: »Wenn ich also das Verhältnis zwischen Ich und Es deutlich machen will, so bitte ich Sie sich vorzustellen, das Ich sei eine Art Fassade des Es, ein Vordergrund, gleichsam eine äußerliche, eine Rindenschicht desselben.«[4] Die Sprachsymbolik des Es – Ich – Über-Ich verweist auf eine psychische Realität, die äußerst vereinfacht dargestellt ist. Das geschieht offenbar mit der strategischen Absicht, dadurch ein Instrument höchster

---

1 Kap. 3, S. 6.
2 S. Freud, G. W., Bd. XIV, S. 221.
3 ib.
4 S. Freud, G. W. Bd. XIV, S. 222.

Flexibilität für die Analyse der Entdeckungen zur Verfügung zu haben.

Diskursiv lassen sich die Themen der Ich-Psychologie in der gebotenen Kürze nicht abhandeln. So bleibt nur die Verwirklichung einer bescheidneren Absicht, die psychoanalytische Ich-Psychologie – quasi unterwegs – aus ihren Fragmenten zu verstehen. Freud ist es gelungen, den theoretischen Grund der Psychoanalyse in Bewegung zu halten. Jeder seiner Begriffe war zu seiner Zeit eine Neuerung. Er mußte ihn vorstellen, erläutern und der Kritik überlassen. Der größte Teil des Vokabulars der Psychoanalyse, das heute als selbstverständliches Instrument verwendet wird, verdankt seine Existenz der außergewöhnlichen Denkanstrengung und sprachlichen Ausdruckskraft Freuds.

Ursprünglich hat die Hauptbemühung der Psychoanalyse der Aufhellung unbewußter, Symptome erzeugender Prozesse gegolten, heute zeigt sich eine veränderte Situation. Natürlich ist das Unbewußte nach wie vor als ein Zentralbegriff der Psychoanalyse anerkannt. Es ist beachtenswert zu beobachten, wie weit es jeweils einer Epoche gelingt, Vernachlässigungen theoretischer Bereiche zu vermeiden und Begriffe mit frischem Interesse zu besetzen bzw. neue zweckdienliche Begriffe zu schöpfen. In dieser Hinsicht sind in der Psychoanalyse die Bemühungen um den Traum, die Dechiffrierung seiner Symbolsprache, um die Enträtselung des unbewußten Konfliktes gegenüber der Analyse menschlichen Verhaltens zurückgetreten. Das gegenwärtige Interesse für die psychoanalytische Ich-Psychologie zeigt sich z. B. an der Zahl der Stichworte und Verweise in der einschlägigen Literatur. Das Stichwort »Traum« ausgenommen (es signalisiert eine erste große Periode von Entdeckungen und ihre theoretische Aufarbeitung), ist kein anderer Begriff derartig vielfältig und vielschichtig wie das Ich mit seinen »Seitenarmen«, dem Über-Ich, dem Ich-Ideal und ähnlichen Begriffsschöpfungen, schon im Werke Freuds zur Anwendung gekommen.[5]

Den Vorgang der Verschiebung des Interesses auf andere Inhalte der Metapsychologie haben J. Laplanche und J. B. Pontalis in ihrem »Vokabular der Psychoanalyse« deutlich erkannt: »Dieser tiefgehende Wechsel der Theorie entspricht im übrigen einer neuen Orientierung im Praktischen, die sich mehr um die Analyse des Ichs und seiner Abwehrmechanismen dreht als um die Erhellung unbewußter Inhalte.«[6]

Zunächst erinnern wir uns daran, wovon schon bei der Erörterung der Triebtheorie in früheren Kapiteln die Rede war, daß das Ich von den zwei Grundtrieben Libido und Aggression bedrängt wird und die Aufgabe hat, deren Ausdrucksweise in Primär- zu Sekundärvorgängen überzuleiten. Der Primärvorgang beherrscht das Unbewußte, das Es. Der Sekundärprozeß ist manchen Abwehrvorgängen im Ich und ihren verändernden und kontrollierenden Einflüssen unterworfen; er beherrscht das von Freud so benannte System »Vbw«/»Bw« (Vorbewußt/Bewußt).

Der erste Zug, den wir beschreibend am Ich hervorheben wollen, ist aber die Tatsache, daß es, ebenso wie das Über-Ich, sowohl bewußte wie unbewußt bleibende Inhalte umfaßt. Vor allem vollziehen sich die Abwehrmechanismen unbewußt, und viele von ihnen stehen noch ganz oder teilweise unter der Herrschaft der Primärprozesse. Sie dulden keinen

---

5 Vgl. Generalregister zu S. Freud, G. W. Dort finden sich zum Stichwort »Ich« auf 13 doppelspaltigen Seiten ca. 800–900 Verweise. Zum Vergleich: »Libido« nimmt 4 1/2 Seiten in Anspruch; der »Traum« allerdings benötigt 34 Seiten.

6 J. Lablanche/J. B. Pontalis, Vokabular der Psychoanalyse. Frankfurt 1962.

Aufschub und lassen sich nicht unterdrücken. Der Zwangsneurotiker z. B. ist seinen Abwehrformen hilflos ausgeliefert.
Er *muß* seinem Bedürfnis nach dem »Ungeschehenmachen«
einer Handlung oder eines Gedankens unverzüglich nachkommen. Das Zwanghafte, das manchen der Abwehrvorgänge des Ich anhaftet, zeigt deutlich den Durchbruch der Primärprozesse.

Es gehört zu den langwierigen Aufgaben der psychoanalytischen Therapie, das Ich so zu stärken, daß es die Grenzzie-
hung zwischen bewußt und unbewußt verändern kann – und
zwar zugunsten des bewußten Ich. »Wo Es war, soll Ich
werden« hieß die Devise. Je mehr das Ich lernt, mit Angst
anders umzugehen als durch Bildung pathologischer Abwehrformen, die im Grunde weiterhin dem Druck der Primärprozesse ausgeliefert sind, desto stabiler wird es sein.

Eine weitere bedeutende Leistung, die dem Ich abverlangt
wird, besteht in der Nutzung seiner Fähigkeit, die Ansprüche
der drei Instanzen zu integrieren. Da es sich im Grunde um
drei psychische Herrschaftssysteme handelt, fällt es nicht
schwer, sich vorzustellen, wie schwierig die Aufgaben des Ich
sind. »So vom Es getrieben, vom Über-Ich eingeengt, von der
Realität zurückgestoßen, ringt das Ich um die Bewältigung
seiner ökonomischen Aufgabe, die Harmonie unter den Kräften und Einflüssen herzustellen, die in ihm und auf es
wirken . . .«[7]

Der Sekundärprozeß ist mit dem für das Individuum ent-
täuschenden Befriedigungsaufschub verknüpft, der durch die
Tätigkeit der Ich-Funktionen und der Abwehrmechanismen
entsteht. Er ist aber nicht *nur* unbequem und enttäuschend;
denn das Ich gewinnt durch die Einmischung seiner Funktio-

---

7 S. Freud, G. W. Bd. XIV, S. 84–85.

nen wie Denken, Wahrnehmen usw. und mancher seiner Abwehrmechanismen eine kürzere oder längere Pause, die zum Abschätzen und Abwägen, zum Erlebnis alternativer Möglichkeiten nutzbar gemacht werden kann. Die Triebspannung entlädt sich nicht mehr unkontrolliert. Mit zunehmender Ich-Reifung wird das Lustprinzip vom Realitätsprinzip verdrängt, obwohl jedermann weiß, wie gefährdet die Position des Ich immer noch bleibt. Wir stehen in Gefahr, im Zorn oder sonst in einer affektiven Erregung unter Umständen »unbesonnen« (wie die Sprache korrekt bemerkt) Dinge zu tun, die wir alsbald bereuen. Das ist uns nichts Fremdes, und ebenso ist es einfühlbar, wenn jemand sagt: er habe nur mit Anwendung letzter Kraft sich zurückhalten können, oder: er habe eine ironische, kränkende Bemerkung nicht unterdrücken können und ähnliches.

Es ist klar, daß das unreife Ich, also der Mensch in den Frühstadien seines Lebens, im wesentlichen durch Primärprozesse beherrscht wird. Sie sind dadurch charakterisiert, daß eine deutliche Abgrenzung zwischen Ich und Nicht-Ich noch nicht stattgefunden hat. Das gilt insbesondere für die Situation des Säuglings, der noch nicht unterscheiden kann, was Hilfeleistung von außen und was Leistung aus eigener Kraft ist.

Das Ich wächst mit der Fähigkeit, die Realität zu begreifen und sie von der Phantasie zu unterscheiden. Was wir Ich-Reifung nennen, ist ein Geschehen, das von Anbeginn des Lebens in vielfältigen sozialen Verschränkungen geschieht. Es ist also nicht so wie beim Körperwachstum, das genetisch vermittelten Leistungsaufträgen folgt, sondern es vollzieht sich ein Prozeß, der psychisch durch viele aktive und passive Verknüpfungen der Individuen bestimmt wird; unter anderem wirkt auch eine durch Tradition vermittelte Gestaltung des Verhaltens mit.

Was gilt in einer Gesellschaft als »reif« im Sinne menschlicher Fähigkeiten? Darüber herrschen erwartungsgemäß in so großen und in den Einzelheiten ihres Verhaltens so unübersehbar differierenden Gruppen höchst unterschiedliche Auffassungen. In kleineren, in statischem Lebenszuschnitt verweilenden Kulturen ist das Reifungsziel der Gruppe sehr deutlich markiert. Dort bietet die Gesellschaft ihren Mitgliedern einen »set of roles« an. Es läßt sich dementsprechend auch einfach bestimmen, wer wann als ausgereift, als erwachsen, als volles Mitglied der Gesellschaft gilt.

Bei der Behandlung der Massenpsychologie haben wir schon gesehen, daß es Identifikationen sind, mit deren Hilfe das Kind langsam in ein Verständnis seiner Gesellschaft hineinwächst. Die Identifikation ist ein Umwandlungsvorgang des Subjekts, durch den es sich – vornehmlich in unbewußt bleibenden Wahrnehmungen und auf ihnen beruhenden Anpassungsschritten – dem Vorbild angleicht. Dabei darf nicht in Vergessenheit geraten, daß diese Identifikationen nicht das Ende eines psychischen Prozesses darstellen. Je reifer, je selbständiger das Individuum geworden ist, desto eher ist es in der Lage, sich aus Identifikationen auch wieder zurückzuziehen. Es werden aber damit Persönlichkeitszüge nicht völlig ausgelöscht, sondern in einem Wachstumsvorgang vollzieht sich stetig neben Identifikationen auch ein Verlassen der von ihnen hervorgerufenen Verhaltens- und Ausdrucksformen. Schließlich besitzt unser Ich die integrative Fähigkeit, aus Identifikationen ein neues Persönlichkeitsprofil entstehen zu lassen. Wenn aus diesem permanenten Wandel der psychophysischen Persönlichkeit ein Gefühl innerer Kontinuierlichkeit geworden ist, spricht Erik Erikson von »Ich-Identität«.

Daß dieser Vorgang der Selbstfindung nicht in jedem Fall gelingen muß, verrät uns die Bezeichnung »false ego«: trügerisches Ich, auf Selbstbetrug hinauslaufende Subjektivität. Dabei zwingen uns die jeweils herrschenden gesellschaftlichen Wertordnungen viele ihrer Vorentscheidungen auf. Sie sollen uns aber auch gleichzeitig helfen, den Weg zu eigener Entscheidung zu finden. Das ist die Dialektik der Moral.

Es sind nun insbesondere die Erfahrungen in der Primärgruppe »Familie«, welche den Aufbau der sozial integrierten Persönlichkeit bestimmen. Bei solchen Überlegungen zu den Prozessen des Geformtwerdens und der Selbstformung, die ineinander übergehen, handelt es sich wieder um einen Versuch, psychischen Prozessen anschaulich näherzukommen. »Das Über-Ich ist eine von uns erschlossene Instanz, das Gewissen eine Funktion, die wir ihm neben anderen zuschreiben, die die Handlungen und Absichten des Ich zu überwachen und zu beurteilen hat, eine zensorische Tätigkeit ausübt. Das Schuldgefühl, die Härte des Über-Ichs, ist also dasselbe wie die Strenge des Gewissens, ist die dem Ich zugeteilte Wahrnehmung, daß es in solcher Weise überwacht wird . . .«[8]

Wir haben es mit einem Doppelvorgang von Lernen und Schöpfen zu tun als typisch menschliche Ich-Leistung. Ähnliche Vorgänge wie die Verknüpfung der Selbsterhaltungstriebe mit der Entstehung von Individuen, die sich sowohl übereinstimmend wie vom anderen als definitiv unterscheidbar verstehen, scheint es außerhalb der menschlichen Existenz nicht zu geben. Das Tier kann insbesondere in seinen sozialen Kontakten in bestimmter hormoneller Ausgangslage (z. B. z. Z. der Paarung) gar nicht anders, als einem Artgenossen

---

8 S. Freud, Studienausgabe Bd. IX, S. 262.

gegenüber in subjektiv invariabler Form sich zu nähern. Reiz und Reaktion sind hier in einer definitiven Weise »programmiert«. Das Diktat der Reizquelle auf das Verhalten des Tieres ist gattungsspezifisch und unwidersprüchlich. Als menschliche Individuen hingegen haben wir die Fähigkeit zu einem Sozialverhalten, an dem von Generation zu Generation, von Gruppe zu Gruppe, von Individuum zu Individuum ständig »gearbeitet« wird. Es sind die Identifikationen, die es ermöglichen, am Sozialprozeß teilzunehmen, sei es daß ich mich ihnen anpasse, sei es daß ich mich sozial-evolutiv oder sozial-revolutionär ihnen gegenüber auflehne. Man kann wohl verallgemeinernd sagen, daß es nirgendwo in der Welt eine Situation gibt, die mit dieser für den Menschen typischen vergleichbar wäre, daß nämlich das Individuum in der Lage ist, sich gegen den gesellschaftlich vermittelten Sozialplan (die soziale Realität) und den Instinktplan (die genetische Realität) erfolgreich aufzulehnen, und zwar nicht nur als »Fehlform« oder als »defektes Individuum«, sondern als ein menschliches Individuum mit typisch menschlichen Aufgaben der Selbstrealisierung.

Die Ergebnisse der Leistungskraft des kreativen Ich werden freilich von den Zeitgenossen fast immer mehr oder weniger heftig kritisiert. Die in ihnen enthaltene Botschaft wird nicht oder falsch verstanden. Die Skandale um die Neuerer unter den Malern beweisen das. Die Fauvisten, die Expressionisten tun es; ebenso wie die Begründer der seriellen Musik als einer neuen Ausdrucksform. Die hartnäckigste Abweisung einer neuen Wissenschaftsmethode hat das Werk Freuds gefunden. Die schöpferischen Zeitgenossen werden zunächst als freche Herausforderer empfunden; man ist bereit, ihnen künstlerische Impotenz oder wissenschaftliche Scharlatanerie zu bescheinigen. Daß sich in der Tat viele

Schiffbrüche zutragen, beweist zunächst den Schweregrad des Auftrages oder der Aufgabe und nicht zuerst die Unfähigkeit des Künstlers oder Forschers.

Wie es die Funktion des kreativen Ich gibt, das vom kollektiven Über-Ich nicht immer verständnisvoll behandelt wird, so gibt es das verneinende Ich oder asketische Ich mit dem zu ihm gehörenden asketischen Ideal. Es ist sicherlich infrage zu stellen, ob der Rückzug aus allen lustspendenden Objektbesetzungen oder der Rückzug von den Mitmenschen und Dingen des Lebens überhaupt ein reifes Sozialverhalten darstellt. Aus diesem Rückzug von Objektbeziehungen kann ein Selbstverlust oder eine Zurückweisung sozialer Verantwortung werden. Es entsteht dann z. B. eine idealisierte Asozialität. Anna Freud hat die Instabilität des Jugendlichen, der in der Abwehr seiner Ängste bei einem asketischen Ideal Zuflucht sucht, beschrieben. Fast regelmäßig kommt eines Tages »ein Umschlag der Askese in den Triebexzess, in dem ohne alle Rücksicht auf Einschränkungen von außen her plötzlich alles erlaubt wird, was vorher verboten war. Wo solche Selbstheilungen nicht vorfallen, wo das Ich auf irgendeine unerklärte Weise die Kraft hat, die Triebabweisung konsequent zu Ende zu führen, dort kommt es zur Lahmlegung der Lebenstätigkeit, also zu einer Art katatonen Zustands, den wir nicht mehr dem gewöhnlichen Pubertätsablauf, sondern schon einer Art psychotischer Veränderung zuweisen müssen.«[9]

Wer nicht auf Entschädigungen im Jenseits hofft, ist immer wieder beeindruckt von dieser oft unerbittlichen Wendung der Aggressivität bzw. des Todestriebes gegen die eigene

---

9 Anna Freud, Das Ich und die Abwehrmechanismen. München 1964, S. 121.

Person. Von Reife ist da nicht viel zu spüren. Als Psychologe wird man auch anderen Formen der Askese gegenüber nachdenklich. Kann durch Askese wirklich eine produktive Befreiung von Naturzwängen, Triebzwängen erreicht werden? Was nämlich in einem Zusammenhang als moralisch hoch geschätzte Befreiungstat angesehen wird, muß in anderem Zusammenhang als wenig sinnvolle Wendung der Aggression gegen die eigene Person gelten.

Die Ich-Identität eines Menschen, sein kontinuierliches Selbstverständnis, wird stark belastet, wenn die soziale Realität in raschen Schritten enttabuiert wird, ohne daß für die unausweichlichen Konflikte des menschlichen Lebens neue, verbindliche Regeln gefunden wurden. So wäre ein Arzt, wenn ihn vor vierzig Jahren eine Mutter mit ihrer sechzehnjährigen Tochter aufgesucht hätte, weil die Tochter unbedingt mit einem Mann schlafen wollte, den sie gerade erst kennengelernt hatte, sehr besorgt gewesen. Er hätte der Mutter sagen müssen, daß die Tochter wohl schwer psychisch erkrankt sei. Nur eine Geisteskranke könne so gegen die allgemeingültigen Normen verstoßen. Zwanzig Jahre später hätte er ein Mädchen mit solchen unbeherrschbaren Wünschen nur noch für psychopathisch und wieder einige Jahre später nur noch für originell halten müssen. Heute würde das Verlangen der Tochter kaum noch eine Mutter dazu veranlassen, einen Arzt aufzusuchen, es sei denn, um ihr die Pille verordnen zu lassen. Es ist also nicht nur neue Freiheit im Bereich sexuellen Verhaltens entstanden, sondern gleichzeitig auch eine völlig neue Lage für das Über-Ich, weil innerhalb kurzer Zeit Ideale und Normen des sexuellen Verhaltens sich gebildet haben, von denen man mangels Vorerfahrung keineswegs weiß, wie brauchbar sie sich auf längere Dauer erweisen.

An der Gegenüberstellung von Askese und Achtlosigkeit in geschichtlichen Beziehungen wird unübersehbar, daß sich die Über-Ich-forderungen in vieler Hinsicht gründlich geändert haben. Man ist leichter geneigt, eingegangene Beziehungen wieder aufzugeben, als die Unlust schwieriger Beziehungen zu ertragen oder gar um ein gegenseitiges Verstehen zu ringen.

Daß in der Geschichte der Menschheit die Instanz des Ich überhaupt zu psychischer Wirksamkeit gelangen konnte, muß auf einer Leistungsfähigkeit beruhen, über welche die Gattung im Laufe langer Zeiträume zu verfügen gelernt hat. Gemeint ist die einzigartige Fähigkeit des Menschen zur instrumentellen Umweltbeherrschung (die mittlerweile deutlich genug, wie wir einzusehen lernen, Umweltzerstörung zur Folge haben kann). Je gereifter das Ich ist, je geübter in genauer Realitätswahrnehmung – auch der Wahrnehmung des eigenen Selbst –, desto reichhaltiger pflegt auch das Arsenal seiner Werkzeuge zu sein: mag es sich um das Werkzeug Sprache, das Erinnerungswerkzeug, die Einfühlungsfähigkeit oder die zahllosen Utensilien technischer Produktivität handeln.

Freud hat einmal das Ich als »armes Ding« bezeichnet, welches unter dreierlei Dienstbarkeiten steht und demzufolge unter den Drohungen von dreierlei Gefahren leidet: von der Außenwelt her, von der Libido des Es und von der Strenge des Über-Ichs. Dreierlei Arten von Angst entsprechen diesen drei Gefahren.[10] Da in den späten Phasen der psychoanalytischen Theoriebildung das Ich als »die eigentliche Angststätte«[11] erkannt wurde, verwundert es nicht, daß es in der Theo-

---

10 S. Freud, G. W. Bd. XIII, S. 286.
11 S. Freud, G. W. Bd. XIV, S. 171.

rie auch der Sitz der unbewußt wirkenden Abwehrmechanismen zur Bewältigung dieser Angst ist. Aus Angst vor der Triebüberflutung nimmt das Ich zu Realitätsverfälschungen Zuflucht, die ihm bei der endlichen Lösung innerer Konflikte nicht von Nutzen sein werden. Diese Mechanismen stören gleichzeitig wichtigste andere Fähigkeiten des Ich, z. B. die Fähigkeit der Erinnerung, der Wahrnehmung, des Denkens, des Handlungsaufschubes usw. Davon sprachen wir schon. Es gibt aber auch Abwehrmechanismen, mit deren Hilfe Problemlösungen erleichtert werden. Das gilt z. B. für die Lösung des klassischen Ödipuskonfliktes. Indem das Kind durch Identifikation mit den väterlichen Ge- und Verboten intensive Haßgefühle gegen den *auch* geliebten Vater zu verdrängen lernt, vermeidet es den Konflikt mit ihm. Auf dem Umweg der Identifikation mit dem Vater werden auf einer sublimierbaren und deswegen angstfreieren Ebene auch seine phantasierten, infantil sexuellen Besitzwünsche der Mutter gegenüber erfüllt.

Verleugnung, Verdrängung, Regression haben eine lange Geschichte in der Entfaltung der psychoanalytischen Theorie zur Metapsychologie. Auch die Magie des »Ungeschehenmachens« und seine Beziehung zu den Primärprozessen wurden schon erwähnt. Es ist uns z. B. aus einer der großen Krankengeschichten Freuds, dem sogenannten »Rattenmann«, und überhaupt aus der Analyse der Zwangsneurose bekannt, in der dieses magische Ritual häufig Anwendung findet. Anna Freud nennt zehn Abwehrmechanismen, Ludwig Eidelberg in seiner Enzyklopädie der Psychoanalyse[12] führt achtzehn auf. Der Unterschied erklärt sich daraus, daß manche dieser Mechanismen von verschiedenen Autoren verschieden be-

---

12 L. Eidelberg, Encyclopädia of psychoanalysis. New York 1968.

wertet werden, zum Teil eben nicht als Abwehrmechanismen, sondern als Funktionen des unbewußten Ich. Diese und andere Mechanismen zeigen die Vielseitigkeit der Methoden, mit denen das Ich seine Position zu sichern versteht. Freilich kann es dabei nicht immer siegreich bleiben und kaum unaufhaltsame Konfliktentwicklungen mit neurotischem Ausgang aufhalten.

Nur bei geduldiger Beobachtung der Vorgänge in der Entwicklungsgeschichte der Neurose ist es von Fall zu Fall möglich, zu entscheiden, ob der Abwehrmechanismus an einer produktiven Lösung mitbeteiligt ist oder ob er gerade das Gegenteil bewirkt, nämlich einen Rückzug von der Gefahr unter Einbußen. Anna Freud empfiehlt der praktischen Analyse, zu verfolgen, wie sich diese Abwehrtechniken »bei den Vorgängen des Ich-Widerstandes und der Symptombildung im Einzelfall bewähren«.[13] In seinem Fragment gebliebenen Aufsatz aus dem Todesjahr 1938 spricht Freud von einer »Ich-Spaltung im Abwehrvorgang«[14] und gibt ein Beispiel. Ein Knabe von drei bis vier Jahren wird bei der Onanie ertappt und von seiner energischen Pflegerin mit Kastration bedroht. Normalerweise reagiert das Kind auf diesen Schock nur mit Verzicht auf Befriedigung des Triebes. Der Knabe, von dem Freud berichtet, hat sich anders verhalten. Da ihm die Penislosigkeit der Frau bekannt war, fiel die Drohung besonders ins Gewicht. Dieser Knabe schuf sich in einem Fetisch einen Ersatz für den vermißten Penis des Weibes. Indem er damit die Realität teilweise leugnete, d. h. die Frau in einem anderen, unbewußten Teil seines Ich also doch nicht penislos war, verlor die Kastrationsdrohung gegen ihn an Glaubwürdigkeit, und er konnte die Onanie fortsetzen. Diese

13 Anna Freud, l. c.
14 S. Freud, G. W. Bd. XVII, S. 60–61.

Ich-Spaltung zeigt, welche taktische Beweglichkeit das Ich in der Auseinandersetzung mit übermächtigen Ängsten und Triebbedürfnissen entfalten kann. Wir wissen oft den Anlaß nicht, aber zuweilen vermag der Mensch einen so erworbenen Fetisch nie mehr aufzugeben, und zwar einschließlich der Gefühle, die mit ihm verbunden sind und die die Intensität einer leidenschaftlichen Hörigkeitsbeziehung behalten können. Es stellt sich dann der oft unbeeinflußbare Zustand eines voll ausgebildeten Fetischismus her. Einerseits weiß der Fetischist in seinem bewußten Ich, daß die Frau nicht kastriert ist. Andererseits hält ein anderer Teil seines Ich unerschütterlich und unbeeinflußbar an der Auffassung fest, im Fetisch das vermißte Glied zu besitzen. Derart wird eine tiefe Ich-Spaltung aufrechterhalten, die zwei Erlebnisbereiche schafft, welche nicht miteinander kommunizieren können. Das absonderliche Beispiel kann uns einen Eindruck von der Konsistenz unbewußter Ich-Tätigkeit vermitteln. Mancher Fetischist kann mit seinem bewußten Ich nie einen Einblick in die wahre Bedeutung seines Fetischs gewinnen, der genügen würde, um ihn von seiner tiefen Kastrationsangst zu befreien. Er bleibt in einem Zustand sinnloser Versklavung an dieses symbolisch verwandelte Objekt gefesselt.

Die Fetischbildung ist ein Beispiel unkorrigierbarer Fixierung an ein infantiles Trauma. Man kann auch sagen, der Fetischist habe – dem Zwangsneurotiker nicht unähnlich – eine entscheidende Einbuße in der Fähigkeit zur Desymbolisierung kindlicher Angstvorstellungen verloren. Er kann seinen Fetisch nicht seiner unbewußten symbolischen Bedeutung entkleiden, ohne ihn bekommt er akute Angstzustände. So wie ein Zwangsneurotiker, der sich gegen den Impuls zur Wehr setzen muß, seinem Sohn mit einem Küchenmesser die Gurgel zu durchschneiden, in große Angst gerät, wenn jemand in einem harmlosen Gespräch als »Halsabschneider« bezeichnet wird. Der Zwangsneurotiker traut nicht unserer Trennung zwischen Wortsymbolen und tatsächlichen Handlungen. Für ihn kann schon der ärgerliche Satz: ich könnte dich umbringen, den wir ohne weiteres in seiner symbolischen Bedeutung und nicht als Ankündigung eines Mordes verstehen können, die Qualität einer solchen Realgefahr annehmen.

Das Ich als psychisches Konstrukt kann sich, wie wir eben sahen, spalten; es kann bei anderen Anforderungen und unter schwierigen Bedingungen seine Identität verteidigen. Das Ich hat, wie Heinz Hartmann postulierte, Anlagekerne; es ist die Stätte, in der, wie Freud erkannte, Angst erlebt wird, es kann sich entwickeln und reifen, es besitzt eine narzißtische Komponente. Häufig verbindet sich dieses Ich mit den moralischen Aufsichtsinstitutionen der Gesellschaft zum Über-Ich. Nicht nur die sozial notwendige Forderung nach Ordnung ist dann zu erwarten, sondern eine schwer erträgliche terroristische Totalkontrolle des Individuums.

Dem Ich werden die Fähigkeiten des Denkens, Wahrnehmens, Erinnerns zugeschrieben. Es tut und kann manches mehr; nicht zuletzt vermag es ein kraftverschlingendes System von Gegenbesetzungen gegen die Libido des Es und damit gegen die »Wiederkehr des Verdrängten« aufrechtzuerhalten. Woher aber, wird man ungeduldig fragen, nimmt ein derartig universal engagiertes Konstrukt, die Energie zu solchen Unternehmen? Man fühlt sich fast veranlaßt, mit dem berühmten Ignoramus zu antworten. Aber da zeigt sich doch, daß unser Selbstverständnis nicht nur Schwächen reflektiert. Vielmehr ist unser Ich – in günstiger Ausgangsposition – zu genauer Orientierung durchaus befähigt und in der Lage, sich nicht von Tabus und Zwängen widerstandslos überwältigen zu lassen.

Werfen wir noch einen letzten Blick auf dieses geplagte Ich und die Dunkelheit der Herkunft seiner Energien. Zwei theoretische Annahmen – sie stammen von dem verstorbenen Analytiker Heinz Hartmann – haben viele Anhänger gefunden. Hartmann nimmt an, daß das Ich die Fähigkeit besitzt, einen Funktionswandel vorzunehmen und Triebenergie in neutralisierte Energie zu konvertieren, die es sich dann verfügbar zu machen versteht, um Sublimierungen oder auch Gegenbesetzungen zu leisten. Das Wesentliche an diesem Umwechslungsvorgang besteht darin, daß diese Energie desexualisiert ist und von dem ursprünglichen Triebziel entfernt in neuen Funktionen Verwendung finden kann.

Die zweite Annahme postuliert, daß in der Ausstattung des menschlichen Individuums die Anlage von Ich-Kernen enthalten ist. Sie reifen gemäß den allgemeinen Lebensbedingungen des Individuums. Hartmann versteht das Ich als ein »separates Persönlichkeitssystem«, welches über ein »angesammeltes Reservoir neutralisierter Energie« verfügt; »was bedeutet, daß die für seine Funktionen benötigten Energien nicht ganz von einer ad hoc Neutralisierung abhängig sein müssen. Das ist Teil seiner relativen Unabhängigkeit von unmittelbarem inneren oder äußerem Druck. Diese relative Unabhängigkeit ist wiederum Teil einer allgemeinen Tendenz in der menschlichen Entwicklung. Vermutlich stammt ein Teil der Energie, die das Ich verwendet, nicht (durch Neutralisierung) von den Trieben her, sondern gehört von Anfang an zum Ich oder zu den angeborenen Vorläufern dessen, was später spezifische Ich-Funktionen sein werden. Wir können sie als primäre Ich-Energie bezeichnen.«[15]

---

15 H. Hartmann, Ich-Psychologie. Stuttgart 1972, S. 13.

Diese Hypothesen sind schlüssig zusammengefügt. Man darf nur eines nicht vergessen: es sind – verantwortungsvoll erarbeitete – Hypothesen, aber keine Beschreibungen von gesicherten Tatsachen. Wer daraus folgern würde, man habe abzuwarten, bis einfachere Erklärungen verfügbar werden, spricht nicht aus dem Geist der Psychoanalyse. Hypothesen müssen in ihr stets weiter überprüft werden. Die Realität, auf die sie sich beziehen, ist hoch komplex. Sie übersteigt wahrscheinlich die integrativen Fähigkeiten des Ich. Um realitätsgerecht denken zu lernen, müssen wir dieser von bekannten wie (bisher) unbekannten psychischen und leib-seelischen Prozessen bewirkten Realität jederzeit eingedenk bleiben. Wo Vereinfachungen in der Metapsychologie auftauchen, wie zum Beispiel die Vereinheitlichung des Libido-Begriffs zur Bezeichnung aller seelischen Vorgänge, sexueller wie nicht-sexueller, bei C. G. Jung, oder die Einschätzung von Organminderwertigkeiten als Passepartout für alle neurotischen Entwicklungen bei Alfred Adler, müssen wir befürchten, daß wir einer unstatthaften Vereinfachung des komplizierten psychischen Geschehens begegnen. Die Psychoanalyse, dies sei unsere Schlußempfehlung, kann bis zu einem gewissen Punkt erlernt werden, im Grunde muß aber jeder Einzelne, der Freud ernst nimmt, ihn für sich selbst neu entdecken. Bei dieser Entdeckung geht es darum, ihn zu sehen, wie er war, nicht um die Beanstandung, daß er nicht so war, wie man ihm unterschiebt.

# Sachregister

# Alexander Mitscherlich
# Auf dem Weg zur vaterlosen Gesellschaft

Ideen zur Sozialpsychologie
10. Aufl., 88. Tsd. 1973 (Neuausgabe). Serie Piper 45. 400 Seiten
»Die Ausführungen sind in gleicher Weise für den Laien wie
für den Forscher aufschlußreich. Zentrales Thema ist die Autorität,
deren Formen Mitscherlich in Familie, Schule, Staat, Orga-
nisationen aller Art nachgeht. Dabei bleibt er nicht in der Analyse
stecken, sondern läßt seine Auffassung von der Weise, wie
die ›vaterlose Gesellschaft‹ beantwortet werden sollte, deutlich
erkennen.« Westdeutsche Allgemeine Zeitung

# Alexander u. Margarete Mitscherlich
# Eine deutsche Art zu lieben

2. Aufl., 25. Tsd. 1970. Serie Piper 2. 118 Seiten
Die Zusammenhänge zwischen individuellen psychischen und
kollektiven, d. h. politischen Strukturen – das Generalthema
des Buches »Die Unfähigkeit zu trauern« – werden in diesem
Kapitel am Beispiel der nationalsozialistischen Zeit aufgedeckt und nutzbar gemacht für die Beantwortung der brennendsten
Fragen einer Generation.

# Die Unfähigkeit zu trauern

Grundlagen kollektiven Verhaltens
9. Aufl., 97. Tsd. 1973. 371 Seiten. Leinen
»Es ist zu wünschen, daß möglichst viele Leser sich Gedanken
dieses Aufklärers zu eigen machen, der in seltenem Maße
die Eigenschaft besitzt, die ihm zufolge in Deutschland am wenigstens gefragt ist, Zivilcourage.« Züricher Woche

# Margarete Mitscherlich
# Müssen wir hassen?

Über den Konflikt zwischen innerer und äußerer Realität
2. Aufl., 30. Tsd. 1972. 296 Seiten. Linson
»Unter den zahlreichen Publikationen . . . scheint mir dieses Buch
mit Abstand am sympathischsten und gelungendsten zu sein:
Die Autorin bietet eine anschauliche, klar geschriebene und dabei
keineswegs popularisierende Einführung in die Psychoanalyse – genauer in deren heutige Praxis . . . Sie ist mit über-
zeugendem didaktischem Geschick zu Werke gegangen . . .«
Ivo Frenzel, Süddeutsche Zeitung